国家社会科学基金一般项目"粮食主产区农业产业化联合体发展模式、机制与绩效提升研究"（18BJY141），河南省高等学校青年骨干教师培养计划"河南省粮食产业化联合体品牌培育研究"（2018GGJS131），阶段性研究成果。

知库

经济与管理

—

新型农业产业化
经营组织发展模式研究

刘 婷 著

新 华 出 版 社

图书在版编目（CIP）数据

新型农业产业化经营组织发展模式研究 ／ 刘婷著
. —北京：新华出版社，2022.9
ISBN 978 - 7 - 5166 - 6463 - 6

Ⅰ.①新… Ⅱ.①刘… Ⅲ.①现代农业—农业经营—
经营管理—研究—中国 Ⅳ.①F324

中国版本图书馆 CIP 数据核字（2022）第 178855 号

新型农业产业化经营组织发展模式研究

作　　　者：刘　婷

出 版 人：匡乐成　　　　　　　　选题统筹：许　新
责任编辑：张　谦　　　　　　　　封面设计：中联华文

出版发行：新华出版社
地　　　址：北京石景山区京原路 8 号　　邮　　　编：100040
网　　　址：http：//www.xinhuapub.com
经　　　销：新华书店
购书热线：010-63077122　　　中国新闻书店购书热线：010-63072012

照　　　排：中联学林
印　　　刷：三河市华东印刷有限公司

成品尺寸：170mm×240mm
印　　　张：15.5　　　　　　　　字　　　数：261 千字
版　　　次：2023 年 8 月第 1 版　　印　　　次：2023 年 8 月第 1 次印刷

书　　　号：ISBN 978 - 7 - 5166 - 6463 - 6
定　　　价：95.00 元

序　言

中国是一个农业大国，但是农业综合实力并不强，"三农"问题突出。而农业的发展是整个国民经济健康发展的基础，农业更是为人们生产、生活提供了物质基础，因此，农业在社会经济发展中具有十分重要地位，农业产业化、现代化的实现程度直接关系到我国现代化建设的全局。

自从我国实施家庭联产承包责任制政策之后，广大农户的农业生产积极性被充分调动出来，农业生产力也得到快速发展，农村经济实力和农民收入水平也有所提高。然而，随着社会生产力和工业化水平的进一步提升，以农户家庭为基本生产经营单元的小农经济、土地碎化、分散经营、组织化程度低，制约了农业机械化、规模化、专业化和产业化的实现，也制约了农业现代化的进程。长期以来，我国存在农业产业链不健全、拓展不足、各环节割裂严重等问题，农户、农业企业及其他农业相关经营者在农业产业链上的纵向分工协作关系极不稳定、农户利益得不到保障，这些造成了我国农业处于价值链低端、农产品国际竞争能力弱、农民增收困难等现象的产生。

加快农业现代化的发展进程是党的十八大报告提出要求，农业现代化水平的不断提升在一定程度上决定着农业综合竞争力及农村经济长期稳定发展，而实现农业现代化的必经之路是推进农业产业化水平。特别是党的十九大报告提出要实施乡村振兴战略及"十四五"规划部署全面推进乡村振兴，而乡村振兴战略的首个要求是"产业兴旺"，这就更加体现出促进农业产业化经营的重要性。

农业产业化经营是一种制度创新，新制度经济学家诺斯认为制度变迁和创新的主体是组织。农业经营组织及其相互关系的创新产生了农业产业化经营模式，农业产业化经营实现了由单个农户家庭经营向多种农业主体合作经营方向转变，推动了农业领域劳动分工更加细化和规模经济效益更加显著，因此，农业产业化经营本身就是一种组织形态创新。具体而言，农业产业化经营就是在农业区域化布局、规模化生产、专业化分工的基础上，实行农产品种养加、产供销、农工商一体化经营，从而提升农业现代化水平。从国内外农业领域的相关实践活动可知，农业产业经营能够提高农业生产经营效率、增强农产品市场竞争能力、繁荣农村经济、促进农民增收等，是农业现代化发展的必然途径之一。但由于农业产业化经营涉及主体较多，各主体多数是独立运营，且均有各自的利益诉求，因此，产业化经营内部主体间的利益联结与分配问题通常是决定产业化经营成效高低的关键。由于各农业产业化经营主体间的利益联结形式不同及具体运营方式多样，促使实践领域中产生了多种类型的农业产业化经营组织模式。只有建立合理完善的利益联结机制，使得各参与主体成为合作关系紧密的利益共同体，达到共赢的目的，才能确保农业产业化经营组织的有效运营。

由此可知，在农业产业化过程中解决参与主体利益联结关系不紧密、利益联结机制不健全及利益分配不合理等问题显得尤为重要，因而基于不同利益联结形式的农业产业化经营组织模式的不断创新变得至关重要。在积极探索具有中国特色的农业产业化经营组织模式创新的道路上，除了应不断汲取发达国家或地区农业产业化组织模式选取及运营的成功经验之外，还须在我国具体实践过程中不断研究和探讨符合我国具体国情的农业产业化经营的内在规律，进一步创新和发展各具特色的农业产业化经营组织模式，改善我国农业产业化的组织效率和经营水平，从而实现农业经营价值增值。农业产业化经营的组织模式创新，关系到参与农业产业化各主体的组织经营方式及利益联结机制，进而影响着各参与主体的合作行为和经营动力，直接决定着农业产业化的经营效果。

本书在总结国内外农业产业化经营及其组织方式的相关研究基础上，结合我国农业产业化经营的发展历程，特别是现阶段各类农业产业化经营组织模式的具体实践活动，运用农业产业化理论、农业产业链理论、分工协作理论及行动者网络理论等作为理论基础，探析我国农业产业化经营组织模式演变的动力机制及影响因素，对比分析各类新型农业产业化经营组织的产生基础、发展特征及形成路径等，并提出相应的优化策略。纵观目前我国学术界的同类相关研究状况，本书具有以下三个特点：

第一，在研究视角方面，通过以我国现阶段农业产业化经营的不同组织模式作为研究对象，对比分析农业产业集群、农民专业合作社、农业特色小镇、田园综合体及农业产业化联合体等各类新型农业产业化经营组织的发展特征及形成与演化路径等方面内容，使得研究角度更为广阔。从影响其发展的动力机制和影响因素出发，探索各类农业产业化经营组织形成与发展的具体路径，有别于以往多从农业产业化经营组织个别类型进行研究的单一性。

第二，在理论探索方面，运用了经济学、管理学、社会学及经济地理学等相关理论，首次比较系统地搭建了农业产业化经营组织形成与演化路径的理论分析框架，并将此理论框架用于分析具体的实践活动。通过归纳总结从改革开放以来，中国农业产业化经营组织形式的阶段特征与演变规律，进而探索农业产业化经营组织模式的演变动力及影响因素，在此基础上，剖析我国各类农业产业化经营组织的具体形成与演变路径并进行典型案例研究。

第三，在研究方法方面，尝试以行动者网络为分析方法，刻画出构建农业产业化经营组织的行动者网络图，该行动者网络图中的网络关系表明了各类农业经营主体是如何被纳入产业化组织的具体行动之中，并通过农业产业化经营组织的成功构建而实现各自利益的获取，从而推动组织的构建及稳固发展。

目　录
CONTENTS

第一章

导论

第一节　研究背景与目的

一、选题背景

在我国社会经济发展过程中，农业生产力较低、农村发展落后、农民收入增长缓慢等问题一直是我国政府及社会各界普遍关注的重大问题，其中农业问题则是以上三个问题的核心。农业不仅直接关系着人民的生存保障，也制约着国民经济中其他产业的发展，因此农业必须得到优先发展。尤其在经济全球化不断深入的新背景下，我国农产品市场对外高度开放，农产品国际和国内市场格局时刻发展着剧烈的变化，我国农业面临的国际竞争压力也越来越大，这些都对农业发展提出了更高的要求。如何加快农业发展速度、提高农业生产效率、增强农业竞争力，是我国当前经济发展中十分迫切的任务。为了解决现阶段我国农业发展中遇到的诸多问题，切实做到农业供给侧改革的不断深化，就需要积极探索农业经营领域的有效组织形式，以促进农业经济发展，以期更好地解决我国的"三农"问题。而通过各地实践活动证实，因地制宜地创新发展多种形式的农业产业化经营组织是促进我国做强农业经济、繁荣农村市场的有益探索。

农业是我国国民经济的基础。当前伴随着国内外环境的变化及生产力水平的提升，我国农业发展整体上正处在由传统农业向现代农业转变的关键转型时期。在此转型阶段也凸显出我国农业发展中的诸多问题，如农产品供需结构不平衡、农业区域分布结构不合理、农产品总体质量有待提高、农产品附加值低、农业产业链拓展有限、农业产业化规模小、农业生产效率较低等，由此导致农民收入长期增长缓慢。与国外发达国家或地区的农业产业相比，我国农业生产经营现代化程度不高、农产品质量不稳定、农产品深加工不足，使得我国农产品长期以来国际竞争力低下。究其原因在于我国农业产业的生产模式落后，而最重要的就是我国农业产业的经营理念、管理方法及农业产业组织模式的落后，这是我国农业在国内外各类产业经济发展中缺乏竞争优势的最主要原因。要解决这些问题，就需要转变原有的传统农业经营发展方式，寻求农业发展新模式、新思路、新方法，按照现代化产业发展的要求，谋求农业经济创新型的发展之路。因此，农业领域应根据新时代的要求，寻求农业发展新的增长点，通过有效的探索符合现代农业特征的生产经营组织方式，建立新型农业经营组织管理制度，提高农业经营管理组织效率，激发整个农业产业经营活力，从而实现农业发展向现代化方向的顺利转型。

乡村应当如何发展，是中国当前所面临的重要社会问题，总的看来，如何让农民的收入增加，让他们真正富裕起来，让农民愿意回到乡村参与建设，让乡村富裕起来，是当今我国首要解决的问题。为了解决乡村发展困境，我国近年来相继出台了一系列有关推动和引导乡村发展的政策，如社会主义新农村建设、美丽乡村建设、乡村振兴战略等。但由于历史原因长期作用产生的"三农"问题及其造成的影响，使得农村经济的过度落后问题很难在短时间内得到彻底解决。而现阶段的普遍观点认为，解决我国乡村发展问题的关键是促进农业经济的发展。现如今中央以及地方政府的各种政策、产业扶持都开始向农村偏移，特别是大力支持农业产业化的发展。并且随着城市居民生活水平的进一步提升，乡村地区的农产品精深加工、农业产业集聚发展、农业休闲旅游等也开始逐步兴盛起来，促使社会各方资本逐渐越来越多地朝着乡村流动。

特别是现阶段乡村振兴战略的提出，更是为乡村发展提供了新的契机。实施乡村振兴战略的基础是乡村产业兴旺，只有产业兴旺才能带动乡村经济、人才、社区、风貌等全方位的综合发展，而实现乡村产业兴旺的关键在于农业产业的转型发展。当今各地实践活动中产生的各种新型农业产业化经营组织为农业产业转型发展及乡村振兴战略的实施提供了有效的支撑载体，对于实现我国乡村产业经济转型发展、推动农业供给侧结构性改革、提升农民生活水平有着现实的意义。全面推进乡村振兴是国家"十四五"规划强调的重点，而坚持农业农村优先发展是实施乡村振兴战略的总方针，乡村振兴的关键是产业兴旺，产业兴旺的关键是推进农业现代化发展，农业现代化发展需要有效的农业产业化组织形式充当载体，因此，农业产业化经营组织的创新发展成为推进农业现代化过程中的重要基础和支撑，也是影响我国整体经济社会发展的关键因素。我国经济发展已进入新常态时期，传统农业农村发展思路已经在一定程度上制约了新形势下农业综合开发和产业融合升级的变革，进而影响城乡均衡发展，因此，亟须创新农业农村经济发展思路，而探索农村社会经济发展的新模式、新方法和新业态，成为推动农业农村全面升级发展的必然选择。近年来，实践领域中产生的农业产业集群、农民专业合作社、农业特色小镇、田园综合体、农业产业化联合体等各类农业产业化经营组织，正是顺应了新时代农业农村的需求而发展起来的，是实现我国乡村振兴战略及社会经济全面发展的新业态。

二、选题目的

家庭联产承包责任制是我国农业生产经营的基本经济制度，它明确了农户家庭作为农业生产经营的微观组织地位，农民实现了自主经营。但传统农业生产的各个环节是分散的，农业劳动者在家户经营的基础之上开展农业生产、粗加工、销售等活动，形成了数量众多的一家一户的独立农业经营单位，这种经营带来的一个发展劣势就是资源的过度分散以及分散导致的资源利用不充分，各自为政的经营格局由于没有办法获取分工收益，极大地阻碍了农业生产的进步。随着农业生产力的发展和居民生活水平的提高，我国出现了农产品市场结构性供需失衡、农业生产要素配置不合理、农村生态资源环境承载压力加大、农民务农收入增长缓慢等问题。由于传统的耕作方式和小农组织经营模式已然不能满足广大消费者对特色化、高端化、多样化农产品的需求，导致供求关系出现结构性失衡，跟不上消费需求的变化，于是就有劳动者创造性地开展专业分工和协作，形成聚合产业竞争格局，促进农业生产组织化、产业化升级不断拓展深化，探索发展新型农业产业化经营组织多种模式成为必然要求。有效率的经济组织是促进经济增长的关键因素。农户以家庭为单位的农业生产经营方式作为我国农业生产领域的基本经营单元和组织形式，其主体是单个农户家庭，因此，要实现加快农业现代化建设的目标，就需要提高农户经营的组织化程度。通过发展各类新型农业产业化经营组织，用拓展开的农业产业化链条带动农户进入"大市场"，引领农民参与农业产业融合发展，才能提升农产品供给效率、增加农业附加值，进而有效提高农民收入。

从产业关联及融合特性上看，现代农业已成为与第二、三产业密不可分的关联产业，并且农业与农业关联产业之间的相互依赖性越来越强、融合程度越来越深入。农业与第二、三产业的融合，不仅表现在原材料供给方面的产品投入产出联系，还体现在生产技术、信息共享上较为密切的合作关系。农业与第二、三产业融合程度的加深，这就促使它们之间实现相互融合关联的组织形式也要随之产生变化，而对我国新型农业产业化经营组织模式研究的实质正是揭示不同类型农业产业化经营组织内部各类主体的联结关系以及农业与二、三产业间的融合关系，并探寻农业产业化经营组织演变发展的一般规律。

当前，我国多数农区农业生产经营正处于由传统农业生产经营模式向现代化农业过渡的关键阶段，能否顺利实现向农业现代化强国跨越，将在很大程度上决定着我国是否能实现城乡协调发展及整个经济全面提升的进程。各地在实践领域中不断探索发展起来的各类新型农业产业化经营组织模式为我国农业产业化、现代化、组织化发展提供了出路。发展农业产业化经营组织对于优化农业全产业链、加速农业现代化、增强区域竞争优势和促进经济发展显然具有重大的意义。随着各类新型农业产业化经营组织的不断产生，出现了组织发展特征不明确、利益联结关系松散、价值链低端锁定、科技创新能力薄弱等问题，因此，现代农业产业化经营组织应在符合农产品市场需求导向的基础上，以实现各主体利益诉求为突破点，促使普通农户、种养大户、家庭农场、农业龙头企业，其他涉农企业、各类农业中介组织、科研院所、媒体机构、各级政府相关部门等利益相关主体开展多种形式的产业化组织发展模式，增进产学研、农科教的有机结合，加快农业科技成果的转化，并不断进行制度创新，进而推进农业产业化经营组织的高质量发展。由此可知，构建与完善产业化组织内部利益相关者的合作联盟关系，整合各类参与主体的优势资源及稳固其合作关系网络，是促进现代农业产业化经营组织创新发展的必然路径。

为了探索我国各类农业产业化经营组织发展路径，需要深入讨论与研究以下几个问题：

第一，我国农业产业化经营组织形式是如何演变发展的？其演变的一般规律是什么？农业产业化经营组织形式不断演变的动力机制是什么？农业产业化经营组织形成与发展的影响因素都有哪些？

第二，现阶段我国主要有哪些类型的农业产业化经营组织？各种组织模式的主要特征是什么？各种组织模式的具体构建路径存在哪些不同之处？

第三，各种不同模式的农业产业化经营组织的相关利益主体都有哪些？哪些是核心利益相关者？如何调动这些利益相关主体共同参与其中的主动性？

第四，如何提出有针对性的策略以推进我国各类农业产业化经营组织高质量的发展？

第二节　相关研究述评

一、农业产业化的内涵特征

1. 国外相关研究

伴随科技水平的提升、生产力的增长、商品经济的繁荣，特别是工业现代化的快速推进，为农业产业化发展提供了支撑，同时也对作为工业发展基础的农业提出了更高要求。农业产业化这一概念起源于 20 世纪 50 年代的美国，在国外，农业产业化通常被称之为农业一体化、农工商一体化、农工商综合经营等（即 Agricultural Integration 或 Agribusiness）。1957 年美国哈佛大学 John H. Davis 等首次提出农业产业化发展的理念，认为该发展理念是以国内外市场为导向、以经济效益为中心、以农业增产为目的，对农业主导产业实施一体化经营、社会化服务、企业化管理，形成农业产前、产中、产后一条龙的经营结构①。Jill E. Hobbs（1997）认为垂直一体化存在广义和狭义之分，广义的垂直一体化包括市场交易形式，狭义的则不包括市场交易形式，而农业领域的垂直一体化主要指农业生产资料的生产和农产品的加工，在企业内部完成，家庭农场按企业要求进行规模化的农业生产，其已经完全或部分从属于企业②。通过国外学者的大量研究表明，西方发达国家的农业一体化形式更倾向于农业加工企业与家庭农场以合同契约关系或资产联结为纽带，形成一种纵向一体化的合作关系。

---

① JOHN H DAVIS, RAY A GOLDBERG. A concept of agribusiness [J]. Harvard University, 1957: 58-100.

② JILL E HOBBS. Measuring the importance of transaction costs in cattle marketing [J]. American Journal of Agricultural Economics, 1997, (79): 1083-1095.

经过数十年的不断发展，西方许多发达国家已形成较为完善的现代农业一体化的经营体系，相关研究成果也较为丰富。在农业一体化不断深化发展的过程中，农业已经与工商业等其他产业联结成为一个密不可分的有机整体，农业一体化也就标志着农业经营方式由传统模式朝着现代化方向转型。时至今日，农业一体化经营已经成为世界农业发展的一种重要方式。

2. 国内相关研究

改革开放以来，我国国民经济得以快速增长，市场经济逐步深入发展，人民物质生活水平得到极大提升，对农产品及其加工品的多样化需求也不断增加，以家庭为单位的小农户经营方式已无法适应与大市场的有效联结，分散经营的小农户农业生产模式也不利于农业现代化的推进，这些问题的产生为我国农业产业化发展提供的机遇和动力。由此，在我国农业经营活动实践领域中，逐步形成了一批农工贸、产供销、农加销为一体的经营模式，使得农业生产活动不再局限于第一产业，农业与第二、三产业越来越紧密联系起来，农业生产力获得进一步增长，农业经济效益得到较大提升。随着各地农业产业化相关实践活动的繁荣，带动了政府政策及学术研究的持续关注，1993 年山东省率先提出实施农业产业化战略，1995 年农业产业化思想开始在全国范围传播，产业化被认为是农村改革自家庭联产承包制以来的又一次飞跃，农业产业化经营模式开始在全国范围迅速发展。自此以后，农业产业化成为我国学术界重点关注的领域之一，得到了广泛而深入的研究。例如，鲁振宇等（1996）论证说明农户的市场交易费用过高，市场主体（企业、农户）会主动寻找交易费用最低的交易方式，降低交易费用促使农户选择产业化经营方式[①]。牛若峰（1998）认为农业产业化是能够降低交易成本、生成规模经济优势的诱致性制度变迁，其以市场为导向，以农户为基础，以龙头组织为依托，以经济效益为中心，以系列化服务为手段，将农业产前、产中、产后各个环节通过一体化联结起来，形成一个完整的产业系统[②]。刘学愚等（1997）认为农业产业化就是把贸工农、产供销、经科教联结起来，组成链条式的经营体制，实行一体化经营、企业化管理，以提高农业经济效益[③]。尹成杰（2002）认为，农业产业化经营是以国内外市场

---

① 鲁振宇，易法海. 贸工农一体化产生的诱因及规模界定[J]. 中国农村经济，1996，(6)：24-28.

② 牛若峰. 农业产业一体化经营的理论与实践[M]. 北京：农业科技出版社，1998：18-19.

③ 刘学愚，孙德华. 论农业产业化的理论与实践[J]. 思想战线，1997，(2)：3-9.

需求为导向，以效益提升为目标，以科技进步为手段，以各类企业、中介组织为龙头，以龙头带农户的形式，把农产品的生产、加工、销售等环节连成一体，形成有机结合、相互促进的组织形式和经营机制①。牛若峰（2002）认为农业产业化经营优势是在稳定农民家庭经营的基础上，用现代经营理念和组织方式管理农业，是有中国特色的农业现代化道路和经营制度的整体创新②。马骥（2008）指出农业产业化是在保持家庭联产承包责任制稳定不变的基础上，使农业一体化各相关环节的经营者结成一个利益共同体，优化农业生产要素资源配置，提升竞争力③。姜长云（2013）认为农业产业化以产业导向市场化、产业运作企业化、产业形态一体化和产业发展规模化为基本特征，是我国农业经营体制机制的重要创新④。

二、农业产业化的组织模式

1. 国外研究动态

在国外农业产业化的发展过程中，形成了不同类型的产业化组织模式，其中以"公司+农户"，"由工商业、农业企业进行共同控股的混合公司+农户"，"农业协会+农户"等这几类模式为主。Ronald D. Knutson（1983）在研究美国农业产业化经营组织的基础上将其归纳为：一体化合作经营组织、农工商综合企业、一体化经营组织这三种形式⑤。Charles R. Knoeber 等（1995）指出由于公司对养殖农场的监督成本过高，因此在禽业中不适合完全一体化经营模式，而公司与养殖农场较为合理的协作形式是采用可以降低监督成本的合同制一体化模式⑥。Eaton 等（2001）将企业与农户的组织形式分为"公司+农户"模式、"公司+合作社+农户"模式、"公司+行业协会+农户"模式、"公司+大户+农

① 尹成杰. 关于农业产业化经营的思考[J]. 管理世界，2002，（4）：1-6+87.
② 牛若峰. 中国农业产业化经营的发展特点与方向[J]. 中国农村经济，2002，（5）：4-8+12.
③ 马骥. 农业产业化问题初探[J]. 辽宁经济，2008，（1）：35.
④ 姜长云. 农业产业化组织创新的路径与逻辑[J]. 改革，2013，（8）：37-48.
⑤ RONALD D KNUTSON. Agricultural and food policy [J]. Harvard University. 1983，（1）：26-31.
⑥ CHARLES R KNOEBER, WALTER N THURMAN. Don't count your chickens: risk and risk shifting in the broiler industry [J], American journal of agricultural economics，1995，（8）：486-496.

户"模式，后三种都属于"公司+中介+农户"模式①。

2. 国内研究动态

农业产业化组织模式是农业产业化经营的载体，直接关系到农业产业化运营的绩效。随着我国农业经济领域改革的不断深入，当前我国农业产业化组织模式也越来越丰富化，其中既包括"公司+农户"、"基地+农户"、"合作组织+农户"和"公司+合作组织+农户"等几种较为传统产业化组织形式，还包括农业产业集群、农业特色小镇、田园综合体、农业产业化联合体等近些年才涌现出的新型产业化组织模式，但总体而言，这些农业产业化组织模式仍以农业龙头公司带动为主。由于国情不同，我国农业产业化组织模式与国外存在较大的差异，产业化组织类型也更为多样，国内学者从不同视角对其进行了较为广泛的研究。李治民（1998）把当时我国农业产业化初期自发形成的组织模式归纳为五种，即主导产业带动型（产业基地+农户），专业市场带动型（专业农产品市场+农户），中介组织带动型（农业协会或农业经济组织+农户），龙头企业带动型（公司+农户），现代农业综合开发区带动型（农业园区+农户）②。郭书田（1998）按照农业产业化组织紧密程度，将其划分为松散型和紧密型两种，前者以合同形式将农工商联系起来，但各自仍独立经营，属于不完全纵向一体化；后者农工商以利益共享为纽带，成为利益共同体，属于完全纵向一体化③。李宏明（1999）通过比较各类农业产业化组织模式，得出"合作组织+农户"型和"公司+农户"型这两种模式成本较低④。黄祖辉等（1999）指出"公司+中介组织或市场+农户"型和合作经济组织型模式更为适合中国实际情况，农业产业化实践领域更多地采用此两种模式充分地说明了这一点⑤。李惠安（2001）把我国农业产业化组织分为合作社组织模式、合同组织模式、企业组织模式这三种类型⑥。刘斌等（2004）根据农业产业化经营组织的带动主体不同，将其细分为六种模式，即为公司带动型、市场带动型、主导产业带动型、综合开发

① C EATON, ANDREW W SHEPHERD. Contract farming partnerships for growth［R］. FAO agricultural services bulletin, 2001: 145.

② 李治民. 中国农业产业化经营——理论、实证、操作［M］. 北京：企业管理出版社，1998: 107-128.

③ 郭书田. 农业产业化的理论与实践［J］. 中国乡镇企业，1998，(12): 17-19.

④ 李宏明. 农业产业化组织联结方式的选择［J］. 浙江经济，1999，(3): 18-19.

⑤ 黄祖辉，郭红东，蔡新光. 浙江农业产业化经营：实践与对策［J］. 浙江学刊，1999，(5): 21-28.

⑥ 李惠安. 关于农业产业化的经营组织问题［J］. 中国乡镇企业，2001，(10): 3-5.

集团带动型、合作经济组织带动型、其他中介组织带动型①。郭晓鸣等（2007）认为中介组织联动型的农业产业化组织形式能够以农业中介组织为纽带，为农户提供农业经营全方位的服务；而合作社一体化经营模式通过吸纳农户入股合作社，将交易成本内部化，降低交易费用，则能够更好实现农工商一体化运营②。崔照忠等（2014）则将农业经营组织模式具体化，提出公司+农户、公司+农户合作社+农户、公司+股份合作社+农户是现阶段农业经营制度变迁过程中新型农业经营主体培育的主要模式③。李敏（2015）将农业产业化的经营模式分为四类：公司与农场主签订的合同制；农业合作社；农工商综合体；合伙经营或股份制经营的联营体④。廖祖君等（2015）从农业产业链整合的视角出发，发现我国农业产业化的组织形态沿着单个农户、龙头企业、龙头企业+农户、龙头企业+中介组织+农户、龙头企业+合作社+农户的轨迹进行创新⑤。汤吉军等（2019）对农业产业化主要组织模式进行比较制度分析，得出农业产业化联合体、"龙头企业+农场"是两个重要的演化方向⑥。戚振宇等（2020）通过研究我国各类农业产业化组织发展中存在的问题，得出"公司+农户"或"公司+农业经纪人+农户"等这种传统的、松散的、简单的组织模式需要不断完善与优化，而当前涌现的"公司+家庭农场"、"公司+合作社+农户"、农业产业化联合体（即公司+合作社+家庭农场）等新型农业产业化组织模式，才能更匹配我国新的制度需要⑦。

综上，由于受到生产力发展水平、技术创新程度、制度安排变革等多重因

---

① 刘斌，张兆刚，霍功.中国三农问题报告：问题·现状·挑战·对策[M].北京：中国发展出版社，2004：133.

② 郭晓鸣，廖祖君，付娆.龙头企业带动型、中介组织联动型和合作社一体化三种农业产业化模式的比较：基于制度经济学视角的分析[J].中国农村经济，2007，（4）：40-47.

③ 崔照忠，刘仁忠.三类农业产业化模式经营主体间博弈分析及最优选择[J].中国人口·资源与环境，2014，（8）：114-121.

④ 李敏.基于农民组织化视角的农民专业合作社绩效研究[D].西北农林科技大学，2015.

⑤ 廖祖君，郭晓鸣.中国农业经营组织体系演变的逻辑与方向：一个产业链整合的分析框架[J].中国农村经济，2015，（2）：13-21.

⑥ 汤吉军，戚振宇，李新光.农业产业化组织模式的动态演化分析——兼论农业产业化联合体产生的必然性[J].农村经济，2019，（1）：52-59.

⑦ 戚振宇，汤吉军，张壮.比较制度分析视域下我国农业产业化组织模式的优化[J].财会月刊，2020，（2）：131-136.

素影响，国内外农业产业化的组织模式均大致经历了一个由分散到联合、由简单到复杂、由松散到紧密的演变发展过程。如从"公司+农户"，到"公司+合作社+农户"，再到农业产业化联合体。作为传统的、以契约合同为纽带"公司+农户"产业化组织形式，其优点是发挥了公司在资金、技术及市场等方面的优势、且维持了农户独立生产经营的自主权，但大公司和小农户地位关系不对等且违约率较高。而近几年新出现的农业产业化联合体组织形式，则受制于利益联结机制的不够健全完善，仍在进一步改进之中。因为有效的组织载体是农业产业化高质量发展的基础前提，因此需要进一步创新发展各类农业产业化经营组织模式，降低农业产业链的交易成本，因地制宜的探索合适的产业化组织模式，从而促使农业产业化有效运营，以更好支撑农业的高质量发展。

三、农业产业化经营组织相关研究评述

通过对国内外农业产业化内涵特征及组织模式的相关文献资料进行梳理可知，由于不同国家的农业经营制度存在差异，因而农业产业化组织模式类型也多样化，已有文献从不同视角对农业产业化组织进行了较为广泛的研究，成果颇丰，这些相关文献均为本研究提供了重要的基础支撑，拓宽了本研究的视野和思路。纵观国外现有的相关文献，基本上都以欧美农业发达国家的产业化经营发展实践为研究基础，主要围绕着农业产业化经营的产生起源、内涵特征、组织方式、经营主体、运营效率等方面。虽然欧美发达国家在农业产业化经营的实践领域和理论研究方面都相对较为成熟，但至今国外学术界对农业产业化的内涵都没有形成一个统一规范且受到广泛认可的界定，且多数理论是基于大农场或农业一体化公司为经营主体对农业产业化组织模式进行研究，主要集中于研究其产生原因、经营有效性、经营规模与生产效率等方面。由于农业产业化经营组织具有多种类型的原因主要是因为其核心经营主体及各主体间利益联结方式存在不同，因此，尽管国外学者较为广泛地研究了家庭农场、农业合作社、农业综合体企业等农业产业化经营主体及其个体间合作等具体内容，但对于以农户家庭为农业生产经营基础单位的中国国情而言，存在很大局限性。

我国学术界关于农业产业化及其组织模式的研究相较于国外在总体上仍处于起步阶段。关于农业产业化经营概念的阐述，理论研究者也一直没有达成共识，在相关研究中，农业产业化通常也被称之为"公司+农户"、"产供销一条龙"、"农业一体化"、"农工贸一体化"、"产加销一体化"以及"农工商综合

体"等。并根据不同侧重点、不同角度和不同时期，国内学者对农业产业化内涵进行了多种方式的阐述，但总体上，国内与国外发达国家农业产业化的本质是相同的，都是将农业与工业、商业联结起来，通过规模化、集约化、市场化、现代化的农业生产经营方式，实现农业纵向一体化。目前我国产业化经营在农业实践活动领域中也产生了许多不同类型的组织模式，主要体现在带动主体、组织方式和利益联结机制等方面存在不同。虽然我国农业产业化有多种类型的组织模式，但学术界普遍认为，由于在家庭联产承包责任制基础上产生的农户经营单位具有特定的制度安排和行为规范，以及市场机制的作用，因而我国农业产业化经营组织模式的产生也必然遵循一个基本制度创新原则，即成本——收益原则。要实现降低成本、提高收益就需要延长农业产业链和稳固产业链上各主体间的合作关系，这就必须采取有效的农户组织化和农业产业组织化模式。有效的模式选择应通过构建新型农业产业化经营组织形式，探索农业现代化、组织化发展的新思路。目前，学者们已经普遍达成共识，有效的农业产业化经营组织方式能够起到延长农业产业链和稳固农业全产业链主体间关系的作用。

第三节　研究价值

农业产业化经营作为一种集约化、规模化、现代化的发展方式，对经济增长的促进作用早已备受关注。但成功的农业产业化经营发展模式是不是能够在任何地方和任何领域都可以发生起来的问题一直受到社会各界的质疑。进入21世纪，我国农业步入了一个全新的发展时期，以往小规模、分散、传统的农业生产方式已不适应农业生产力发展的要求，实践领域和理论界都在不断探索创新农业产业化经营的组织模式，期望以此提高我国农业综合实力、农产品国际竞争力以及农民收入水平。但是整体而言，现有的关于农业产业化经营模式相关理论探索和经验总结仍不够充分。成功的农业产业化经营组织发展路径是在正确掌握农业产业化经营运行规律和机理的情况下，并有效地整合当地特色资源要素的基础上而形成的。因此，全面而深刻地探索新型农业产业化经营组织的发展模式和路径，既可以弥补农业产业化组织相关理论研究的不足，也可以通过归纳总结我国各类新型农业产业化经营组织模式的发展经验，进而为相关政府部门制定促进农业产业化经营组织发展策略提供有价值的参考。

一、实践价值

1. 为增强农业生产经营组织化程度提供依据

在我国，农业是弱势产业，分散经营的农户是弱势群体，农村是弱势地域，却面对着开放的国际市场和农业现代化的需求。农户作为独立的农业生产经营主体，不仅要承担农业生产过程中的自然风险、技术风险和政策风险，还要面对激烈竞争的国内外市场环境。由于我国农户生产经营规模小且组织化程度低，在市场交易中往往处于劣势地位，所以为了解决小生产与大市场的矛盾必须提高农民作为市场经营主体的组织化程度。只有这样，才能增加普通小农户在利益格局转变中的博弈能力和在交易时公平谈判的实力，维护农民自己的利益。尽管近些年来我国出现了一些新型的农业产业化组织模式且各种模式均有所发展，但是从整体来看，数量上还不够多，规模上还不够大，机制上还不够健全，而且组织运营能力和生产效率不够高，对农业经营的组织力和带动力不足。通过有效发展各种类型的农业产业化经营组织，延长农业产业化发展的产业链、价值链和拓展农业领域分工协作网络，促进农业经营的价值增值，进而增强农民生产经营组织化的内源动力，调动农民参加农业产业化经营的主动性和积极性，从而实现农业经营组织化、规模化、现代化，以抵抗各种农业生产经营风险。

2. 为实现乡村产业振兴及提升农业综合实力提供具体途径

当前我国仍有很多农区农业生产经营方式具有较强的传统特征，具体表现为农业经营开放化和市场化程度低，传统的、低附加值的农业结构特征明显，农业产业存在重复性建设，缺乏产业特色。这种特殊的制度环境和发展条件导致农业现代化水平及综合实力较低。在全球农业领域经营发展趋于规模化、产业化与现代化的背景下，我国农业生产经营方式应该借鉴国外农业发达国家的产业化经营组织模式，形成具有中国特色且创新能力明显的农业产业化经营组织形式。由世界各国农业发展经验可知，有效的农业产业化经营组织能够推进农业增长方式转变，提升农业经营活动的组织化、规模化、标准化和现代化程度，从而提高我国农业产业整体竞争力，以实现乡村产业振兴的目的。通过研究农业产业化经营组织模式、演变规律和发展路径，可最大限度地挖掘各类农业经营主体及资源要素的潜力、优化农业产业的资源配置，释放和形成新的农业生产力，做强整个区域内各具特色的主导农业产业，对提高我国农业综合生产能力具有重要的现实意义，也为实现乡村振兴战略的首要任务——乡村产业振兴提供了有效的载体。

3. 为促进农业供给侧改革及产业融合提供新思路

以分散化小农户单独生产经营为主体的传统乡村，其农业产业往往是小而弱，致使其前期资本积累有限、农业发展造血功能不足；长期以来农业经营的低收益、高风险等特征使得农业对于民间资本的吸引力不足。农业产业化经营组织中纵横交织的产业联系和合作，容易使企业获得产业竞争优势，这是农业产业化组织不断发展的内在动力。农业产业化经营组织作为农业一体化发展模式，是多种产业及相关配套设施在特定地域内一体化发展，其具体内容应包括多个产业跨链条联合，因而促进了农业与其他产业的有机融合。农业供给侧改革要求农产品的质量和数量均要符合当代消费者日新月异的需求变化，实现供给和需求的高度匹配，要促进农业供需关系在更高水平上达到新的平衡，产供销一体化的农业产业化发展模式则更容易迎合当代消费者的需求。农业产业化经营组织作为农业供给侧改革和产业融合的组织载体，是农业现代化发展到一定阶段的必然结果。

4. 为推动农业产业化经营组织的发展提供政策依据

我国各级政府都十分重视农业的发展，也认识到农业产业化经营组织对盘活农村经济活力、增加农民收入、提升农业竞争力等方面有重要作用，但是各级地方政府在促使各类新型农业产业化经营组织发展的具体措施制定方面，并没有明确的研究基础和理论指导，造成一定程度上的盲目性。当前，我国各类农业产业化经营组织的同质化、低功能性、创新能力不足等问题严重，通过研究各类新型农业产业化经营组织模式及发展路径，可为各级政府提供实证材料依据，为新型产业化组织的创建、培育与升级等提供一定的借鉴与参考，为乡村振兴战略的实现提供助力。

二、理论价值

1. 丰富和完善农业产业化经营组织的研究领域

由于我国农业产业化经营组织在近些年的实践活动中不断地创新其组织形式和利益联结方式，而理论研究成果往往滞后于实践发展速度，因此对各类新型组织模式的理论研究仍相对较为薄弱，相关理论研究体系也尚不健全，很多研究领域有待不断拓展和深入。在农业产业化经营组织发展演化中，有些组织模式能够与外部环境互动，加强系统内部治理，增强创新驱动能力以实现持久且有效发展，而有些则处于停止锁定状态甚至走向衰亡。农业产业化经营组织内各不同类型经营主体的合作行动，是农业产业化经营的组织创新的微观原动力，分析推动农业产业化经营组织发展的相关行动者及其合作行为能动作用的发挥、合作关联网络的构建，进而系统研究农业产业化经营组织发展的影响因素、动力机制、演变规律和具体路径，以期丰富现有产业化组织的研究领域，具有一定的理论价值。

2. 转变了研究视角

农业产业化经营组织方式的不断创新发展是推动农业实现现代化的有效途径，它关系到乡村经济的全面振兴和长期高效发展。社会各界对农业产业化经营组织的创新发展也越来越关注。已有的相关研究大多数是从农业产业化经营主体、"公司+农户"联结关系、产供销一体化运营方式等角度切入，侧重关注单个经营主体的类型、"公司+农户"契约关系中的问题，产供销一体化运营的成效等方面，这些研究视角没有系统地体现出对农业产业化经营组织的生成与演化机理以及不同类别农业产业化经营组织构建路径的具体探讨，也缺乏对农业产业化组织内部龙头企业、关联企业、中介机构、各类农户等主体间合作关系和利益联结机制的分析。从推动农业产业化经营组织发展的相关行动者构建联盟网络视角出发，探索各类利益相关行动者如何构建合作关系网络、稳定合作联盟体系，并借助产业融合、产业链延长等方式，实现产业合作与创新，共同推进农业产业化经营组织的持续健康发展。

第四节　研究思路和方法

一、研究思路

在发展现代农业的背景下，农业产业化经营组织的发展是一个复杂的过程。首先需要了解农业产业化经营组织的生成机理及演化过程，其次还需要熟知并充分利用地方特有的资源禀赋、社会资本、技术与创新能力等，寻求培育农业产业化经营组织的最优路径；最后更需要激励地方政府、各类农业经营主体、科研机构和各类中介组织主体作用的充分发挥，为各类农业产业化经营组织的培育与健康发展营造出良好的生存环境。

作为当今世界产业组织发展的一个重要类型，各类农业产业化经营组织不仅存在于发达国家和地区，也存在于发展中国家和地区。由于农业经营活动在产业链特征、自组织能力、技术创新能力和市场营销体系以及产业合作关系网络结构等方面均有其固有的特点。因此，首先，必须认清各类农业产业化经营组织的本质特征、生成机制、演化过程，才能有效地培育与发展不同类型的农业产业化经营组织；其次，针对因不同区域资源禀赋条件存在差异，使得农业产业化经营组织存在不同类型的发展方式及培育路径等现实情况，通过分析当前我国农业产业化经营组织的不同模式及其发展路径和利益联结方式，能够更细致、更深入透析农业产业化经营组织的发展规律特征，进而更有针对性地根据区域优势培育不同类型的农业产业化经营组织；最后，从整合各类资源、创新政策措施、完善利益联结、优化公共服务体系等多方面入手提出有针对性的对策建议。

本研究的具体思路如下（见图1-1）：

首先，提出命题。由农村农业经济发展的现实背景可以看出，农业产业化发展已经成为农业经营获得核心竞争力的重要途径，而农业产业化发展需要有效的组织模式予以支撑。虽然当前我国涌现出了许多新型的农业产业化经营组织模式，但其发展过程中存在产业化组织数量少、组织稳固性较差、经营水平不高等问题。因此，为提高我国农业经济发展水平、实现乡村产业振兴，必须通过促使各类新型农业产业化经营组织的发展以带动整个乡村经济整体发展。

其次，分析问题。探讨农业产业化经营组织的演变规律、动力机制、影响因素和各种具体类型的组织模式是本研究的主要内容。以农业产业化理论、农业产业链理论、分工协作理论以及行动者网络理论等为基础，并结合我国各类新型农业产业化经营组织的实践情况，分析各类组织模式的主要特征、发展路径及运营效果等，并进行相关实证研究。

最后，解决问题。提出促进我国新型农业产业化经营组织高效发展的可行性策略和建议。

提出命题

```
┌─────────────────────────┐
│   相关研究背景及文献述评   │
└─────────────────────────┘
             │
             ▼
    ┌───────────────────────────┐
    │  农业产业化经营组织的理论基础  │                      支撑
    └───────────────────────────┘
             │
             ▼
    ┌─────────────────────────────┐
    │  中国农业产业化经营组织模式的演变  │               反馈
    └─────────────────────────────┘

    ┌─────────────────────────────────┐         ┌──────┐
    │  农业产业化经营组织模式演变的动力机制  │         │ 实   │
    └─────────────────────────────────┘         │ 地   │
             │                                   │ 调   │
             ▼                                   │ 查   │
    ┌─────────────────────────────┐             │ 与   │
    │  构建农业产业化经营组织的影响因素  │             │ 实   │
    └─────────────────────────────┘             │ 证   │
             │                                   │ 分   │
             ▼                                   │ 析   │
    ┌─────────────────────────────────┐         └──────┘
    │  不同模式的新型农业产业化经营组织类比  │
    └─────────────────────────────────┘
```

分析问题

```
    ┌─────────────────────────────────┐
    │   推进农业产业化经营组织高效发展的策略   │
    └─────────────────────────────────┘
```

解决问题

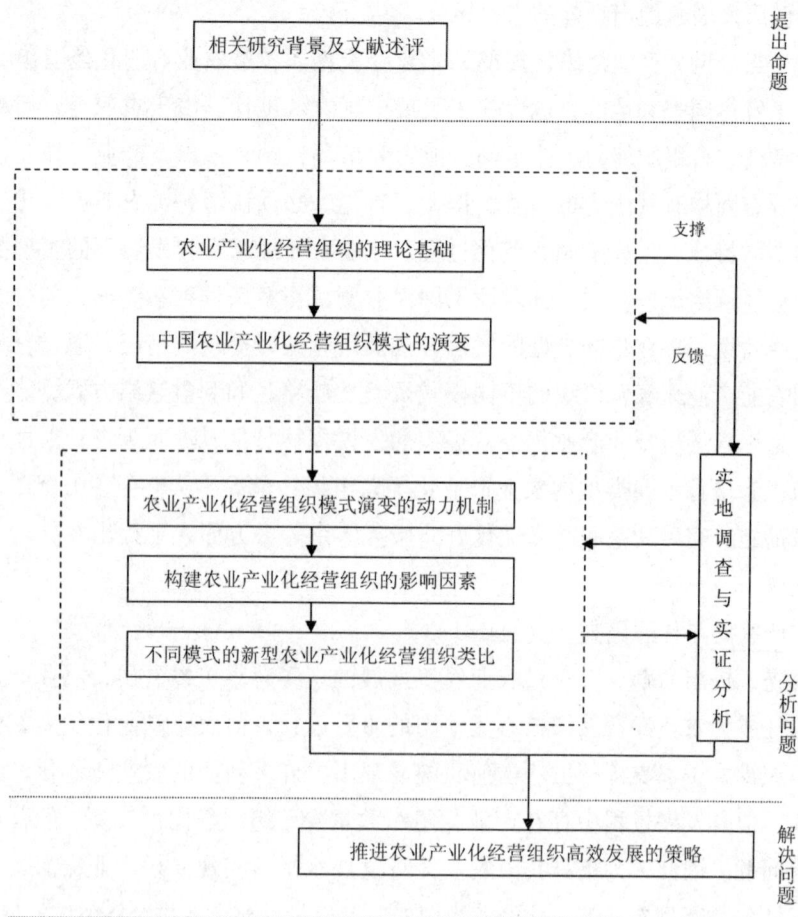

图 1-1   研究思路示意图

二、研究方法

1. 文献查阅法

尽可能全面地检索农业产业化经营组织的相关理论基础，如农业产业化理论、产业链理论、分工协作理论及行动者网络理论等，汲取理论研究和实证研究的最新成果，并参照国内外研究的成熟经验，分析农业产业化经营组织的内涵与特征、发展路径、影响因素等，作为本研究的问题提出依据和理论支撑。

2. 社会调查法

对微观区域内社会现象的研究，用社会调查法是最有效的方法，就本研究需要而言，主要的调查内容包括人文环境和自然环境。人文环境主要包括当地社会、经济结构、文化传统、市场环境、技术环境背景等；当地自然环境条件调查，包括自然资源、生态环境等；产业化组织内各经营主体间的网络关系调查，包括经营主体之间的信任关系、地缘关系等；政府行为调研，包括基层政府部门激励措施、宣传教育、扶持帮助等。

3. 比较研究法

用于比较不同类型模式的新型农业产业化经营组织，如农业产业集群、农民专业合作社、农业特色小镇、田园综合体、农业产业化联合体等组织模式，分析各类产业化组织模式的主要特征、构建路径和典型案例，进而可用于指导我国农业产业化经营组织发展的实践活动。

4. 规范研究与实证研究相结合法

规范分析法是依据一定的价值判断标准，通过分析与推理，研究事物应该怎样、不应该怎样；实证分析方法则是通过对具体事例现象的归纳与整理，回答其是什么、具有哪些特点、会发生什么样的变化及变化的结果等有关规律性的结论。本研究一方面采用规范分析的方法，旨在更加合理和客观地分析农业产业化经营组织的演变规律、动力机制、影响因素等，并综合运用各种理论为实证研究奠定扎实的理论基础。另一方面本研究通过实证研究方法，探究农业产业化经营组织的发展路径，特别是用于剖析案例产业化组织模式的发展路径。经过严格的逻辑论证、实证检验反映事物发展的本质和规律，达到对实践有指导意义的目的。

第二章

理论依据

纵观农业产业化经营组织已有的研究成果，其涉及多个方面：从研究的学术领域上讲，既涵盖经济学，又涵盖管理学及社会学等；从切入研究的理论视角上看，既有农业产业化理论、产业链理论，又有分工协作理论等。虽然各国在发展农业产业化经营组织的实践活动中已经取得不少成绩和经验，但多数农业产业化组织形态并不成熟且仍处于不断变革与演进过程中，其理论体系尚不够完善，需要借助一些相关领域的研究成果作为其理论依据。因此根据本研究的需要，对主要涉及农业产业化经营组织发展的相关理论做了一定的梳理。

第一节　农业产业化组织及产业链理论

一、农业产业化组织的本质

农业产业化组织的本质是农业与其关联产业内部各主体间的联结关系，主要包括各类农户与农业中介组织、各类农户与龙头企业、龙头企业与其他涉农企业等组织之间的相互作用关系。有效的农业产业化组织能够促使组织内涉农企业、各类农户等农业经营主体改善经营效率、提升科技水平、降低交易成本、实现规模经济效应、提升综合竞争实力。农业产业化经营组织将普通农户与农产品加工销售企业关联起来，使得农业生产、加工、流通等各个环节的经营主体成为利益共享、风险共担的联合体。农业产业化组织有效运营的关键是建立一整套合理的利益协调机制，使得参与农业产业化经营的各类主体均能获得公平合理的利润空间，保证农产品大批量生产与销售的顺利进行，从而推进现代农业建设；基础是依托地方农业主导产业，实施规模化和集约化农业生产，实现主导农业及其相关二、三产业的联合经营；核心是对广大普通小农户进行组织化整合，提高农户农业生产经营效率，疏通农户农产品销售渠道，解决小生产与大市场的矛盾，实现农户与市场的高效联结。农业产业化组织的组建形式通常是以农业龙头企业为带动主体，将农业科技研发、基地建设、加工流通等相关产业紧密结合起来，推进农业一体化经营体系的构建，按照互利互惠、合作共赢的原则，最终使得参与农业产业化的各类农业经营主体成为风险共担的经济共同体。

因此，农业产业化经营组织的内部既涵盖了农业龙头企业、农业中介组织、农户等经营主体，还包含了规模化的农产品生产基地、社会化的服务体系、较为完善的产业链、紧密的利益联结机制和企业化的管理体系。

二、农业产业化组织的形成

农业产业化组织的形成是农业与相关产业实施农产品生产、加工、运销等一体化经营的过程。农户、中介组织、龙头企业、其他涉农企业及科技机构等主体依据合同、契约、入股等不同形式的制度安排而联结成为一个合作联盟，从而实现各类涉农生产要素的优化配置及经营主体间的优势互补，增进各类经营主体的生产效率，乃至整个产业的运营效率。

农业产业化组织的形成也是一个动态演进和不断完善发展的过程。随着农产品市场化的不断深入和农业科技的不断进步，农业产业内部的专业化分工越来越细，关联产业与农业的相互依赖性也越来越强。农业产业化组织的演进与发展是建立在产业分化、科技进步和生产力提升的基础上，农业与相关产业的协调互促发展。从空间分布和结构层次上来看，农户处于市场经济中的弱势地位，其为改变自身的市场地位，会自愿采用一定的组织化形式与有关利益各方进行联合，从而为实现农业一体化经营提供了基础条件，因而，农业产业化组织的形成与演进实质就是农户等农业经营主体不断探索与有关利益各方实现合作共赢联结机制的过程。在农业产业化组织形成与发展过程中，不仅要形成农业与关联产业之间的纵向联结，而且要形成农户与农户之间的横向联合、农户与企业之间的纵向联合，其联合的物质基础是同类的农业产业，进而实现涉农产业聚集和专业农户的适度规模经营及农业现代化水平的提升。从而将农户的农业生产经营活动置于一个横向联合、纵向联结的利益共同体之中，实现农户收益的增长和农业经济的现代化发展。

三、农业产业化组织的作用

当前我国农业生产仍是以传统的家庭经营生产方式为主，农业生产经营中的分工协作水平较为低下，农业劳动生产效率不高，而且农业与关联产业还缺乏有机的紧密联系，农业产业链延伸不足，致使农业利润增值空间有限。因此，农业必须走农业产业化发展道路，才能推进农业领域实施专业化、社会化的生产方式，以提升农业生产效率，并借助与关联产业的紧密合作，以拓展产业链，获取更高的增值价值。具体而言，即农户或家庭农场主要从事专业化的农产品种养，合作社或其他中介服务组织联结众多小农户合作互利，龙头企业负责农产品的加工与销售，各类社会化服务机构负责提供农业产前、产中、产后全过程的系列化公共服务，形成农业及其相关领域"一条龙"的产业经济发展格局，进而实现农业整个产业的高效发展。

我国农业产业化组织的建设与发展是在稳定家庭承包经营的基础上，把分散的小农户组织起来，与工业企业、服务企业等建立新型合作关系，形成新的组织群体，实现农业经营的组织创新，改善小农户的弱势地位及销售困境，使得农业与其他产业协调发展，有效地提高农业经营的比较效益。发展农业产业化组织通常是以龙头企业为核心，联结农户与市场，通过专业协会、合作社等中介组织实现小农户间横向联合、合作，提高农户经营的外部规模经济，增强农户在农业产业发展中的市场主体地位，使农户能获取市场的平均利润，提高农户的自我发展能力。

现代农业产业化经营组织的不断涌现是市场经济快速发展、社会分工逐步深化、产业之间联系越来越紧密的产物。农业产业化组织发展的优势主要表现在两个方面，即生产效率提升和资源配置优化。具体而言，一是在提升生产效率方面，通过农业产业化发展，促使农业领域分工更为细化，根据亚当·斯密的理论，分工细化必将带来生产率的提升，劳动分工能够加快技术革新，基于技术的革新和组织化的合作，农业产业经营主体可以通过增加初级农产品的科技含量和提高精深加工程度以实现农产品的价值增值，获取更高的利润空间。二是在优化资源配置方面，产业化运营模式可以实现农业产业内以及与其他产业间形成更为有效的合作机制，打通生产要素资源流动的壁垒，在共同利益的驱动下取得更为优化的资源配置结构，农业产业经营主体可依据自身拥有的资源状况采取能够获取更大利益的经营方式。因此而言，借助农业产业化组织模式可提高农业产业的生产效率和配置效率，进而有效提升农业产业系统内的综合效率，使得农业产业系统的整体收益显著增加。

四、农业产业链的构建与优化

农业产业链是指将农业产前、产中和产后的各个环节串联起来，通过各环节主体间的相互合作以及协调配置各种要素资源，而形成一种链条式的一体化生产运营集合。农业产业链条上存在着信息、技术、资源等要素的流动，从而形成了价值链、物流链、知识链、供应链等多个链接。农业产业链的形成与完善是一个漫长的演进过程，从一个弱小的、单一的链条环节，到形成完整的、较长环节的产业链，则需要拥有不同要素资源的众多主体不断完善协调与合作机制。农业产业链条涉及从农产品的开发研究、生产加工、包装销售中的所有环节，各环节结合起来形成了网络链条关系，涵盖了农产品研发、农业机械的生产、种子农药化肥的供给、农产品的种养、精深加工、储存流通、市场运营、售后服务以及金融投资、科技培训、中介服务机构等各类相关行业。农业产业链的延伸使农业不仅仅提供原材料性的初级产品，还成为以动植物生产为中心，逐渐包含上游、中游和下游环节在内的各类型涉农产品的生产经营部门。

农业产业链全方位的扩展，和它有关的部门和行业也因此发展起来，形成农业经济运行中各方面资源协同发展的状况。农业产业链上各类相关经营主体集聚在每一环上都有一定的数量，具有不同优势和特性的企业，经过分工协作与战略合作之后，有效产生了外部规模的经济效应，进而加入了许许多多相关机构与附加产业。

农业产业链在实践中需要不断地随着生产力的发展而持续优化，农业产业链优化目的是使得整个产业链的结构更完善、更合理、更科学，产业链条各环节的衔接更加密切，产业链可以在运行过程中更好地发挥提高生产效率、实现价值增值的作用。农业产业链的管理优势和优化升级可以促使农业现代化的发展。农业产业链的优化路径围绕着价值链增值而展开，依照微笑曲线理论，农业产业链中附加值最高的区域位于价值链的两端——研发和品牌。因为良种研发和品牌培育环节需要投入更多的科技、人才和资金等要素资源，成本较高且风险较大，因此也具有更高的价值增值。农业产业链上各经营主体只有不断创新，研发新技术、新产品以及加强品牌建设，才能获得更高的产品附加值，实现价值增值。而在初级农产品的生产环节，由于技术含量较低且只有销售出去才能转化为真实价值，因此附加值最低。根据这一特点，农业产业链的优化主要包括：产业链延伸、产业链升级、产业链整合①（见图2-1）。

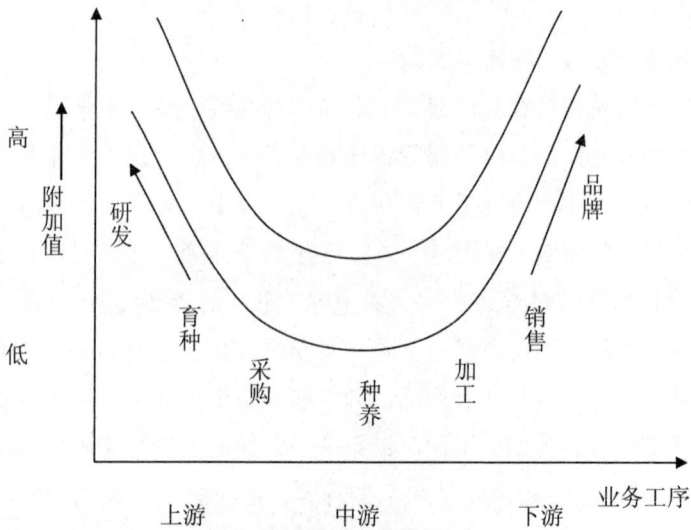

图2-1　农业产业链的优化

资料来源：施振荣．施振荣开讲：民族品牌升级之路［M］．沈阳：万卷出版公司，2010：34-38．

农业产业链延伸可以分为向前延伸到新品种研发、良种培育、农资采购等环节，向后延伸至农产品精深加工、包装储运销售及品牌建设等环节，实践过程中农业产业链向后延伸到加工及销售领域的现象更为普遍；农业产业链升级是指增加各环节的附加值，促使整个产业链的知识含量、科技水平、创新能力等高附加值内容不断提高，即提升产品价值增值空间；农业产业链整合则是为了实现产业链中各个环节要素资源的有效流通与合理配置，协调链条上各主体间的合作行为，充分发挥各主体因相互协作、资源共享而产生的协同效应，实现产业链上各环节的有机衔接与融合。

农业产业链的纵横延伸和不断扩展将吸引各类生产要素渗透到农业生产领域，有利于农业领域的要素流动和资源共享，实现农产品价值增值。对产业链条的整合和完善能够更有效地配制各类要素资源。增强农业产业链条中各个环

---

① 赵绪福．农业产业链优化的内涵、途径和原则［J］．中南民族大学学报，2006，（6）：119-121．

节的配合协调程度，可以降低产业内部的恶性竞争，促使农业产业的可持续性发展。具体而言，可以从以下两方面整合农业产业链。一方面，强化纵向农业产业链上下游主体之间的高效链接。通过将位于农业产业链上游的农资供应企业与各类科研机构紧密联系起来，共同研发优质良种、新型肥料、农机设备等，扩大优质农产品种植、养殖规模；在产业链中游的生产环节建立农户、专业合作社与加工企业之间的合作机制，确保农业种养殖户有规划、高质量的生产，实现农户与企业共赢局面；在产业链下游的农产品经销商着力构建完善的营销渠道，通过农产品推介会、博览会、广告宣传等方式大力开拓国内外市场，从而实现农业产业链的上中下游各环节主体联动发展，提升农业产业链运营效率，增强农业产业整体竞争力。另一方面，拓展横向农业产业链规模，整合同类资源、增加同类农产品生产规模，借助产业集聚效应吸引同类农产品生产者加入产业链横向拓展之中，实现规模经济效应，促使优势农业产业资源高效整合，进而提升整个农业产业链上各类主体的经营效率。

第二节　分工协作理论

一、分工与协作的关系

分工是指对生产劳动的划分及其专门化、独立化；协作是指劳动者组合在一起协力合作劳动；分工协作就是建立在劳动专业分工基础上的协同合作。亚当·斯密首次从经济角度研究得出劳动分工能够提高生产效率。劳动分工与协作的不断深化是社会生产力发展的重要标志。一方面，一切劳动分工都是对社会经济活动的细化，劳动者从事各自擅长的工作，促进生产活动更加专业化、高效化，是生产力发展的内在要求；另一方面，协作是分工的客观必然结果，分工不仅使劳动专业化和工具专门化，而且也使劳动组织和劳动方式发生重大变革，协作则可以提升劳动的整体效能，有利于整合集体生产力、提高组织整体效率、降低交易成本、发挥协同效应等。

劳动分工与协作能够促进社会经济的发展，这不仅体现在工业领域的生产过程之中，在其他产业领域也同样适用，专业化分工与知识科技创新、资本积累等在社会经济实践活动中同等重要。专业化分工劳动既带动了产业内分工的细化和产业内与产业间协作的深化，也促进了生产形式、组织模式、管理方式的变革与改进，还推动了产品交易方式、资源配置结构更加优化。专业化分工与协作已经成为现代化生产组织活动过程中不可分割的两个方面，劳动分工与协作相互促进且互相制约，共同影响着社会生产力的发展。

除了以亚当·斯密为代表的西方经济学家对劳动分工与协作进行一系列的理论研究之外，马克思在《资本论》中则从社会分工与协作的角度，阐述了企业的发展规律，其认为企业是在协同的基础上自然发展而来的。随着协同程度的加深，企业与企业之间进行联合和兼并。协作提高了生产力，并且创造了资源的"协同效应"。从经济学的角度看，在一定的资源条件和环境约束下，以企业为核心的经济组织，通过将其内部的生产、销售、服务等各个环节有机结合，实现独立个体的正常运作，这是第一次协同过程。然后，作为独立主体再与外部的科技研发、原料供给、流通运输等其他企业个体进行分工、协作，形成产业链条化的协同系统，并且通过制度设计、环境氛围、管理创新等方面的不断改进，推动系统结构更加有序合理，向产业组织化方向演进。

二、农业领域分工与协作的必然性

农业领域的劳动分工活动可分为横向分工和纵向分工。横向分工是指在同一生产阶段中对产品或服务进行更为具体的多样化细分，纵向分工则是沿着从自然资源等原材料向最终消费品方向的各个生产加工销售等阶段而进行的细分。纵向分工对生产效率提升和农业产业化发展带来至关重要的意义。传统农业生产的各个环节是分散的，农业劳动者在家户经营的基础之上开展农业生产、粗加工、销售等活动，形成了数量众多的一家一户的独立农业经营单位，这种经营带来的一个发展劣势就是资源的过度分散以及分散导致的资源利用不充分，各自为政的经营格局由于没有办法获取分工收益，极大地阻碍了农业生产的进步，于是就有劳动者创造性地开展专业分工和协作，形成聚合产业竞争格局，促进农业生产开展，产业化升级不断拓展深化。

农业领域的生产经营活动客观上也存在着从育种、生产、加工到销售等一系列相对独立又紧密联系的各个环节，每个环节都有生产率提升和价值增值的空间，这就为专业化分工创造了条件，也使之成为必然。各类农业经营主体只有改变传统的、小而全的经营方式，将农业生产经营过程中不同阶段、不同环节、不同工艺的劳动内容进行专业化分工，由各具优势的专门经营主体分别完成，才能适应生产力发展与市场经济的要求。

分工促使单一主体因专业化程度、熟练程度增加而带来生产效率提升，但同时也需要不同主体加强相互协调合作完成全部流程，最终才能促进整个产业生产效率的提高。农业产业化发展的本质上就是农业及其相关产业间劳动分工和协作不断深化的过程，也是农业生产组织方式不断演进和创新的产物。其基本特征就是在农业产业体系构建基础上的分工与合作，具体表现为农业产业布局的区域化、农业生产的专业化、农加销经营的一体化、组织管理的规范化、公共服务的社会化，因此，农业领域分工与协作的不断深入是生产力提升的结果，也是社会化大生产演进的必然。

三、农业产业化经营组织的分工与协作

农业产业化经营组织是在市场经济和社会化大生产背景下形成的细化分工与专业化生产组织方式，其实质是相关经营主体间的专业分工和协作。借助专业分工不仅可以降低农业生产经营活动的复杂性，也可以提高生产的效率，通过协作可以完成单个农业经营个体所不能完成的工作。分工与协作两者之间经过良好的契合，就形成了一种系统化组织农业生产经营的方式，即农业产业化经营组织。

农业产业化经营组织内部的分工与协作内容主要体现为垂直性一体化纵向延伸上的专业化分工，其将相互独立的农业产前、产中、产后的专业化分工活动联结起来，形成相互协作关系，使得农业产业化支撑体系不断拓展空间范围。伴随农业产业链的延伸与完善，农业产业化组织内经营主体数量增多，市场规模也不断扩大，各主体生产成本也相应减少，联合行动增加，农业产业化经营组织得以形成与发展。

由于社会生产专业化分工的持续深化，农业产业化组织间的协调性互补活动必须在数量和性质上进行完善，特别是依照农业生产经营的特性更需要农业产业内及产业间的协作。农业生产经营相关主体借助契约合同、战略联盟、合资入股等方式构建农业产业化经营组织，健全组织内主体间的协作机制是其持续健康发展的关键。但农业领域由于劳动分工带来的协作也是有成本费用的，协作方式的选择取决于各主体间协作成本、组织管理费用与获取利润增值之间的比较。我国农业生产环节以小规模、分散化、传统的家庭农户为基本单元，这导致了农业生产较高的组织与监督成本，而农产品交易环节又存在小批量、

多批次、不定期的交易，致使交易成本过高。农业产业化经营组织内部通过建立恰当的合作制定安排，能够降低对农户生产环节的组织与监督成本，将部分市场交易环节内部化，从而降低交易成本，提升组织整体利润空间，这就使得分工与协作已成为我国农业产业化组织中居主导的经营方式①。而且，随着现代科学技术的加速革新和生产力水平突飞猛进的提升，农业与其他关联产业的协作与融合越来越普遍，在农业产业化组织不断发展的过程中，农业产前、产中、产后各个环节主体间的分工与协作程度也具有更大的提升空间。

农业产业化经营组织将农业领域专业化分工的各个环节整合起来，形成一个分工合作关系网络系统，在此网络系统中，可运用组织内分工管理的模式，重新整合农业产业价值链。其中科研机构和农资供应商从事产业链前端的新品研发、良种培育、农资供应等较高附加值环节；普通农户等农业生产主体在纳入此网络系统之后，从原本的小规模农业生产者逐步演变成具有一定规模生产能力的种养大户或家庭农场主，其主要从事农产品种养生产环节，通过规模经济效应及统一采购农资物品等降低生产成本；龙头企业在该合作网络系统中通常处于主导地位，主要进行农产品精深加工、质量标准制定、市场营销、品牌塑造等高附加值环节的分工活动，将更多的要素资源整合到农业产业价值链的高端部分，增加整个合作网络系统的价值获取能力。农业产业化经营组织通过建立分工与合作关系网络，使得组织内各经营主体形成协同发展关系，提高了整体组织的竞争优势，达成了相互协调、合作或同步的联合作用，从而实现劳动分工与协作优势的充分发挥。因此，劳动分工与协作理论为探索农业产业化经营组织发展机制提供了一种研究视角和理论基础。

第三节　行动者网络理论

经济学领域虽然对农业产业化经营组织的发展机制及制度安排进行了较多的理论研究，但往往过于宏观抽象化，与实践情况也会存在一定的差异，因此，从社会学视角，并结合经济学理论，进行农业产业化经营组织形成路径的具体剖析，就有可能更明晰地理解农业产业化经营组织形成模式与发展路径。

---

① 李瑜. 农户经营组织化研究［D］. 西北农林科技大学，2007.

一、行动者网络理论的基本思想

行动者网络理论（Actor Network Theory，简称 ANT）是用社会分析方法研究在地方发展过程中各主体相互作用而形成的异质性网络，这些异质主体被称为行动者，其互相依存、相互影响、协同演进，共同构建完成行动者联盟网络，将此网络构建过程用来解释事物的发展过程。在研究农业发展中，行动者网络理论较多地用于评价自然和社会或文化等因素在农业空间建构上的作用①。行动者网络理论更加注重研究在一定区域范围内各个行动者之间相互依赖与作用的关系程度，该理论观点认为各种社会关系均是通过人类的、非人类（自然等）的以及各类其他社会主体的联系而形成的。该理论还阐述了区域内一个行动者跨越空间和距离范围的能力，主要受制于该行动者对其他行为者以及其行为活动等相关必需要素的具体影响能力②。

将行动者网络理论应用于研究农业产业化经营组织的形成过程与发展路径，具有一定的解释力。其中，农业产业化组织内各经营主体即行动者的协作能力被看作是异质性网络的集合能力，其中非人类行动者（自然、科技等因素）与人类行动者（农户、企业、中介机构等）同样重要，共同影响着整个经营组织的形成。一个完整的行动者网络通常是由大量不同的行动者组成，只有行动者之间的合作联盟关系网络构建完善，才能促使农业产业化经营组织形成与稳定发展，此行动者网络中，不仅仅包括社会关系和合作联盟关系，还强调各类关系的链接方式。按照行动者网络理论，该网络关系结构只有通过持久而有弹性的物质、自然与技术的紧密联系，才能经受起时空的考验③。总之，在行动者网络理论的思想观点中，人类的社会经济活动和自然环境、科学技术及其他物质因素是一个整体，他们相互嵌入，共同推动了区域社会经济体系的协同演进发展，这种整体论的思想值得借鉴。特别是行动者网络理论的两种思维模式：关系思维和过程思维，更值得将其引入农业产业化经营组织发展问题的分析过程中。

---

① 李小建，李二玲.西方农区地理学理论研究评述[J].经济地理，2007，27（1）：5-10.

② 布鲁诺·拉图尔.科学在行动[M].刘文旋，郑开，译.北京：东方出版社，2005：287-292.

③ 李小建，李二玲.西方农区地理学理论研究评述[J].经济地理，2007，27（1）：5-10.

二、行动者网络理论的相关概念

根据行动者网络理论的基本思想，延伸出一些核心的概念和表述，对这些概念进行界定将有助于理解行动者网络理论的思想内涵和将其用于分析经济社会领域的具体实践活动。行动者网络理论涉及的最核心概念主要包括三个，即异质行动者、转译过程、网络结构。

异质行动者是指参与行动者网络构建的所有要素资源，包括人类和非人类要素，其中人类行动者可以是人，也可以是组织、机构等其他人类要素，非人类行动者则是技术、设备、产品等非人类要素。这些行动者具有不同的特性、行为方式和利益取向，在行动者网络形成过程中均被同等对待，均具有积极的作用。各类行动者在网络中相互依存、协同演进。而行动者网络中的所有行动者又可根据其在网络构建过程中的作用不同而划分为核心行动者、主要行动者以及共同行动者，其中核心行动者主要发挥着协调其他行动者的作用。

转译过程是指具有各自不同利益诉求的行动者之间相互影响、身份转换、协同共建行动者网络的具体过程。相关各个行动者通过转译过程，不断地把其他行动者的问题和兴趣转换出来，以此为基础而影响其他行动者的行为①。借助转译过程，相关行动者开始进行各种交流与协作行为，并通过不断地博弈和协调，使得利益诉求得以满足，进而达成共建行动者网络的目标共识。具体的转译过程包括问题呈现、利益共享、征召和动员4个基本环节，即界定网络所要解决的问题、明确各行动者的利益诉求，以利益共享征召和动员相关行动者加入网络构建过程中②。转译成功与否取决于"必须通行点"，经由"必须通行点"使得转译者和被转译者的利益产生联结，从而完成转译过程。转译过程实际上是界定各行动者在网络中角色地位的过程，只有通过转译，才能将处于不同领域的异质行动者联结起来，建立起稳固的合作关系，由此共同构建出一个异质性的行动者联盟网络，借助该网络的构建成功而实现各自的利益诉求。

网络结构特性强调了各行动者之间的关系结构及关系网络的形成过程，将行动者网络视为一个动态的构建过程，其相对的稳定性则是因网络中各行动者相互作用的结果。在任何一个行动者网络中，各个资源要素都分散在某些关键

① 希拉·贾撒诺夫. 科学技术论手册[M]. 北京：北京理工大学出版社，2004：230.
② LATOUR BRUNO, WOOLGAR STEVE. Laboratory life：the social construction of scientific facts [M]. Beverly Hills：Sage publications，1979：154.

节点上，即所谓的行动者，它们彼此关联，结成一系列的网络链条和网眼，通过这些联结关系，将分散的资源结成网络，并使各要素资源在网络中流动，彼此共生①。行动者网络中的各节点要素均是在网络构建过程中发挥各自作用的行动者，每个行动者作为网络节点在其周围逐步构建形成一个网络以联结其他行动者，使其他行动者也依赖于自己才能得到共生发展。

三、行动者网络理论的具体应用

行动者网络理论注重动态分析利益相关行动者构建网络的过程，行动者网络结构的成功构建，标志着相对稳固的合作关系网络的形成。将行动者网络理论的思想观点及分析框架，应用到研究农业产业化经营组织之中，能够更深入剖析不同类型农业产业化经营组织的形成与发展过程，并探索各类农业产业化经营组织相关行动者之间是怎样通过相互作用以至于影响组织创建与发展的，以及各类行动者是怎样协同构建农业产业化经营组织关系网络，从而也实现自身利益的最大化提升。

各地农业产业化经营组织的实践活动表明，为了有效地实现各类农业产业化经营组织创建与发展，仅仅依靠普通小农户的带动与参与是远远不够的，农业产业化经营组织需要区域内外多方力量的共同推动。在产业化组织升级过程中，必不可少的几种参与主体力量包括农业龙头企业、各级政府部门、农业科技提供者、农资供应者、农产品销售者、金融机构、中介服务机构、各类农户等各类主体。除此之外，农产品、自然资源、经济、科技、文化环境等非人类因素也扮演着关键角色，其作用于农业产业化经营组织发展的整个过程，也是农业产业化经营组织行动者网络结构中必不可少的行动者。由此可知，农业产业化经营组织的形成与发展是由人类与非人类的行动者共同作用的结果。

龙头企业、包括家庭农场在内的各类农户、政府部门、农业科技提供者、农资材料供应者、农产品销售者、各种金融机构、中介组织、各类社会化服务机构等人类行动者以及农产品、自然资源、社会经济技术文化环境等各类非人类行动者共同构建了农业产业化经营组织形成与发展的行动者网络，该网络中一旦出现某个联系发生了断裂，则整个农业产业化经营组织的生产经营活动就将陷入困境。因此，不能将农业产业化经营组织的形成过程与这些行动者割裂

①　布鲁诺·拉图尔. 科学在行动［M］. 刘文旋，郑开，译. 北京：东方出版社，2005：287-292.

开，应该把这些行动者均纳入农业产业化经营组织发展体系之中，用行动者网络的理论思想来揭示农业产业化经营组织创建及发展过程。同时，又因为这些行动者在构建行动者网络时存在着复杂的相互依存关系，因此，运用行动者网络理论将更有助于阐述农业产业化经营组织的动态性的形成过程（见图2-2）。

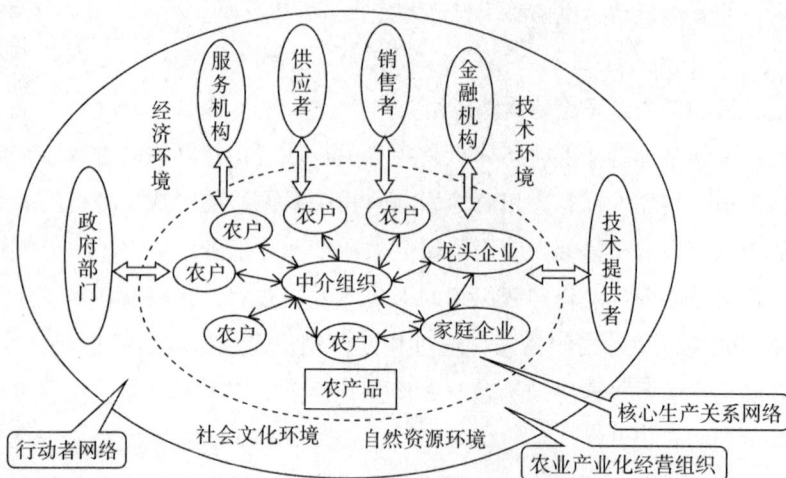

图2-2　农业产业化经营组织网络结构模拟图

如图2-2所示，农业产业化经营组织在发展过程中形成了核心生产关系网络和行动者网络，这两个层次的网络具有一定的相互渗透性，二者的边界并不十分清晰，可以说，行动者网络包含了核心生产关系网络，但是由于农业产业化经营组织的空间范围受到地域约束，且具有一定的组织规范性，因此该行动者网络的构建范围也就相应地界定了该产业化组织的边界。农业产业化经营组织的核心生产关系网络主要是由农产品、各类农户和龙头企业等行动者构成；相关行动者网络则是农业产业化经营组织的生产运营网络，既包括以上所提到的核心生产关系网络，还包括由与农业产业经营密切相关的各类行动者所构成的关系网络，即各类社会化服务机构、农资供应者、农产品销售者、涉农金融机构、各级政府部门和农业科技提供者等。由此可见，农业产业化经营组织的形成与发展是由行动者网络及其核心生产关系网络共同作用的结果。

第三章

中国农业产业化经营组织的演变

由于农业发展不同时期受到生产力水平、生产关系、政策制度、资本积累及其社会经济发展阶段等综合因素的影响，这就需要不同类型的农业产业化经营模式与之相匹配。任何一种农业产业化经营的组织形式都有其独特的环境适应性，而且各类组织形式在成熟度方面差别较大，具有其他形式不可替代的特质。随着社会经济的发展和市场发育程度的提高，各地区的农业产业化经营组织形式都在不断变革和升级，从初级形式不断地向更为高级的形式演进。为了深入探析农业产业化经营组织的演变规律，可以运用生命周期理论，从经济组织形式发育成长角度，把中国农业产业化经营组织的演化进程划分为萌芽孕育、快速成长、高速集合和创新升级四个阶段。

第一节　萌芽孕育阶段

萌芽孕育阶段（1978-1994 年前后）：小农户主导阶段。

一、萌芽孕育阶段的社会背景

中华人民共和国成立初期，国民经济百废待兴，各项物资严重短缺，尤其是农产品供应量十分不足，为了快速恢复国民经济，我国实行了农产品统购统销制度。农产品统购统销制度的实施，为我国工业化发展积累了原始资金，极大地促进了中华人民共和国成立初期国民经济的发展。由于在此时期农业生产经营属于国家统购统销的管理方式，是以计划经济为导向的生产经营方式，并非以市场经济为基础的农业生产经营方式和产业化组织形式。

1978 年，我国确立了以家庭联产承包责任制为主体的基本农业生产经营制度，增强了农户自主经营农产品的权利，同时也缩小了统购统销农产品的品种范围，逐步恢复了农产品的议购议销机制。自此开始，大量农产品开始逐步摆脱计划经济体制的桎梏，自主地走向市场，农产品的销售价格及商品化、专业化程度均得到了较大的提升。之后，我国农业领域又颁布了多项改革政策措施，使广大农民获得了实惠，加速了农业生产力的解放，极大地调动了农民进行农业生产的积极性，生产力水平得以较大提升，农村经济呈现出大幅度的增长。同时，农业新技术的推广和农户生产灵活性的增强，提高了农户务农的收益，进而也调动了农业经营者的积极性。在这个时期，个体小农户不仅是农业生产主体，也是农产品销售主体，农业经营组织形式进入小农户为主导阶段，小农经营占据主体地位。此阶段，我国农产品加工率较低，仅占到农产品总产量的10%~20%，而发达国家的能占到80%；我国农产品加工产值与农业生产总产值之比仅为 0.5∶1，而发达国家一般能达到 3∶1①。

二、萌芽孕育阶段的主要特征

在农业产业化经营组织发展的萌芽孕育阶段，我国社会生产力水平整体上仍比较低，市场处于一种多数物资较为短缺的状态，提升农产品产量及丰富农产品种类是农业发展的重要任务，也是社会经济发展的迫切需求。由于家庭联产承包责任制将农户的农产品生产与收入密切地关联在一起，具有较强的激励作用，制度监管成本低，实施之后对农业增产、农民增收起到了很大的推动作用。在我国人地矛盾比较尖锐的情况下，小农户户均耕地面积和发达国家大农场相比极小，家庭联产承包只能是小规模、分散化的土地承包经营，从而造成了以农户为单位的小规模农业生产经营模式。该时期，农业产业化经营仅仅是处在一种萌芽孕育时期，农户生产较分散、组织化程度较低、产业化经营明显不足，因此是"小农生产+小农经营"模式占主体地位的小农户农业经营主导阶段。

农户与市场的关系是众多小农户直接面对大市场，农户处于分散的、无序的农业生产经营状态，农产品加工企业从市场上购买农户生产的农产品进行加工后销售给消费者；农户和农产品加工企业之间并没有产生直接的、稳固的合作关系；个体小农户面临着市场与自然双重风险的压力，务农收入十分不稳定；这种状态下，农业经营结构和层次非常单一，合作关系较为明显的农业产业化

---

① 张雪梅.农业产业化经营组织模式优化探讨[J].农业技术经济，1999，(6)：13-16.

经营组织模式尚未完全建立（见图3-1）。

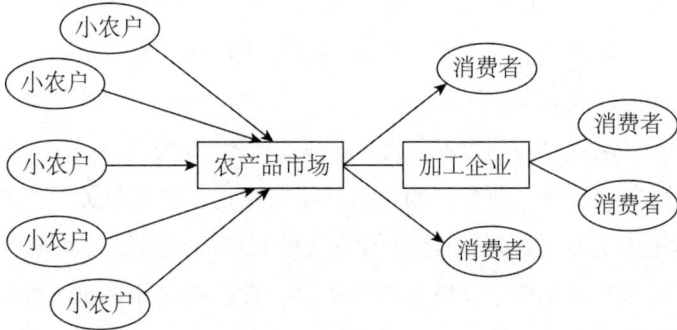

图3-1　以小农户市场经济为主导的农业产业化经营组织孕育阶段

　　家庭联产承包责任制在改革开放初期极大地释放了农业生产力，加速了农业经济的发展，为农业产业化发展奠定了物质基础。但是，在当时的条件下农户农业经营分数，缺少组织化，市场信息的收集能力低下，承受着较大的生产经营风险，农户个体农业经营实力普遍偏弱，农资投入水平有限，农业生产规模也受到制度的限制而无法扩大，更没有条件进行技术创新。因此，从经济学的角度来看，因为农产品的价值与工业产品相比无法有效地提高，且受到自然与市场双重风险的影响，在农民务农收入主要来自销售初级农产品的情况下，农民务农收入普遍存在不稳定且相对偏低的状况始终无法根本改变。

三、萌芽孕育阶段的经济影响

　　随着各类农产品产量和商品化率的提高，农业产业整体规模越来越大，与农业生产相关的科技研发、农资供给、加工包装、仓储保鲜、运输销售等相关产业都相继发展成为庞大而独立的经济部门，还有一些农业社会化服务机构也独立产生，并逐步成为专门化的为农业生产经营服务的职能机构。农业领域分工的细化，使得农业与其关联产业之间的关系越来越紧密，为农业产业化发展奠定了基础。一方面，农业已经从原始的自给自足的小农经济演变为一个与现代工业、服务业部门不能完全割裂的关联经济部门，工业及服务业的各项活动均已渗透到农业经营的各个阶段，例如，农业生产过程中所必需的农药、化肥、种苗、饲料和种类繁多的农机具等，基本上均是由工业部门供给的；农产品的精深加工更离不开食品加工业的繁荣发展；而且农产品销售环节的各项活动也离不开服务业的大力参与。另一方面，工业及服务业等关联产业对农业的依赖性也越来越显著，农资生产企业和农产品加工企业需要农业为其提供广阔的产品销售市场和产品生产的原材料，这些部门已成为农业及其关联产业的共同产物。可以说，此阶段农业与关联产业之间已经开始存在着广泛的产品投入产出联系，与此同时，农业与关联产业在技术、人力、资金等要素资源方面的联系也越来越密切，农业经济的发展与相关产业的依赖性也逐渐显著。

由于农业与其关联产业之间的关系越来越密切，农业与关联产业的分工与协作关系也更为明显，农业与其他产业间经济联系的组织形式也随之发生变化。在家庭联产承包实施初期，农户与涉农企业、农技机构等其他组织间的联系主要是通过市场为媒介产生的市场交易关系，但这种市场交易往往产生较高的交易费用和较强的不稳定性，因此农户开始探索与农产品销售企业签订灵活的、短期的购销经济合同，进而与企业间产生较为松散合作关系。然而，这种不稳固的经济合作关系，容易产生农户和企业之间的双方违约行为，造成双方较大的经济损失，这就促使二者之间逐步签订长期的、稳定的、约束力较强的经济合同，试图成为利益共同体，从而稳固双方的合作关系。特别是，随着改革开放后现代农业科技的繁荣发展以及科技成果转化应用的速度加快，为农业现代化发展提供了科技支撑，农业现代化生产方式不断运用到实践领域，促使农业生产经营的各个环节进一步细化分工，其中许多环节成为相对独立的流程和工艺，为农业与其关联产业的协作联合以及农工商产业一体化组织的形成创造了基础条件。

伴随市场经济的快速发展，分散经营的小农户与逐步开放的大市场之间地位相差悬殊、单一小规模的生产与多元化大市场需求之间的矛盾越来越突出。在分散小农户经营模式下，农产品销售困难问题明显，极大地影响着农民生产积极性，也成为制约农业生产力持续提升的重要因素之一。为了探索解决农产品销售难的途径，从 20 世纪 80 年代中期以后，在经济发展较快的东部农村和部分大城市郊区开始出现了一些新型农业经营方式，以引导小农户有效地与大市场对接，帮助农户尽可能避免农产品市场行情波动风险和提高务农收入。同时，全国各地政府部门在实现农业产业的产前、产中和产后等各个环节衔接方面也采取了多项措施，以期促使农技推广、种苗培育、农资供给、田间管理以及存储加工、信息收集、物流运输、包装销售等各个相关环节更有效的衔接。在此阶段，部分地区开始出现了一些以农业龙头企业带动小农户进行契约合作为主要特征的产加销一体化的经营组织。这种经营方式，以农业加工销售企业为龙头，以农户家庭生产经营农产品为基础，在市场经济的作用下，使龙头企业和农户结成风险共担、利益均沾的共同体，此时，早期的农业产业化经营组织模式初步形成。这种经营模式将农户与企业联结起来，解决了农户的农产品销售难题，也降低了农产品市场波动风险，很快就得到了在全国范围的广泛推广，成为促进农业生产力提升的一种新动力，这种模式就是最初的农业产业化经营组织的雏形。

在此基础上，各地实践活动中产生了多种类似的农业产业化经营组织模式，其经营内容涉及农业种养业与农产品加工业、商业服务业等多个产业，取得了较为明显的经济效益。这种初级的农业产业化经营组织模式，虽然将小农户与农业企业联结起来，但是由于小农户与大企业的地位不对等，且双方契约精神均较为薄弱，不可避免地导致各自在追求自身利益最大化时，使得契约合作关系被破坏，造成该类产业化组织的解体。特别是中华人民共和国成立以来，我国长期实施的以农补工政策策略，导致农业利益被掠取，更多的利益被工业及服务业等产业部门获取。因此，在该萌芽阶段的农业产业化经营组织形式整体上较为松散、结构尚不稳定，其要长期稳定发展，就必须构建公平的利益联结机制，让合作各方实现利益共享，特别是让农民获利，真正建立起风险共担、利益均沾的农工商一体化合作机制，才能驾驭市场的波动①。

第二节　快速成长阶段

快速成长阶段（1995-2006 年前后）："公司+农户"主导阶段。

一、快速成长阶段的主要标志

20 世纪 90 年代以后，经过了十几年的改革开放，农业生产力已得到较大幅度的提升，同时农村乡镇企业持续快速发展壮大，促使农村剩余劳动力开始向非农领域不断转移。此时，土地开始通过流转方式向种植大户集中，从而加快了农业生产的规模化、专业化、商品化发展，为发展农业产业化经营提供了更加有利的条件，也促使产业化发展成为必然。在此时期，山东省等沿海经济较为发达的地区为解决农业深层次矛盾，促进农业经济发展，率先开始探索在稳

---

① 付学坤 . 农业产业化经营与县域经济发展研究［D］. 四川大学，2005.

定家庭承包经营的基础上，对农业产业管理体制、生产经营机制、资源要素配置方式以及农业产业化组织形式进行改革。随后各种类型的农业产业化经营方式不断涌现并呈现出了强大的生命力和广泛的适应性，多种形式的农业产业化经营组织开始在全国各地农村改革实践领域逐步推广，并得到中央政府的认可和支持，并把农业产业化列入党的重要政策文件之中，而"公司+农户"这种产业化组织模式成为该阶段农业产业化组织发展的主导形式。

自此之后，我国农业产业化经营组织进入了快速成长阶段，其重要标志就是1995年《人民日报》头版发表的"论农业产业化"社论，指出"农业的根本出路在于产业化"，随后，农业产业化成为中央和地方政府推进农业农村经济的重点工作，全国各地均积极探索多样化的组织形式以作为农业产业化经营的具体实施载体，同时，我国各级政府在财政、税收、信贷、外贸等方面都制定了相应的扶持政策，支持农业产业化经营，将产业化发展作为我国农业农村工作的重要内容之一。1996年到2000年农业产业化组织数量增加了5倍，联结农户数量增加了3倍，其中龙头企业带动型占49.7%、中介组织带动型占26.4%、专业市场带动型占16.0%①。由于企业具有较为先进的信息收集手段，可以做出较为科学的决策，以此为基础的农业产业发展也可以基本适应市场需要。

二、快速成长阶段的代表性政策

为了推动我国农业产业化经营组织的有效发展，中央及各级政府均制定了许多扶持其发展的政策措施，特别是支持农户和相关企业、服务机构等采取多种形式的合作或联合等组织模式作为农业产业化经营的载体。1996年国家政策层面上制定的国家"九五"计划中强调，"大力发展贸工农一体化，积极推进农业产业化经营，鼓励发展联结农户与市场的中介组织"，同年，农业部专门成立了农业产业化工作领导小组，以沟通协调实施农业产业化经营。1997年，党的十五大报告中明确指出"积极发展农业产业化经营，形成生产、加工、销售有机结合和相互促进的机制"，为农业产业化经营的实践活动提供了政策支持。进入21世纪之后，2001年，国家"十五"计划纲要又继续强调"农业产业化经营是推进农业现代化的重要途径，鼓励农产品加工企业、销售企业等采取订单农业等多种形式，带动农户进入市场，并与农户形成风险共担、利益共享的经营机制"，这体现了国家层面对农业产业化能够推动农业现代化的认可。2002

---

① 宋洪远．中国农村改革三十年［M］．北京：中国农业出版社，2008：93.

年，党的十六大又明确指出"积极推进农业产业化经营，提高农民进入市场的组织化程度和农业综合效益"，表明农业产业化经营方式能够提高农民组织化程度，是深化农村经济改革的一项重要举措。

该阶段，除了国家层面宏观政策上的不断强调发展农业产业化经营之外，还加强了财政拨款的支持力度。中央财政从 1995 年到 2003 年，先后拨款 12 亿元支持发展各类农业产业化经营组织，同时，还有许多国家级或省级重点农业产业化企业被列为国家或省级贴息、免税等补贴支持项目；2005 年，以农业龙头企业、农业中介组织、农产品专业市场为核心带动主体的各类农业产业化经营组织模式的固定资产总额已达 9785 亿元①。此阶段，通过"政府搭台、企业唱戏"等农业产业化发展途径，双汇集团、伊利集团等许多国家级重点农业龙头企业快速成长起来，工商资本、民间资本和外来资本等大量涌入农业产业化领域，数万家企业成为各级农业产业化龙头企业，创新了农业产业化经营理念。在农业龙头企业带动下，各类农业产业化经营组织的数量得以快速增加。

三、快速成长阶段的主要特征

在农业产业化经营组织快速成长阶段，"公司+农户"型农业产业化组织模式得以广泛发展。该经营模式在不改变农户家庭独立经营农业的基础上，依靠各类龙头企业以市场为导向，组织和带动家庭农户，通过龙头企业把市场信息、销售渠道、农技服务直接带给农户，指导农户农业生产活动，较为有效地解决了小农户与大市场的对接，提高了农业经济效益，也是促进农民增收的重要方式。

在此阶段，一批国家级和省级重点农业龙头企业开始快速成长起来，带动了农业生产基地建设和农产品加工的精深化发展，也加速了农业优势主导产业的形成和农业产业结构的优化。例如，以山东为代表的沿海地区，在山东龙大食品集团等一批外贸型农业龙头企业的带动下，建设了许多外贸型农产品生产基地，实现了外贸型农产品的产供销一体化经营，推动了外贸出口型农业产业化组织的发展；以河南为代表的中部地区，在河南科迪集团等一批食品加工龙头企业带动下，加快了优质粮油生产基地的建设和大宗农产品型农业产业化组织发展；以新疆为代表的西部地区，在新疆库尔勒香梨集团等一批特色农产品生产加工龙头企业带动下，促进了地方特色农产品优势产业带的建设，加速了

---

① 李瑜. 农户经营组织化研究［D］. 西北农林科技大学，2007.

特色农产品型农业产业化组织的产生与发展。自该阶段起,全国各地都在积极做强做大各类农业产业化龙头企业,龙头企业的快速成长与壮大发展,在促进农业产业结构布局优化和加强主导农业产业建设的同时,更为"公司+农户"型农业产业化经营组织的快速发展奠定了产业基础和组织条件。

在"公司+农户"型农业产业化经营组织模式中,农户生产的农产品由公司按照事先签订的购销合同统一收购,农户不必再为单独搜索市场信息、包装储存运输农产品等支付费用,有效地解决了农产品销售难的问题,与此同时,这些公司在农户生产环节往往还提供科技指导、农资设备、资金借贷等方面的支持,使得农户生产成本也有所降低。农业龙头公司与众多农户签订购销合同,农户依照合同要求生产农产品,实现了同种农产品的规模化生产,公司通过统一提供生产资料、田间指导和农技服务等,能够确保收购农产品的数量和质量,在收购环节也降低了交易成本,公司通过该模式获得了自身利润的提高。因此,"公司+农户"型组织模式在早期运营中,使得双方受益,实践领域中得到了快速的推广。

在全国各地都积极发展农业产业化经营组织的过程中,不断探索其组织内部各参与主体的利益联结机制成为组织经营成败的关键。此阶段,龙头企业与农户的利益联结主要通过订单关系的契约合同,在一定程度上降低了农户经营农业的风险。通过这种订单农业的合同关系,将农户与企业利益联系起来,一方面避免了农户生产农产品的盲目性,另一方面满足了企业原材料的需求,实现了双赢。订单农业与以往传统农业发展方式相比,将农业龙头企业和农户利益较为紧密地结合在一起,促进了农业产业结构的调整,增强了农业整体市场竞争力,推动了农业经济的发展。

学者们根据"公司+农户"型农业产业化经营组织在实践中的具体表现形式,并按其利益联结机制的不同,将其又具体划分为四种类型,即交易契约关系、反租倒包关系、租赁雇佣关系、(资金、土地、设备等)要素参股关系。其中交易契约关系本质上仍是单一的购销合同关系,公司与农户的利益分割明显,合同违约风险较大,产业组织一体化联结较为松散;反租倒包和租赁雇佣关系实质上更偏向于公司独立自营农业全产业链方式,公司对农业生产经营具有主导作用,农户并不参与农业经营剩余利润的分配;要素参股关系体现了股份制模式下利润共享、风险共担的制度特征,确保了各方入股主体分配剩余利润的权利，因此，该类型成为"公司+农户"模式中最为常见的、最为稳固的运营方式①。

在农业产业化经营组织快速发展的阶段，各类产业化组织模式从个别地区探索尝试到全国范围内快速推广，呈现出组织数量持续增多、经营实力显著增强、带动能力不断提升的发展新态势。截至 2005 年底，全国各类农业产业化经营组织总数达到近 13.6 万个，共带动农户 8726 万户（其中订单带动农户 5953 万户），占全国农户总数的 35.2%②；其中按照所涉及产业分类，种植业类产业化经营组织 6.2 万个，畜牧业类 4.3 万个，水产业类 0.9 万个③。

该阶段，"公司+农户"型农业产业化经营组织展现出旺盛的生命力，在全国各地得到蓬勃发展，在此基础上，我国形成了以农业龙头企业为核心，各类专业农业市场、农产品生产基地为基础的农业产业化经营组织群。

农业产业化经营组织的发展提高了农业专业化水平、现代化水平和农业科技水平，拓展了农业产业链，并将一、二、三产业融为一体，使得农业能与其他产业共同分享农业价值增值的利润，较大幅度地增加了农民的收入。以龙头企业为带动主体的农业产业化经营组织，通过采取产业带动、投资推动、科技驱动和服务拉动等诸多形式，促使土地、技术、资金等生产要素资源在农工商领域流动重组，促进了农业规模经济的发展，加速了农业现代化的进程。

在"公司+农户"型农业产业化经营组织中，众多小农户是依靠龙头企业与市场产生交易关系，在一定程度上解决了众多小农户独自直接面对大市场的销售难问题（见图 3-2）。虽然龙头企业和小农户同样是强对弱的交易关系，小农户在与大企业谈判和交易的过程中依然处于较为劣势地位，但是因事先存在契约合同使得农户面临市场风险有一部分由龙头企业承担。与孕育阶段相比，在"公司+农户"型组织中，农户的收入相对稳定，如果龙头企业经营效益好且外部利润较高时，农户收益可能还会有较大幅度的提高。在"公司+农户"型产业化组织中除了龙头企业外再增加其他涉农企业之后，则该农业产业化组织的产业链将相对更加延长、层次更为丰富、组织的外部经济效应也更为明显。龙头企业通过为农户提供资金、技术、信息、培训等系列化服务，提高了农业的社会化水平和组织化水平。因此，在"公司+农户"产业化组织中，农产品的质量

---

① 戴孝悌．产业链视域中的中国农业产业发展研究［D］．南京林业大学，2015.
② 我国农业产业化组织已达 13.5 万个［N］．人民日报，2006-10-19（06）.
③ 李瑜．农户经营组织化研究［D］．西北农林科技大学，2007.

和加工程度都有了显著提高。

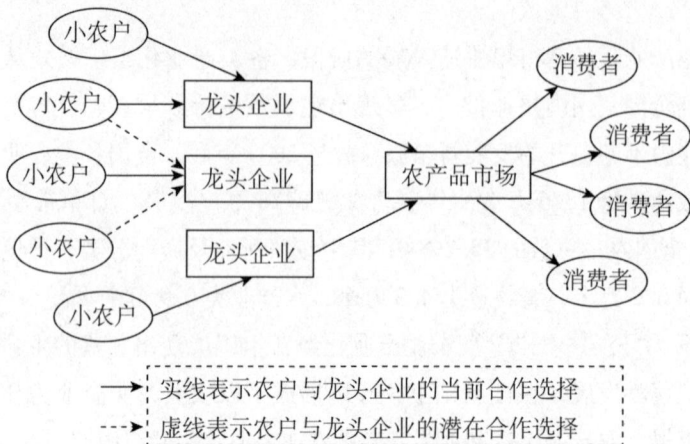

图 3-2　以"公司+农户"模式为主导的农业产业化组织快速成长阶段

由于在此阶段我国部分农区的农户生产农产品产量较低、自给率较高、商品化率较低，且农民自组织能力还较弱、合作组织数量较少，因此"公司+农户"型产业化组织的发展具有一定合理性，成为我国最为普遍的农户与市场联结方式，在全国各地广泛推广，在很大程度上解决了市场经济环境下小农户以个体进行农业生产经营中的问题，特别是市场信息不畅而带来农产品销售难的困境。因而在早期较有效地提高了农产品商品化率及加工程度、促进了农产品市场的繁荣发展、增加了农民的收入，该组织模式的充分发展为我国农业产业化组织模式的进一步创新积累了物质基础和实践经验。但是，如前所述，"公司+农户"型产业化组织模式有效运营的基础是共同履行所签订的契约合同，然而随着实践活动的深入发展，农户与企业间契约关系的不完全性则显露出来，双方的机会主义行为普遍存在，企业与农户间的合作关系就容易破裂，造成了"公司+农户"型组织模式的违约行为越来越多，特别是农户的劣势地位并无真正改善、利益无法得到有效保障，因此，需要进一步探索新的农业产业化组织模式。

第三节　高速集合阶段

高速集合阶段（2007-2016 年前后）：农民专业合作社主导阶段。

一、高速集合阶段的社会背景

伴随我国工业化和现代化急速发展，市场对农产品的需求也呈现出多元化，人们越来越关注农产品及其制成品的质量和品种。此时农户生产与市场需求的信息不对称，"菜贱伤农"、大量相同农产品集中上市导致的恶意竞价等现象导致了农产品价格出现过山车，农户收入也出现了较大起伏。"公司+农户"的产业化组织形式在实际运作中由于大公司与小农户的地位强弱不对等，农户的利益往往被公司侵占，公司与农户间的合同契约存在违约的风险较大。因此，农业改革重点从生产技术转移到经济组织形式的创新，从经济社会组织的角度出发以探索适应大市场的多元化需求的农业经营组织模式，各类由农民自发组建的农民专业合作经济组织开始在实践领域中大量产生，其中农民专业合作社成为农业合作经济领域中最具代表性的一种组织类型。农民专业合作社以其专业化、集约化、规范化、组织化程度较高等优点，自从产生后就得到了快速的发展，其能够更好地帮助农户抵御市场风险、维护农民利益、提高农户务农收入，更适应我国现代农业经济发展的客观要求。在此阶段，随着农业生产力水平的提升、农产品商品化率的提高、农民自组织能力的增强及土地"两权分离"制度的持续发展，越来越多的农户开始自发组织起来共同面对日益竞争激烈的市场环境，各类农民专业合作经济组织数量迅速增加，此时，"公司+农户"产业化组织模式越来越多地被"农民专业合作经济组织（农民专业合作社）+农户"模式所替代，农业产业化经营组织的发展进入了高速集合发展阶段，农业产业化组织的主导模式也演变成以农民专业合作社为主导的时期。

二、高速集合阶段的主要标志

农民专业合作经济组织自从 20 世纪 80 年代出现以来，在我国农村广阔大地上焕发出了勃勃生机。合作经济组织在世界农业领域存在已久，在市场经济的主导下，由农业经营主体自发组建的各类合作经济组织在农业发展中发挥了重要的作用。我国自改革开放后，市场经济不断深入发展，使得各类企业成为市场的主体，且规模和实力均不断增强，而农民以家户为单位进行农业生产经营活动，规模小而分散，难以独自抗衡市场中以企业为代表的各类大型经营主体，在市场经济发展中处于弱势地位，因此，农民自发组织起来，建立了各种类型的农民专业合作经济组织。

各类新型农民专业合作经济组织自从在我国农村自发产生之后，便从无到有的快速成长起来，显现出勃勃生机，迅速在全国各地得到推广发展。2000 年之后，由于农民自发组建的合作经济组织数量和规模增加，且在农业发展中起到了明显的推动作用，因此我国各级政府也开始关注其发展，制定了一系列的优惠政策和措施鼓励农民合作经济组织的创建，为其快速发展创造了有利的宏观政策环境。特别是 2007 年《中华人民共和国农民专业合作社法》（以下简称《合作社法》）的颁布实施，从法律层面上确定了农民合作经济组织类型之一的农民专业合作社的法律地位，自此我国新型农民合作社的发展有法可依。《合作社法》切实保护了农民合作社及其成员的合法权益，规范了农民合作社的组织和行为，合作社进入了规范化发展阶段。国内学者在 2007 年我国尚未颁布《合作社法》之前，对农业领域的合作组织的界定十分宽泛，阐述的概念、内容、种类也非常多，并未形成统一的名称和内涵界定。自颁布实施《合作社法》之后，农民专业合作社有了明确的法律界定和组织行为规范，这标志着其成为该阶段我国农业产业化组织的主导模式。

该阶段合作社往往显现出下列特征：第一，合作社属于农民自愿组建的合作经济组织，从事农业领域某一特定类别农产品的合作经营活动。在家庭承包责任制的制度安排下，我国农业生产经营活动绝大多数是以家庭为单位进行的，农户作为独立的经营单元，是农业领域合作社的组织基础，农户自愿联合组建的合作社，采取合作经营的方式，追求共同的经济利益。第二，合作社为社员提供多种涉农服务。合作社以社员为服务对象，绝大多数合作社为社员提供农资采购、加工、运输、储藏、包装、销售及农技培训、信息共享等涉农服务。第三，生产经营同类或相似的农产品。合作社突出"专业"二字，借助合作制实现同类农产品专业化生产经营，加深了专业化分工与合作。合作社将农业生产经营中适宜于分散的农产品生产环节保留在农户家庭中，将农业领域中适宜于规模经营的加工、运输、销售等环节从小农户经营中分离出来，通过互助合作制发展农业，降低农业经营成本，以提高社员的经济利益。

三、高速集合阶段的主要特征

2007 年之后，随着《合作社法》的实施及农业市场化快速发展，作为连接小生产与大市场纽带的合作社的发展也十分迅速。2007 年，全国各类农民专业合作经济组织达到 15 万家，其中在国家工商系统登记的农民专业合作社仅有

2.64万家①；但经过10年的快速发展，到2017年，在国家工商部门登记的农民专业合作社就达到了201.7万余家，是2007年的76余倍；合作社入社农户近1.2亿户，约占当年全国农户总数的48.1%。可见，在《合作社法》实施后的10年间，合作社的数量及规模均得到了前所未有的高速成长。合作社更着重强调经营范围是围绕生产、加工及销售同类农产品，突出专业特色，有利于区域特色农产品专业市场的形成，而专业市场的形成及农产品产加销一体化经营，则加速了农业产业化的发展进程。农民专业合作社也就成为农业产业化发展的重要载体之一，有效地将农户与企业、生产与加工销售、技术与服务联系起来，加速了农业产业链的拓展与完善。

依照《合作社法》成立的合作社在组织运营管理方面更为规范化、系统化及高效化，加速了农业经济向专业化、特色化、集约化方向发展，推动了农产品生产基地和农业示范园建设，有力地促进了农业产业化发展。一方面，合作社将众多小农户组织起来，能够获得规模经济效益，增强整体经济实力和谈判能力，而且合作社通常要求社员按照标准化要求统一生产农产品，实施规范化生产经营，既保证涉农企业所需的农产品数量和质量，又能更好地维护农户的经济利益；另一方面，合作社的出现也大大降低了农业龙头企业所面临的市场交易费用，使得企业原本与分散单个小农户的松散交易转变为企业与合作社的交易契约，减小了交易次数和监督成本。因此，合作社的发展模式，实现了企业与农户利益的双赢，提高区域农业产业化发展水平。

农户通过自愿联合组建的合作社与龙头企业或农产品市场产生联系，增加了农业产业化组织方式的稳定性，保障了小农户在农业产业化经营中的利益不被挤压（见图3-3）。此时的农业产业化组织形式表现为合作社在运营过程中通过建立一个统一协调农业生产的机制，通过统一技术指标、产品品牌、行动方向，以参股入股或合同契约关系与农业龙头企业建立较为紧密的合作关系，还有些龙头企业直接成为合作社的成员，使得产业化组织内部成员之间的关系更为稳定。加之合作社促进了农业生产的规模效益，农业生产结构也更趋于优化，以合作社为桥梁的农业产业化经营组织市场竞争优势更为显著。和第二阶段相比，该模式一方面搭建起小农户与大市场连接的桥梁，另一方面避免了单个小农户直接与大企业签订契约关系中的弱势地位。

---

① 孔祥智. 中国农民合作经济组织的发展与创新（1978—2018）［J］. 南京农业大学学报（社会科学版），2018，（6）：1-10+157.

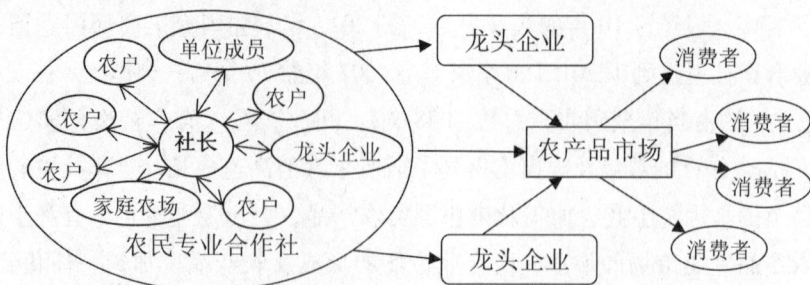

图 3-3　以农民专业合作社为主导的农业产业化组织高速集合阶段

以农民专业合作社为主导的农业产业化组织往往可以获得诸多经营优势：第一，由乡村精英带动组织发展起来的合作社具有较为先进的经营管理理念、拥有更广泛的信息来源，可以对农产品市场做出更为科学的判断，掌握农业产业化经营方向与经营方法，减少小农户单独生产经营农产品的风险；第二，合作社通过统一管理，可以调节入社小农户生产经营产品的类别，从而避免入社农户过度竞争、不良竞争发生，形成合理的农业产业结构，保证整个农业产业的有序发展。第三，合作社通过制定适当的技术指标用以约束所有组织内的成员，进而提高产品质量标准，获得更高的产品竞争优势。可见，在农业产业化的高速集合阶段，进一步推动了农业产业化的实现。

伴随各种类型合作社快速发展和壮大的同时，各地区也逐步形成了一批由多个合作社联合起来协同管理的农民专业合作联社，成为农业产业化组织的新型经营形式之一，这种形式中包含的多个子合作社之间相互协调合作，形成一个合作关系更为紧密的利益共同体。通常，农民专业合作联社下设的多家子合作社，各合作社之间产品与资源形成优势互补，满足企业的多种需求，产业链延长，促进了农村一、二、三产业融合。而且合作社之间共享市场与产业信息，避免了不必要的利益竞争，在管理模式上，由合作联社进行统分管理，既保证了子合作社的独立经营，又保证其在合作联社的统辖范围，提高合作社的抗风险能力和综合运营势力。由合作联社带动发展起来的农业产业化经营组织，规模经济特征更为明显，抵抗市场风险的能力也更强。

但是，由于当前我国绝大多数的合作社是由处于弱势地位的小农户所联合组建起来的，小农户通常自身经营思想传统且保守、市场意识薄弱、小农意识根深蒂固、欠缺长远眼光，由农民自主经营管理合作社，农民作为合作社的管理者明显暴露出经验不足的问题，因此合作社的运营管理水平和产品项目起点与农业龙头企业相比不会很高，有许多合作社在运营过程中逐渐反映出组织管理欠规范、运营能力较差、内部控制薄弱、市场竞争能力不足。而且多数合作社仍是主要提供农业生产环节的服务，即使有些合作社进行农产品加工服务，也仅为初级加工，且市场化经营意识不强，品牌观念淡薄。在缺乏相关指导下，很少有合作社能够意识到申请无公害产品、绿色食品、有机食品等相关产品认证标识的重要性，更不积极注册商标，也缺少对塑造品牌、宣传品牌、树立知名商标的投入。而且全国许多地区的合作社数量不少，但规模普遍不大，在小规模的情况下合作社的优势又无法彰显，加之"搭便车行为"，使得合作社规模扩展受限。相当一部分合作社故步自封，生产经营同类农产品的合作社之间缺乏联合，甚至同一村内就有多家同类型的合作社，造成内耗严重，出现恶性竞争，这种状况不但不利于合作社自身的发展，更不利于带动农产品品牌价值整体提升和市场竞争优势展现。

第四节　创新发展阶段

创新发展阶段（2017年至今）：现代农业产业化联合体主导阶段。

一、创新发展阶段的主要标志

由于农民组建的合作社，往往仅精通于农业生产环节的各项服务，对市场运作及农产品深加工能力仍十分薄弱，需要联合龙头企业等组织机构共同进行农业产业化经营。而且近些年在农业产业化经营实践活动中合作社发展的问题也不断凸显，因此我国许多地方产生了一些新型的农业产业化组织模式，创新了农业产业化组织形式，其中运营效果较好且展现出蓬勃生机的组织形式就是农业产业化联合体，该模式通常采取"龙头企业+合作社+家庭农场（专业大户）"的经营模式，这种组织模式将外部联结关系内部化，不同利益主体之间的利益联结和矛盾内部化于联合体中，从而将外部成本转换成内部成本，降低整个模式的生产和运作成本。农业产业化联合体成为引导农民进入市场的有效组织形式，提高了农民的组织化程度，是以利益联结为纽带的一体化农业经营组织联盟，建立多元主体分工协作机制，龙头企业负责联系国内外市场，合作社联系分散农户和生产基地，家庭农场或专业大户负责农产品生产，将农产品生产、加工、销售连为一体，为农民走向市场牵线搭桥。2017年10月，农业部等6部门联合印发《关于促进农业产业化联合体发展的指导意见》，标志着我国农业产业化组织形式进入创新发展阶段，现代农业产业化联合体成为产业化组织的主导模式。

二、创新发展阶段的代表性政策

农业产业化联合体这种组织形式产生之后，就在促进农业与二、三产业融合、提升农业综合经济实力、增加农民收入等方面表现出明显的优势，成为推进乡村振兴的新生力量。联合体模式将龙头企业、合作社、家庭农场及农户组织起来联合经营，其中合作社发挥着重要的纽带桥梁作用，也促进了合作社带动普通农户的组织管理水平提升。因此，近年来，全国各级政府部门开始越来越重视农业产业化联合体的组建与发展，并制定了许多政策措施以促进其发展。例如，2018年3月，农业部办公厅、国家农业综合开发办公室、中国农业银行办公室等3部门联合印发了《关于开展农业产业化联合体支持政策创新试点工作的通知》，选择了安徽、河南、河北、海南、宁夏、新疆、内蒙古等7个省区作为联合体发展试点省份，进一步明确了财政及金融资金的支持政策。在国家级政策的带动下，各地市政府部门也相应出台各种配套措施予以推进联合体的创建与发展，并制定了发展目标。如2018年6月，河北省提出探索使用以奖代补、贴息补助、金融支持、股权投资等措施支持重点建设160个省级示范产业化联合体，聚合3000个各类农业经营主体融合发展；河南省2018年8月制定《河南省省级农业产业化联合体认定管理暂行办法》对省级联合体申报条件和程序进行了具体的规定；海南2018年5月制定《农业产业化联合体支持政策创新试点方案》，投入1000万元支持联合体发展；宁夏2018年4月制定《关于加快农业产业化联合体发展的意见》，力争到2022年培育联合体300家以上，其中自治区级示范联合体100家左右，推动联合体规模及经营水平的提升；新疆2018年5月制定《关于培育农业产业化联合体的实施意见》鼓励龙头企业带动农业产业链各环节的经营主体，组建联合体，力争到2020年发展500个左右的联合体，其中自治区级示范联合体100个；内蒙古2018年3月制定《关于培育发展农牧业产业化联合体进一步深化农企利益联结机制的实施意见》，力争到2020年发展600个农牧业产业化联合体，其中自治区级示范联合体200个，实现联合体内经营主体间联结紧密、优势互补、利益共享的目标；江苏省2018年

5月发布《关于加快推进农业产业化省级示范联合体建设的通知》，提出到2022年将发展1000个联合体，其中省级示范联合体300个以上；陕西省2018年2月发布了《关于促进农业产业化联合体发展的实施意见》，提出扶持经营主体、落实用地保障、拓宽融资渠道、加强人才培养等支持政策。①

三、创新发展阶段的主要特征

在农业产业化联合体产生之前，我国已依次经历了"农户+市场""公司+农户""合作社+农户""公司+合作社+农户"等较为松散联合型的农业产业化组织依次为主导形式的演化过程。农业产业化联合体的组建是为了改变已有农业产业化组织形式过于松散的弊端，其主要特征就是联合体内各经营主体合作关系更为密切，利益联结更为紧密。联合体组建过程中必不可缺的带动主体就是农业龙头企业，这也是工商资本融入农业的必然趋势。为了克服"公司+农户"型产业化组织中因公司与农户地位不对等而产生的种种问题，联合体将合作社纳入组织内部，使其充当联结公司与农户的桥梁纽带，因此，农民专业合作社也是联合体中必不可少的成员之一。由此可知，农民专业合作社的充分发展是联合体形成的前提条件之一。

农业产业化联合体的发展，包含两层含义：一是农业生产环节仍由农户完成，但是普通小农户不直接与龙头企业发展关联，而是借助农民专业合作社这一桥梁与龙头企业产生合作关系，农户成为合作社社员，合作社代表农户与龙头企业签订各种契约合同或进行各种形式的股份合作，合作社为农户提供产前、产中、产后的各种社会化服务；二是以龙头企业为代表的工商业以不同形式进入农业领域，加速了农业与其他产业的融合，促进了农业一体化的发展，提升了农业生产效率。农业产业化联合体是市场化和现代化的商业渗透农业使农业生产经营现代化的产物，是通过契约安排实现的农工商综合经营体。

现代农业产业化联合体的组建是以龙头企业为带动核心、农民专业合作社为联结纽带、家庭农场及专业大户为产业基础，将这些农业生产经营主体以契约合同方式联合起来，使得生产要素、合作关系、经济利益的紧密联结，形成一种集农业生产、加工和服务为一体化的新型农业经营组织联盟（见图3-4）。农业产业化联合体建立了基于产业链、价值链、供应链的专业化分工体系，使

---

① 农业产业化联合体相关政策梳理[J].中国农民合作社，2018，（8）：30-31.
　孙正东.论现代农业产业化的联合机制[J].学术界，2015，（7）：153-160.

得各类农业经营主体优势互补的有机联合起来，优化了农业生产要素的配置，降低了各主体各自的生产成本，进而增强了农产品的市场竞争力，达到了农业增效和农民增收的目标，也实现了经济、社会和生态效益均衡①。

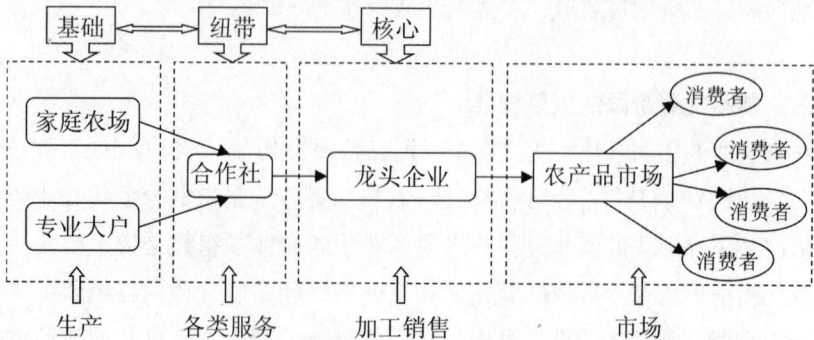

图 3-4 以农业产业化联合体为主导的农业产业化组织创新发展阶段

实践证明，农业产业化联合体这种经营模式能够加强农业生产、加工、销售环节上各类经营主体间的纵向联合，推进农业产业链的延伸升级，而且较为有效地保障内部成员经济利益，调动各类农业经营主体的生产积极性，是当今阶段比较具有优势的农业产业化组织模式。随着农业产业化联合体的不断壮大发展，其在优化种植结构、扩大种植规模、延长加工链条、开发农业多重功能性、拓展销售网络、打造高端品牌、提高加工档次方面的优势就越来越显著。

---

① 农业产业化联合体相关政策梳理[J].中国农民合作社，2018，（8）：30-31.
孙正东.论现代农业产业化的联合机制[J].学术界，2015，（7）：153-160.

第四章

农业产业化经营组织模式演变的动力机制

在经济学中，机制是指在一个经济体系内，各构成要素之间相互联系及作用关系。农业产业化经营组织的形成机制指的是组织形成过程中主体之间相互联系、相互影响、相互作用的内在运行机理，形成类似于有机体的构造及功能，在其作用下，农业产业化经营组织能够形成、成长和壮大。归纳农业产业化经营组织演变的动力机制主要有利益驱动机制、竞合驱动机制、创新驱动机制。工商企业、合作社、家庭农场、农户及其他机构等各类利益相关者积极参与农业产业化经营组织的主要动力是获取各自预期的利益。首先，农业产业化经营组织将农业产业链上生产、加工、销售等各个环节联结起来，实现三次产业融合发展，将交易费用内部化，降低了成本费用，拓展了获利渠道，因此利益驱动就成为产业化组织发展的内在推动力；其次，由于消费者越来越注重农产品及其加工产品的质量，由此带来的市场需求的变化及合作共赢思想不断融入各个产业领域，因而竞合驱动就是产业化组织发展的外在拉力；最后，在制度、技术和组织模式创新这三个创新驱动力的相互作用下，农业产业化经营组织获得持续发展的动力（见图4-1）。

农业产业化即市场化的农业经济，必须彰显市场化的需求导向和效益导向。所谓需求导向，指的是严格按照市场需求开展生产活动，市场需求什么就生产什么，需要多少就生产多少，而不是凭自己主观偏好决定，是否满足市场需求是组织能否在市场竞争中获得优势的源泉；所谓效益导向，指的是通过积极进行技术创新、制度创新和组织创新，优化现有的要素配置格局和产品生产体系，提高农业生产的比较效益，因而利益驱动是农业产业化经营组织形成与发展的原动力。

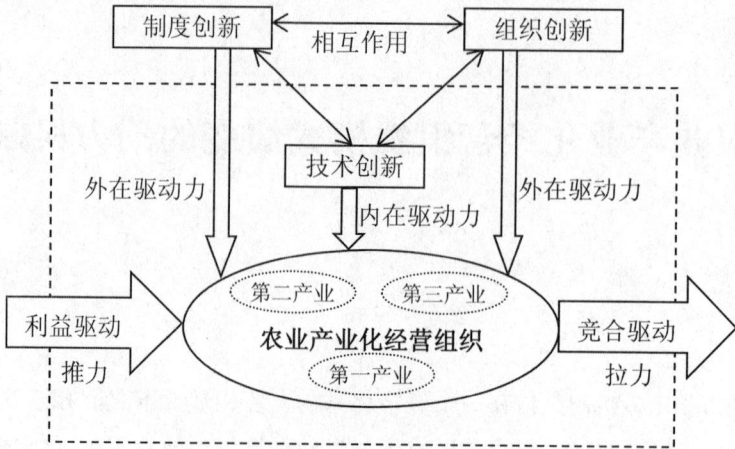

图4-1 农业产业化经营组织演变的动力机制分析

第一节 利益驱动机制

一、利益共享机制

农业产业化经营组织的发展实质上是各类企业、合作社、家庭农场、农户、科研机构、金融机构、中介服务机构等各类相关的利益主体共同建立起一个合作发展机制，以共同推进农业产业化发展为目的，形成合作联盟关系网络。农业产业化组织网络内各行动者自身利益定位的差异性，导致利益冲突频频，只有将各利益主体的利益诉求明确化，建立利益共享机制，才能实现对所有行动者有效的行为整合。

农业产业化经营组织内各个利益主体通常具有不同的利益目标，会把自身利益作为评价现实的首要标准和基础，在实现各自利益最大化目标时可能与组织的总体目标不一致甚至冲突，因而产业化组织的发展过程中可能陷入博弈论中的"囚徒困境"，使得不能达成对博弈者都最有利的总福利，最终导致产业化组织建设出现市场失灵状况，导致组织的瓦解。处理好产业化组织形成与发展过程中各利益主体之间的利益关系显得十分重要，尤其是当维护的成本与收益之间严重不对称时，就更易丧失发展产业化组织的动力，这就需要满足组织内各经营主体不同的利益诉求并实现利益共享，才能调动所有参与者的积极主动性。由此，利益共享成为农业产业化经营组织创建与发展的动力源泉。

各类经营主体的效益驱动及利益博弈，由于契约的利益保障机制存在和政府对各类经营主体投机行为的约束和管制，产业化组织内各类经营主体为实现各自利益的努力，均会给农业产业化经营组织发展带来新的活力与生机。

农业产业化经营组织内部各经营主体产生的一致性行动，在一定范围内可构造出相关利益主体的支付矩阵，从而寻求整体效益的最大化。优化现有的要素配置格局和产品生产体系，提高农业经营的比较效益。通过协商机制和契约机制来限制组织内成员间的竞争行为，同时设置惩罚机制和监督激励机制等，从而确保利益共享机制得以发挥作用。利益共享的实现应满足两个基本条件：首先，产业化组织经营获得的整体收益应大于其组织成员单独生产经营时的收益之和；其次，每个成员均能获得比不加入组织多一些的利益。因此，农业产业化经营组织内部经营主体间的利益冲突与共享机制，是促进产业化组织组建及发展的重要驱动力。

二、规模经济效应

规模经济效应是指随着生产规模的扩大能够使得产品平均成本下降，进而效益提升。此观点受到了经济学界的广泛认同，认为很多经济领域的生产活动，均存在规模经济效应，因此，不断扩大生产规模以追求规模经济效应也成为各类经济组织发展的动力。伴随规模经济效应的实践应用范围逐渐扩大，其理论研究的外延也不断延伸，许多研究结论证明，规模经济效应除了在经济实体内部因生产要素有机聚合而产生 1+1>2 的效应之外，由不同经营主体借助产业链链接功能而使得生产要素在整个产业链上形成聚合规模，也能产生规模经济效应。经济学家马歇尔将规模经济划分为内部和外部规模经济：内部规模经济是在单个企业内部由规模增加带来的单位成本降低、经营效率提升而形成的规模经济；外部规模经济则是由众多互相关联的企业集聚所产生的规模经济。马歇尔针对工业领域集聚提出的外部规模经济，经过实践表明在农业产业化领域中也具有同样的适用性。

虽然许多实践经验和实证研究表明，由于农产品生产过程的生物特性及监管困难等原因，使得在农业生产这个单一环节中并不能形成明显的规模经济效应，但是在农业产前和产后环节，则存在较为明显的规模经济效应，特别是在农技引进、农资采购、农产品加工、仓储销售以及农业社会化服务等方面均能产生规模经济效应。因此，尽管农业在生产环节不能像生产工业品一样获得显著的规模经济效应，但通过将农业产前、产中、产后等环节中规模经济效应明显的部分整合出来，加深分工与协作的程度，拉长农业生产经营链条，构建农业领域全方位社会化服务体系，这样就能够在整个农业经营活动过程中充分体现出规模经济效应，从而提高农业生产效率。规模经济能够降低经营成本，为经营主体带来更多的经济利益空间，规模化经营导致成本递减的原因，则归结于纵向一体化带来的资源和信息等系统内的共享，使得交易成本和信息成本迅速缩减。

随着社会经济水平的提高、人民生活富裕起来，人们对农产品的消费需求结构也产生了快速的变化，这就要求农产品生产者及时掌握消费市场动态，满足消费者需求。而社会生产力的提高，使得农业领域分工更加细化，且与其他产业的关联越来越密切。一方面，由于分工的细化，每一种农产品从研发、育种、种养、加工、包装、仓储、运输、品牌、营销到消费者餐桌的全过程，已经很难由单一生产经营者全部完成，需要众多涉农生产经营者共同协作完成；另一方面，农业产业链越来越长、增值环节增多，涉及的关联产业更多，这就需要关联产业加强合作的密切程度，共同合作满足消费者日益多样化的农产品需求。因此，这就要求涉农生产经营主体联合起来，将农业生产经营领域的各个产业链环节紧密联结、环环相扣，农业产业化经营也成为必然结果。农业产业化经营方式既要体现基础农业资源的比较优势，更要彰显其成本优势，保持整体经营的较低成本，这依赖于经营主体彼此联合，关联协作，相扶相依，共享资源和信息，从而产生规模经济。

在规模经济效应的促动下，以"风险共担、利益共享"为原则创建起来的农业产业化经营组织，通过合作与共享，能够形成一种聚合规模，提升经济效益，这成为各类涉农经营主体参与产业化经营组织的动力之一。农业产业化经营组织内部实现规模经济效应的具体效应内容，主要体现为组织内实现了农业产业链的垂直性纵向延伸，加深了专业化分工程度，将农业生产的产前、产中、产后各个环节细化分工后由不同的经营主体专门负责，也促使农业社会化服务支撑体系扩展延伸，进而提高了农业生产经营效率。因此，只有当组织创新机制所诱发的新产业组织模式在规模上扩张到一定程度，产生外部规模经济，才能吸引更多更远的农业经营主体加入，产业化组织有更多的经营主体支撑。随着经营规模不断扩大，农业产业化经营组织内部的各个经营个体不仅可以获得单个主体内部的规模经济和范围经济带来的经济效益，还可以获得整个产业化组织联合经营而带来的规模经济效益。

农业现代化是当今经济社会对农业领域发展提出的迫切要求，若要实现农业现代化就需要对各种生产要素进行优化组合配置，把农产品研发、生产、加工、流通等环节有机衔接，形成具有一定经营规模的产业链和产业群，提高农业经营整体效率，以获得新的经济增量。因此，正是出于想要获取这种规模经济带来的增值效益，各类经营主体才拥有了共同参与创建农业产业化经营组织的内在原动力。

三、交易费用节约

农业产业化经营组织作为介于市场和企业之间的中间性组织，随着规模经济分工水平的深化，产业化组织协调分工的交易费用逐步减少。交易费用具体包括搜寻成本、谈判费用、拟定合同和监督合同执行等各项成本费用。各类利益相关者积极参与农业产业化经营组织的主要动力是获得更高额的利益，通过降低成本费用则是提升利润空间的重要途径，而将交易费用内部化是有效地降低成本费用的方法之一。

农业产业化经营组织的形成，目的是达成交易费用最低的制度安排。首先，农业产业化经营组织能降低农产品的交易费用，其降低的交易费用主要体现在组织成立之后，产业化组织内部各类经营主体间的高密度交易频率，稳定的交易对象，减少了订立合同及监督合同的差别，降低了不同农业经营主体在农业产业链延伸上的交易费用。其次，由于交易的不确定性和信息的不对称性，原先单个农业经营主体同农产品收购商的收购价格进行谈判时，会产生更高的谈判交易费用。如果许多农业经营主体都单独和农产品收购商进行农产品价格谈判，就会产生不菲的谈判交易费用，通过产业化组织内部龙头企业负责统一收购农产品，消除了信息的不对称性，降低了农产品生产者搜寻市场信息的交易成本，抵消了交易中的投机行为，降低了搜寻费用，节约了谈判成本，减小了交易的风险性，从而节省该环节的交易成本。

我国农业产业化经营组织由"市场+农户"到"公司+农户"，进而演变为"合作社+农户"，再到"公司+合作社+农户"，是内生交易费用和外生交易费用矛盾运动的结果。各种组织形式从总体的演进关系上呈现出明显的梯度性特征，即从专业市场带动型和松散型龙头带动型的初级形态，再到紧密型龙头带动型、合作组织带动型和龙头带动综合拓展型的过渡形态。农业产业化经营组织的演变过程总体上朝着主体间契约关系越来越紧密，交易费用更节约的方向发展。伴随产业化组织内部主体间关系密切度的增加，组织的向心力显著增强，农业产业化经营高违约率带来的交易费用过高的问题得以化解。

第二节　竞合驱动机制

一、合作需求

随着科技进步的加快及社会分工的加剧，农业生产经营领域的许多活动被分工完成，围绕农业经营形成了一系列独立的生产环节，也促使了农业与二、三产业中的产业部门联系更为密切。这种密切的关系主要表现在两个方面：一是现代农业生产所必需的各种生产资料，如良种、肥料、饲料和农机器具等，基本上都是由工业部门加工生产或由服务业所提供，工业及服务业所提供的产品、技术及服务等已经渗透到农业生产全过程，农业已与二、三产业的相关部门密不可分；二是工业及服务业中的一些产业对农业的依赖性也更加显著，农业是工业产品的销售市场，也是涉农服务业的服务对象，还是食品加工业等产业的原材料供给者，农业为工业及服务业发展提供了物质基础。因此，农业与其他产业不仅在投入产出方面存在密切关联，还在技术、人力、信息方面存在经济联系。

在这种农业与其他关联产业关系越来越密切的趋势下，使得农业与其他产业合作发展的期望越来越高。农业生产者为了获取更多的技术、信息、农业社会化服务及销售渠道，迫切需要与其他关联产业，如农资供应企业、农产品销售企业及研发机构等建立较为密切的合作关系，以降低生产成本和市场交易成本。而农产品加工、运输及销售等相关企业也需要与农产品生产者建立稳定的合作关系，以确保获得高质量的农产品供给。正是因为农业与其他相关产业均从自身利益出发，有着迫切的合作需求，才使得作为合作联盟形式之一的农业产业化经营组织有了创建的可能性。

虽然农业产业化经营组织的各个主体特征不同，但共同产生了相互合作的需求，农户及家庭农场等农业生产者是农业产业化经营组织发展的物质基础，创造原料和农产品供给整个产业链上相关涉农企业，产业化组织内其他经营主体也需要不断满足农户和企业的各项服务。因此，合作需求成为农业产业化经营组织形成的内在机制。同时，由于组织内企业、农户、家庭农场、各类农业中介组织等主体各自的地位不同，也在其中都起到不同的作用，追求的利益和目标也不完全相同。企业追求更高的利润，农户及家庭农场追求更多的收入，各类农业中介组织则追求组织成员整体利益最大化。而且通过合作可以使信息流通更为高效、知识技术扩散更为迅速，产品供应链更为稳固，也能缓和不同主体的经济利益冲突，减少交易过程中的成本，从而获取集体合作效率。所以在农业产业化经营组织建设和发展过程中，需要各方发挥协同作用，加强合作，也能够让产业化组织对当地经济产生更大的溢出效应。

二、竞争驱动

在经济全球化的驱动下，农业领域也面临着激烈的国际竞争市场环境。农业国际竞争已不是单个农产品或单个生产者的竞争，而是整个农业经营体系的综合实力竞争。由于我国原有的农业经营体系中以农户家庭为基本的农业经营单位，存在单个农业经营主体力量弱小、农业产业链不完善等问题，迫切需要解决，因此，各类农业产业化经营组织的出现成为改善农业经营体系、促进现代农业发展的一个方向。

按照产业自身演化的特点，随着农业产业自身的成长，会产生很多的成长需求，同时也会产生相应的供给，农业产业在市场竞争机制的作用下，需求和供给之间实现动态式发展。

农业产业化经营组织是市场化的农业经济体，必须彰显市场化的需求导向和遵循市场竞争机制。严格按照市场需求和竞争机制开展各类生产及服务活动，市场需求决定各经营单位的生产和服务的种类与数量，要在满足顾客需求中不断获取竞争优势，而不是凭自己主观偏好决定。在市场竞争机制的促动下，农业产业化组织以农业为基础，涵盖了多类别产业的综合发展，延长了农业产业链的各个环节，促进了相关产业在乡村融合发展，能够为消费者提供更多的特色农产品及其加工产品。而高质量特色产品是当今获取市场竞争力及价值增值的重要途径之一，因而农业产业化经营组织发展模式是市场竞争机制下的必然选择，受到市场需求的影响与带动。

三、竞合互促

竞合机制指的是市场经济中竞争与合作并存的关系，在两者的推动下能够实现自我规范的竞争秩序。合作竞争的本质特性是相关主体的集体行动与互动互助发展。企业间的合作竞争应用在技术开发、产品设计、市场营销、员工培训、金融交易和贸易分配等领域，通过高效的互动和合作，消除规模不经济的缺憾，从而达到与强大对手的制衡。这种集体行动的互动机制，对于信息流通，观念、知识和技术的传播更新，快速达成交易，集体行动效率的整体提升有积极意义。

在这种竞合关系主导的市场竞争机制中，经营主体由完全竞争战略向合作竞争战略转变。在共同开拓某个市场时，表现为合作行为，在进行市场分配时，又表现出更多竞争行为，但竞争的目的不是伤害竞争对手，避免恶性竞争。农业产业化经营组织内部形成竞合关系格局，这种格局既可以充分发挥市场竞争特性，降低外部交易成本和内部组织成本，增加协同效应，既保持了农业经营主体的竞争活力，又可以最大限度上利用合作带来的规模经济优势。

农业产业化经营以市场为中心，贯穿农业各个环节的链接，农业产业化经营组织模式的不断演变是提升农业与工业、商业产业关联度的过程。农业产业化经营组织之所以会出现并快速发展，因为它们之间存在某种经济或者技术上的联系，这种联系既可以是价值链条上的上下游合作关系，也可以是价值网中的平等的享受同质资源的竞争关系，抑或是二者的结合。农业产业化经营组织内部的各个主体通常采取专业化的生产方式，组织内同类农产品的生产经营者间存在着一定的竞争关系，迫使各个主体不断创新以增加竞争优势；同时，组织内主体间也存在着部分资源互补与共享的合作关系，这就促使其相互学习与共同发展，进而推动了组织的协同演进。农业产业化经营组织的柔性合作机制可以克服单个经营主体面临的发展限制，大量的企业、农户、家庭农场在一起合作经营，集中众多经营主体的财力集中发展，较好地适应市场变化，降低市场变化风险，提升组织整体实力；同时产业化组织中各利益主体间的博弈和竞争行为，反过来又增强了组织的活力，推动了组织的发展。

第三节 创新驱动机制

根据熊彼特对创新的定义，创新是在原有生产关系的基础上建立一种新的生产关系，将完全崭新的生产要素和生产条件进行组合，并将这种新组合引入原有生产体系，从而产生一种新的生产体系。农业产业化组织模式的不断演变发展正是在创新的驱动下使得农业生产关系更符合生产力发展的需要。而创新又包括技术创新、组织创新和制度创新这三种。其中技术创新源自农业自身不断追求科技革新，提升产品和服务品质的诉求；组织创新来源于各类经济主体组织管理模式变革；制度创新主要来源于相关政府管理部门。技术创新的实践应用需要相适应的制度与组织创新给以支持，反过来又推动了新制度与新组织的产生，这三个创新方式具有相互作用的关系。

一、技术创新驱动

技术创新直接影响着经济组织发展的持续活力与竞争力。应用现代先进技术及创新活动能够明显提高劳动生产率，使得用于生产的活劳动和物化劳动消耗减少，而效率大大提高。正是因为技术创新活动能够带来这些利益，促使经营主体不断探索技术创新的新思路和新方法。

当今产品市场的竞争，归根结底是品质的竞争，农产品也不例外。农产品的品质除了受到自然因素的制约之外，科技进步的影响作用也越来越巨大，科技含量的提高能够改善农产品的品质。品质优良的农产品，需要优良种苗的研发培育、先进农业生产技术的应用和优质农产品生产标准的执行予以实现。我国的家庭承包经营责任制，使得农民分散经营，技术推广和统一的标准化生产很难进行，导致生产出来的农产品质量参差不齐。在农产品生产、加工等诸多流程中仍采用传统粗放型生产方式，没有进行有效的质量管理改进。各项标准制定和实施需要有主体进行组织管理，而农业领域往往缺乏这类强有力的监控农产品质量标准的主体，产品品质无法得到保障。由于小规模分散经营农业活动的各类主体获取技术创新的渠道有限、且自主创新的能力不足，需要被组织起来协同创新或集中运用技术创新成果，共同遵守产品质量标准，提升农产品及其加工品的品质。因此，农业技术创新的内在需求激励了各类农业产业化经营组织的不断产生与发展。

各类产业化组织为了增强产品竞争能力，不仅在产前、产中、产后环节加大科技投入，提高农产品品质外，还利用深加工技术和创新工艺，提高农产品附加值。从产品的田间、水域的生产到采摘、收获再到深加工，都采用新工艺、新技术、新标准，提高保鲜、加工、包装、储存的能力。同时，针对自身技术创新能力较为匮乏的问题，积极与科研机构、农技部门和农业院校进行交流，形成合作关系。通过产学研结合，一方面，这些科技机构能为农业产业化经营组织持续发展提供相应的技术支持；另一方面，还可以向农区输入技术人才，提供技术指导，将最新的科研成果进行推广，以此来统一质量标准。

二、组织创新驱动

组织创新理论是在经济学家熊彼特的创新理论基础上提出的。熊彼特认为组织创新是由组织内部自行发生的改变，这种变化是从组织内部革新，打破原有的组织秩序，进行一种创造性的破坏，这种破坏可以使组织走向新的组合形式。组织创新本质上是一种新的生产关系的确立，并将生产要素在组织内进行重新组合，通过对生产要素组合形式进行创新，从而提升生产效率、获取更高的经济利润。组织创新形式按其发生的原因不同，可以分为以下几种类型：由利益驱使而发生的组织创新，即市场交易型；因权力驱动而产生的组织创新，即行政指令型；靠市场和行政相互作用而产生的组织创新，即混合型①。现代农业经营组织的组织创新途径主要是对原有的农业生产关系做出调整或革新，在市场机制和行政引导相互作用下，形成一种新的农业经营组织形式。

由于农业领域不同经营主体的生产力水平不同，而且农业生产中各主体间的社会关系也不同，因而，不同主体组建的农业产业化组织的组织形式也各不相同。以家庭为单位的农业经营组织形式，在大市场经济环境中处于劣势地位，需要组建新的经营组织形式以应对市场环境的变化，由此逐渐自发形成了多种类型的农业经营组织，包括家庭农场、合作社、农业产业集群、农业产业化联合体等组织形式。农业经营组织创新是生产力和生产关系矛盾运动的结果，是组织内部各成员责权利关系的重新调整，它是各组织成员追求利润、达成进一步共识的结果。农业经营组织创新的出发点和目的是适应农业生产的特性，其

---

① 王炳程. 现代化大农业组织制度创新研究——以黑龙江农垦集团为例［D］. 吉林大学，2012.

次应适应农业生产力水平，还要受农业生产关系的影响。

依照制度经济学的理论观点，农业经营组织创新涵盖两个层面：一是创新适应现代农业经营组织发展的制度；二是创新现代农业组织的形式①。在当前我国改革开放逐渐深化的关键时期，农业经营组织创新是各种制度创新的重要一部分，是对现有农业经营制度的调整，是对农业生产关系和生产形式的革新，将现代的生产要素吸引到农业经济发展主体上来。因此，通过组织创新构建新型农业经营组织形式成为各类农业经营主体的共同追求。

农业产业化经营组织是一个复杂的系统，包含众多经营个体之间相互协调合作，形成一个较为紧密的利益共同体，同时，农业产业化经营组织内部经营主体之间可共享市场、产业及科技信息，避免了不必要的利益竞争。这种经营模式，将外部联结关系内部化，不同利益主体之间的利益联结和矛盾对立转化于组织内部，从而减少主体间的利益对立，实现利益共享，并将外部交易成本转换成内部组织成本，降低整个模式的生产和运作成本，提高产品的市场竞争力。

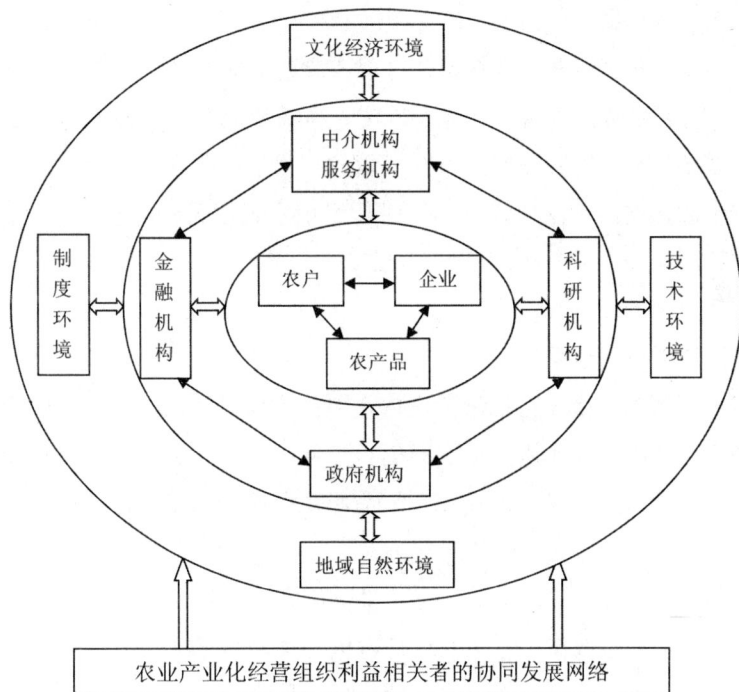

图 4-2　利益相关者协同发展农业产业化经营的组织模型

---

① 关付新. 我国现代农业组织创新的制度含义和组织形式［J］.山西财经大学学报，2005，
（3）：47-52.

农业产业化经营组织的形成与发展是一个组织创新演进的动态发展过程。农业产业化经营组织在发展过程中，内部集聚了大量联系密切的利益相关者，其相互适应、协同演进，最终驱动整个组织的发展。促使农业产业化经营组织成功组建并持续经营的动力源泉是技术创新、组织创新、利益共享，因此，农业产业化经营组织的发展离不开相关产业要素的协同发展体系的建立与完善。根据已有的研究理论，结合农业产业化经营组织的实践活动情况，可认为，农业产业化经营组织的组织系统包括三个层次，即核心结构层（由农户、企业、产业网络和地域空间构成）、支撑系统层（由地方政府部门、科研机构、中介服务机构、金融机构等构成）和环境支撑层（由文化就环境、制度环境、地域自然环境、技术环境等构成）。农业产业化经营组织的组织创新是由这三类系统层次中各个要素相互作用的结果（见图4-2）。

以上各类农业经营主体及利益相关者对农业产业化经营组织的建设和发展都会产生或多或少影响。其中，核心结构层对产业化组织的影响作用最为显著，直接决定着组织是否能够有效构建，这就需要建立完善的利益联结机制以协调核心层中各经营主体间的合作关系。同时，也需要充分考虑对利益均衡产生影响的支撑系统层和环境支撑层对整个经营组织发展的作用。总之，农业产业化经营组织中的各类经营主体通过不断进行组织模式创新，可以产生"1+1"组织合力，其明显大于单个利益相加的效益。

三、区域创新网络驱动

区域创新网络是指一定地域范围内，包括企业、个人、政府、科研机构等在内的各行为主体相互作用，在协同创新过程中，建立起各种相对稳定的、能够促进创新产生的正式或非正式关系的总和。以往研究表明，农业产业化经营组织的演进发展也受到区域创新网络的驱动。

马歇尔在对产业区的定义中，强调"相互信任"和"产业氛围"对创新的产生与扩散有着积极的作用。相互信任可以加速新技术、新成果引进到产业化组织内，而产业氛围能够支持组织中的经营主体之间进行创新的模仿、消化与扩散。由不同经营主体参与组建的产业化组织持续发展的动力在于组织内相互间的学习与创新。这种学习主要是指非正式的研究与开发活动，而区域创新网络为各类经营主体的相互学习创造了条件。农业产业化经营组织的演化发展归因于产业经营主体的产品、工艺、技术、组织等创新活动，提升了价值创造能力，其中，知识网络结构的更新和调整是内生驱动力。

农业产业化经营组织发展的目标是整体附加值的提升与市场竞争力的增强，即通过创新获取更多附加值，从而提升产业化组织在全球价值链中的区位优势和国际竞争力。一方面，需要关注组织内部经济业务合作网络和社会关系网络建设，另一方面还要增强组织系统与全球企业的外部关联性，实现可持续发展。农业产业化经营组织演变发展的区域创新网络动力机制，主要有技术能力的升级、创新能力的升级、社会资本的升级、外向关联的升级和创新系统的升级五个方面。

技术能力的升级。随着当代科技的进步和发展，技术创新升级对产业化组织的竞争力和整个农区经济增长起到显著的推动效应。经过区域技术创新过程的持续进行和彼此推进，该地区的经营主体数量就会逐渐增多，相关基础设施会得到不断完善，推动产业化组织的初步形成，逐步完善的产业化组织又进一步促进技术创新和升级。

创新能力的升级。从微观主体角度看，产业化组织的演变发展表现为组织内经营主体的衍生、引入和规模的扩大，创新能力提升和市场竞争能力的增强；从区域空间来看，是产业化组织所在区域创新网络结构的完善，组织与环境交流力度加大，科技创新增加、扩散加快，产业结构升级等，表现为整个组织体系的整体优化、资源配置水平提高、获取价值能力提升。创新能力升级可以表现为区域创新要素集聚、创新机制高效、创新环境优越、创新主体活跃，创新活动密集，关键是提升产业化组织协同创新与集成创新能力。

社会资本的升级。社会资本的升级实质是要拓展区域内的社会关系网络体系，即相关企业、科研机构、中介服务机构和地方政府在长期的合作中所形成的相对稳定的合作关系网络体系。其中也涵盖法律法规规定的正式的合作网络体系，与基于一定的社会文化背景和意识形态所形成的非正式的合作网络体系相比，往往正式的社会合作网络体系具有限制和制约力。社会网络体系是各个创新主体在地理空间内的集聚，同时各个创新主体间彼此产生连接作用而构成的网络。在区域创新网络中，各个创新主体及主体间的关联性都对产业化组织的竞争力产生较大的影响。企业、政府、高校及科研机构、中介组织等构成社会创新网络内的创新主体。各个创新主体承担独立的作用，对提升产业化组织的竞争力具有重要意义。企业通过创新行为，将新的知识和技术转化为产品，使企业获得竞争优势，而企业获得的这种优势又可以转化为产业化组织的竞争优势。政府通过制定税收政策、针对特定对象的扶持政策等，对产业化组织内的经营主体产生引导和帮助作用，促进产业化的发展。同时，政府作为媒介，促进科技从科研机构通过产业化组织转化为新产品，从而提升组织竞争力和推动创新升级。中介组织不仅可以作为农户连接企业的桥梁，还可提供科技推广等各类涉农社会化服务。

外向关联的升级。外向关联在创新网络动力机制中，对推动农业产业化组织演进发展具有网络意义。组织内部的各个主体之间建立联系是组织内部网络体系构建的基础。这种联系可以是正式的也可以是非正式；可以是有产业价值的也可以是非产业价值的；可以是单向的，也可以是多向的。组织内成员的外向关联，构成了一个有机的、与外部关联的网络关系体系，在巨大的集聚效益的促动下，能够发挥更为广泛的规模经济与外部经济效益。综合而言，组织内部成员的网络关系体系越庞大、网络结构越合理，产业化组织的竞争实力就越强。而在组织外部包含产业链中各行业衍生的空间聚集，通过巨大的网状产业链，连接到许多相关产业服务部门和组织机构，通过市场机制逐渐吸聚和分化越来越多的组织，利用这些组织间的互相竞争和博弈来降低生产成本和交易成本，从而提高经济效率。

创新系统的升级。通过创新系统主体间的密切关联，使得产业化组织内各主体间的创新合作更具有优势，从而促进创新系统升级。农业产业化经营组织促使产业链上相关经营主体加强合作关系，将从培苗育种、化肥生产、田间管理到农产品加工、销售运营的各个环节密切连接起来，提高了专业化分工的生产效率，同时，提升了科研中心、农业院校将新知识、新技术转化为商品和价值的经济效益，进而增强整个组织的创新能力。

第五章

构建农业产业化经营组织的影响因素

影响农业产业化经营组织构建的因素有很多，主要可以归结为内生影响因素和外生影响因素这两类。其中，内生因素为区域内部自发产生的影响因素，包括区位资源、创新能力、人力资本、地方龙头企业、社会关系网络等方面；外生因素为区域外部环境引发的影响因素，包括市场需求、政府政策、外部工商资本和科技、金融、媒体及其他服务机构等方面。两者相互促进，相互协调共同影响着农业产业化经营组织构建与发展。

第一节　内生影响因素

一、区位资源

区位资源优势能够使得在特定地区进行一种经济活动比在其他地区从事同类经济活动获得更高的利益。人类的各种经济活动都会或多或少地受到区位条件因素制约。而农业产业化经营组织是由经营某一类特定农产品的相关产业经营者在特定区域空间上集聚而形成的一个有机的产业群体。同样，产业化经营组织所进行的一切经济活动都离不开它赖以生存和发展的区位空间。那些具备丰富的自然资源条件的产业链条长且迂回生产突出的区域农业产业要取得发展，最关键的是吸引与之关联的加工业、服务业以及科研业等关联产业集聚到接近农产品种植基地的一定区域范围内而对其进行研究开发加工，把资源优势转化为经济优势。

区位因素既包括自然地理空间因素，也包括经济地理空间因素。前者主要是指区域的自然资源环境条件，后者则是指与周围经济区、经济中心、资源产地、消费市场、交通网络等相关的空间关系。由此可见，合适的地理区位是相关产业经营主体选择在其上投资进行经营活动的重要考虑因素。它有利于降低经营成本（包括农户生产成本），提高投资收益率和生产收益率，扩大产品或服务的市场占有份额，从而增强产业组织的整体竞争能力。合适某一产业经济发展的区位，其实质上就是能够为相关经营主体带来最大化利益和效能的产业运营空间。农业经营效率的提高，需要专业化的生产，专业化农业生产活动更需要地域性集中，才能发挥规模经济效应，以较低的生产投入成本而获得更高的产量和质量，同时也有利于自然环境的维护。除此之外，特定区域农业生产资源的比较优势、专业化及规模化程度直接影响着产业经营组织的竞争优势。由此可见，区位因素在农业产业化经营组织的演进发展过程中，扮演着非常重要的角色，起着"地域空间载体"的作用。具体来看，影响农业产业化经营组织发展的区位因素主要包括特色自然资源禀赋、基础设施条件、历史文化传统等。

特色自然资源禀赋。相对于工业及服务业而言，农业对自然资源禀赋的依赖性更强。特别是大多数农作物由于其自身生长的特性，包括气候、土壤、温度、湿度、光照、水源等自然环境条件，直接影响着农产品的类型、品质、产量、成本等具体状况，使得不同区域拥有不同的特色农业产业，再加上生鲜农产品储运条件通常具有特殊要求，进而也直接影响与其具有产业链相关联系的农产品加工业与服务业等非农产业的发展和布局。尽管随着现代科技水平的不断提升，在某种程度上可能削弱了部分农产品受到自然环境的约束程度，但是绝大部分特色农业的自然生长特性以及由此产生的比较优势，依然依赖于特定的区域自然环境因素。而特色农业是构建农业产业化经营组织的立足之本，也成为影响其构建的首要因素。因此，独特的区域自然资源禀赋，因地制宜，遵循自然规律，在不同的地区发展不同的农业产业，不仅是农业产业化经营组织成功构建的物质基础与必要条件，也是其获取竞争优势的源泉。

基础设施条件。交通、通信、电力、卫生和社区等基础设施是农业产业化经营组织发展的空间载体，是物流、人流、信息流等流通的桥梁。农产品在使用不同的运输条件和运输方式所形成的运输成本是不一样的，如运输成本太高会使具有适宜性的农产品及其加工品的生产变得经济上不可行，即使这些产品具有较为独特的自然资源优势，由于受到运输条件与成本制约也无法转换成商品的竞争优势。快捷畅通的交通基础设施能够为不同地域空间的生产经营者提供沟通与协作的便利条件，也促使生产要素的空间流通更加自由顺畅，为生产同类农产品的各类资源要素更大规模的集聚创造了必要基础，能够更有效地将优势自然资源禀赋转化为产品比较优势。同时现代化通信网络和媒体设施是提升农业信息化的基础，能够加速网络信息技术在农业产业领域的应用，促进农业产业化发展。

历史文化因素。由于任何产业的形成与发展都会受到当地历史文化传统的影响，特别是当地人们在长期社会经济活动中沉淀而形成的生产技术、行为习俗和价值观念等构成了区域内特有的文化传承氛围。这些区域文化传承因素因为区域内的地缘、亲缘、人缘等关系而变得更加稳固，与区域特色产业经济融合起来，就形成了特定的产业化氛围，特别是在农业领域，由于长期积淀的区域农耕文化特色更为显著，这种历史文化氛围对特定类型农业产业的形成更具有重要影响作用。因此，区域历史文化传统也催生了不同类型农业产业化经营组织的形成。从各地的特色产业经济实践活动可看出，农业产业化组织中的产品通常都是在当地拥有着较为悠久历史传统的特色农产品，其通常是利用所在地区长期历史传承中形成的比较优势，增加其农产品的知名度和无形资产的价值。因此，农业产业化经营组织的生成和演化发展都较为严重地依赖区域特有的种养殖历史传统，对其所经营的农产品有着较为长期的生产实践经验。

二、创新能力

农业产业化经营组织的形成演变与持续经营在于不断的创新，以创新为途径来塑造农业产业化经营组织产品及服务的独特性，因此，创新能力是影响农业产业化经营组织创建与发展的重要因素之一。具有创新能力的农资供应商、农产品加工企业及各类中介服务机构共同组建的农业产业化经营组织将会更具有生机活力、更有能力应对复杂多变的市场环境。

创新包含科技、制度、组织等各个方面，但作为农业经济组织主要受到科技创新的影响。农业经济组织可以利用现代先进科学技术，根据消费者的现实需求或潜在需求，通过培育优质品种和增加产品科技含量，使生产出的同类产品具有更为优秀品质，形成具有特殊品质和影响力的特色农产品。农业研发和科技推广能够不断提升农业生产的科技含量，新品种和新技术的应用以及示范项目的建立都为特色农产品培育提供了良好的科技支撑。由于现代农业离不开高效率的农业科技投入，需要找到符合当地发展的技术研发与推广设施投入方式。不同的乡村地理和资源的差异，决定了技术研发与推广方式不能一刀切、模式化,符合现代化要求的基础技术研发与推广设施的投入直接影响着农业产业化组织的发展质量。

创新不仅体现在科技方面,还体现在制度、管理、文化等方面的创新,开发符合本土特色的创新体系和创新活动,形成创新内循环系统。农业产业化经营组织作为发展新模式,需要依靠多方面创新的力量,才能具有生命力。其中,科技创新推动了产业化组织现代农业的发展,为智慧农业、生态田园、创意产品提供了基础。制度和管理创新为产业化组织提供了顺利发展的制度环境保障。文化创新也是赋予产业化组织创新元素的源泉之一,影响着其独特性和难以模仿性,因此,应将文化创意始终嵌入产业化组织创建与发展的全过程之中,如农产品生产环节融入造型文化、加工环节融入工艺创意、销售环节融入品牌文化创意等,并将文化创意融入特色农产品加工、销售策划、品牌创建之中,只有不断创新,才能增强农业产业化经营组织的不可替代性。

三、人力资本

经济学家舒尔茨认为人力资本对经济增长的贡献作用远高于物质资本。同样,对于一个地方来说,能否形成农业产业化经营组织,当地人力资本状况也是一个重要的影响因素。人力资本是农业生产中最重要、最活跃的生产要素组成部分。在产业化组织的创建与发展过程中,人起着主导的作用,人的能力和观念决定着组织能否发展起来。产业化组织的参与主体多元、人力资本需求量较大,其有效运营更离不开各类人才作为支撑,因此,人力资本供给的质量和数量成为影响产业化组织的主要因素。农业产业化经营组织在创建及发展过程中需要各类创新创业企业家人才、科技创新人才、运营管理人才等,如果没有各类人才积极参与产业化组织建设之中,其将失去发展的基础,这就需要吸引和激励各类人才,为人才提供良好的环境氛围、发展平台和教育医疗服务等,使得各类人才留在产业化组织内,使其成为动力源泉。

首先,对于处于农业产业化经营组织产业链中最关键的生产要素——农业劳动者而言,其拥有的人力资本量是影响产业化组织发展的重要因素。对于产业化组织来讲,大量高水平种养殖劳动者的供应是促使其发展的关键要素。由于种养殖农产品的历史传统原因,使当地农民在不同农产品生产上掌握的技术水平存在很大差异,因此,产业化组织经营效果很大程度上依赖于新型职业农民的能力和素质,而新型职业农民通常又包括:种养专业技术型、农业经纪人型以及涉农服务型等多种类型。在农业产业化经营组织中，各种现代化农业生产要素在农业生产、加工、销售中应用范围越来越广、比例越来越大，只有高素质的职业农民才能更快速地掌握各种不断涌现出来的现代化生产要素的性能，进行科学的使用，最大化地发挥其性能和效率，从而降低农产品生产经营中的成本，提高各种生产要素的利用率和产出率。随着现代科技成果越来越多地应用到农业领域，使得农业生产经营活动需要更多的高素质、专业化、技能型的农民去操作现代化农业的田间生产。同时，农业科技研发和生产力水平不断提升，促使农业领域和工业及其他产业一样，分工越来越深入细化，对具有先进农业经营管理思想及管理技能的高层次人力资本需求量越来越多。因此，农业生产经营者的人力资本素质越高，越有利于与农业关联产业进行合作，农业产业化经营组织的创建及运营才能更高效。

其次，各类农业产业化经营组织的建立需要具备企业家精神与能力的人予以推动。由于农业产业化组织是由多种经营主体共同组建成立的，组织内的经营主体仍保留一定的经营独立性，因此，需要具有企业家精神及管理协调能力均较强的管理人才，才能将各类经营主体组织起来，使其拥有的不同生产要素资源有机融合，并不断提高产业化组织整体及内部成员的经济效益。如果缺少具有企业家才能的人才，即使各个农业经营主体拥有良好的资源、技术、资本等优势条件，通常也很难组建产业化组织，将其各自的优势转化为整体的经济效益。因此，具有企业家精神和能力的人才是使各种要素结合在一起并不断提高产出效率的决定性因素，而经济效率的高低决定着产业化组织的竞争力，所以人的因素在各类产业化组织的建立、成长和发展过程中也起着至关重要的作用。

再次，一个成熟的农业产业化经营组织必然要汇集大量科技、管理、生产、营销等各方面的专业人才。不同区域的人力资本发展程度不同，使得劳动者素质和态度往往具有较大差异。产业化组织中的关联农业产业要求具有一定科技知识、生产经验和劳动技能的知识型劳动者。为了提高组织的劳动生产率，产业化组织一般都会把经营活动地点选择在劳动力素质较高、能够提供大量技术熟练工人、劳动者态度也较好的区域。

四、地方龙头企业

农业龙头企业是推进各类农业产业化经营组织创建与持续经营的核心。农业龙头企业往往拥有雄厚的资金、先进的技术、广泛的信息渠道等优势条件，从而抵御市场风险能力较强，在市场经济中较为强势。龙头企业将农业科技研发、生产加工、仓储销售等产业链的各环节有机结合起来，带动了产业化组织的发展。在产业化组织中，通常龙头企业主要对农产品进行加工或销售，合作社及家庭农场组织农户提供优质农产品或原料，其他相关经营主体提供各类涉农服务，确保产业化组织实施一体化经营。龙头企业一般具有经营管理能力强、产品服务范围广、市场知名度高、资金雄厚等特点，具有引导生产、深化加工、服务基地和开拓市场等综合功能，在带动产业化组织发展过程中具有明显的优势实力。龙头企业成为产业化组织的参与主体，可提升其建设效率与经营水平。龙头企业能否介入，融资渠道畅通与否，直接影响着产业化组织创建。以龙头企业带动发展起来的产业化组织，其创建成效、发展规模、实力大小、经营效率主要依赖于龙头企业的综合实力及其具体的产业辐射带动能力。

在市场经济条件下，农业龙头企业出于适应市场竞争需要以及追求更高效益的考虑，会不断优化和配置自身的资源要素，通过"公司+基地+农户"等模式，将分散经营的农户组织起来，促使农业生产资料的供应、农产品的生产和流通环节中的各个主体互相协作、共同发展，不断提升特色农业产业的集聚程度，增大特色农业产业链的产品附加值，提高整体品牌价值，从而获取规模效益和品牌效应。

质量是农产品获取竞争力的关键，也是农业产业化经营组织持续发展的根本所在。要保证农产品质量的稳定需要对其生产、加工、流通等全过程进行监管，由于农业分工的细化，使得这些过程往往由不同的经营主体所完成，每个环节出现问题均会对农产品的质量产生影响，因此，需要强有力的主体对农产品经营的全过程进行监管，而农业龙头企业往往承担起对农产品质量全面控制的执行主体。龙头企业作为农业产业化经营主体的带动者，为了塑造品牌质量形象和获得产品竞争优势，这就需要其确保经营的农产品具备高品质，因而，龙头企业会在有关农产品质量标准的基础上，建立自己的产品质量标准体系，并采取相应的措施，要求农产品原材料供给、加工、仓储、运输、销售等各个环节均依照其质量标准系统进行生产经营。农业龙头企业对农产品进行全方位质量监控的行为，从而保证农业产业化经营组织高质量运营。

除此之外，农业产业化经营组织以乡村农业产业为基础，而传统农村多数存在原始资金积累有限的问题，难以依靠自有资金拓展产业化组织的全面发展，势必要引入工商企业资本参与其中。任何经济组织的建设与发展均离不开资金投入，投资主体的构成情况直接影响着产业化组织建设资金的来源与使用，也影响着其发展质量。由于投入资金不足将会严重制约农业产业化各类项目的投入建设，因此，通过引入各类龙头企业、涉农企业、服务类企业、风险投资企业等工商企业资本加入其中，能够为产业化组织发展提供有效的资金投入和先进的管理技术。

五、社会关系网络

社会关系网络是人们由彼此间的互动关系纽带而形成的一种关系网络，具体表现为相互信任与协作、相似的思考方式、遵守相同的规范等行为特征。社会关系网络具体包括个人关系网络、商业交易网络、合作服务网络等。

参与农业产业化经营组织共建的各类利益相关主体，依靠相似的文化传统、行为规则和价值观，共同构建形成了一个有机融合的关系网络，即社会关系网络。这个社会关系网络一直处于不断完善与演进发展的过程中，网络内部的主体间建立了更为顺畅的沟通渠道、更加深化的分工协作及遵守共同的行为规范，因而孕育了一种独特的文化氛围，这种文化氛围加深了网络内部成员间的彼此信赖关系，建立在这种关系基础上的"信任与承诺"，为其中各类经营主体提供降低成本的保障，构建相互信任的体系，约束机会主义行为，使得主体之间的协调与沟通更加容易、深度分工更易实现，进而营造优良的社会人文氛围。这种社会关系氛围使得以此为基础而形成的农业产业化经营组织内部关系更为密切，组织成本得以降低。

农业产业化经营组织内存在若干具有不同利益诉求且独立经营的行动个体，而农业产业化经营组织发展的基础就是要协调区域内不同利益主体，在满足自身利益诉求的前提下与共建产业化组织的共同目标保持一致。只有区域内相关利益主体形成了一种信任关系稳固且遵守共同行为约束的社会关系网络，才能使得这些不同利益诉求的经营主体与产业化组织共同目标保持一致，促使产业化组织的顺利创建与健康发展。

第二节　外生影响因素

一、市场需求

不断适应日益变化的市场需求和激烈的市场竞争，是农业产业化经营组织创建和可持续发展的基础。一方面，由于社会分工的进一步深化，工业化的实现及其水平的不断提高，城市化水平也相应地提高，为农产品开辟了日益广阔的市场，同时，社会经济的高速发展为现代化交通基础设施建设和交通运输业带来了发展的契机，而快捷便利的交通运输条件改变了早期农业专业分工的地域限制，为产业化组织的形成奠定了基础。另一方面，各类农产品专业市场日趋完善，农产品市场化程度不断提高，且加速了区域农业产业结构调整，区域优势农业产业发展成效越来越显著，为产业化组织获取市场竞争优势提供了产品基础。

任何经济组织的发展均始于消费者对其产品或服务的市场需求，没有市场需求的存在与拉动，经济组织不可能形成，更不用说发展了。消费者主观上对产品或服务的市场需求拉动了产业化组织的形成与发展。从需求条件来看，市场需求规模和需求结构的差异及其变化对农业产业化经营组织发展具有重要的影响，有了旺盛的市场需求，才会刺激专业农户、关联企业共同组建产业化组织。

经济的快速发展带来人们生活水平的不断提高，越来越多的消费者对农产品不仅有量的需求，更多的是对农产品的品质、种类、特色等方面的要求。同时，由于各种农产品的需求结构不同，使得对农业产业化经营组织的模式要求也有所不同，这也成为影响产业化组织创建的重要因素之一。总的来说，需求因素一般作为一个触发因素，刺激农业产业化发展，如果再加上其他适合的条件，产业化组织就会迅速地成长起来。

从市场需求对农业产业化经营组织生成的影响来看，市场需求数量的高低决定着农产品市场的数量和规模，是产业化组织发展的前提和基础，一个区域只有具备了旺盛的本地需求才有可能孕育出具有良好发展潜力的地方产业化组织。本地农产品市场需求旺盛不仅能够促使地方农业龙头企业更好掌握市场动态并及时对新的需求并做出积极的应对措施，进而带动相关产业的壮大发展，而且会培育出更高层次的消费者群体，从而不断提高农产品质量标准和增加产品品种，激发产业化组织的创新热情，加速产品升级和技术更新。因此，农产品质量及品种时刻应对市场需求的变化而改善，更能够保证本地农产品市场领先于全球，适应市场需求新趋势，因而能够保证农业产业化经营组织的竞争优势。

二、政府政策

农业本身是一个小、散、弱产业，具有生产周期长、收益低、风险大的特点，本身没有建立积累机制，农业领域普遍面临资金、人才、技术短缺等问题。而农业产业化发展是一个长期积累的过程，需要相当多的成本和资本投入，仅仅农业经营主体自身的实力往往是难以实现的。我国当前正在由传统农业生产经营模式向现代化农业产业化经营模式过渡过程中，在该发展阶段中形成的某些制约因素，如政府制度建设不完善、财政资金投入不足、政策法律不健全等。对于农业产业化经营组织这类所有权性质不清晰的组织方式，各级政府的推动力量是必不可少的。

当前多数经济学家普遍认为政府对市场经济的发展具有推动作用，市场机制与政府调节对经济发展起到互补与协调的作用，政府在避免市场失灵、制度创新以及实现经济跨越式发展方面均发挥着重要的价值。从国内外农业领域的实践经验也可知，政府在各类农业产业化经营组织形成过程中往往扮演着制度创新提供者和主体推动者的角色。因此，政府在产业化组织的形成过程中应该而且经常发挥着关键性的作用，尤其是在发展中国家，政府的这种特殊作用在产业化组织的创建过程中体现得更为明显。

政府对经济生活的干预大多是通过法律和政策来实现的，就产业化组织建设而言，影响经济组织发展的政策主要是宏观制度政策、地方性经济政策及财政支持政策。一个国家或区域可以制定符合实际的财政、货币、投资、产业政策，促进产业化组织的形成。其中地方政府的政策选择，不但构成经济组织生存发展的基础资源，也是决定该地区是否能形成产业化组织的决定因素，政策因素通常是一种外在因素。

在国内外典型的农业产业化组织形成壮大过程中，政府都扮演着极其重要的角色，不仅要进行科学规划、有效布局，合理选择发展适宜区域资源禀赋特色的农业产业，而且要实施各种优惠政策，为产业化组织健康发展营造良好的政策环境，进而有目的、有计划的推动农业产业组织的形成与发展。由于在市场经济下，农业是弱势产业、农民是弱势群体，因此，我国现阶段产生的不同类型的农业产业化经营组织均是在农民内在自发和政府外在扶持的双重作用下不断探索创新的产物。从更高的角度来看，我国总体上已进入反哺农业经济、支持农村发展的阶段，不断加大对农业的补贴是客观需要和必然趋势。但政府的相关政策扶持要增加有效性，避免实施过程中经营主体套取政府政策性补助、农业产业化组织空壳化等问题；而政策力度不足的话，又会导致产业化组织发展滞后。政府的积极引导和扶持是农业产业化经营组织创建过程中必不可少的保障，具有不可替代的作用。

　　由于许多新型的农业产业化经营组织是近些年来才兴起的产业发展新业态，因此离不开政府的扶持，政策扶持力度及有效性，直接影响着产业化组织创建效果。政府对农业生产活动的介入有助于形成稳定的农业生产格局，而规模化的、稳定的农产品供应则是农业产业化形成的基本条件，可以满足农产品供应的需要，同时降低农业生产风险。在产业化组织形成过程中，政府可以通过多种形式、多种途径发挥其作用。在相同的条件下，政府的刺激措施可以降低组织的生产成本，提高投资回报率，从而增强经营主体的赢利能力。正是由于存在这种政策刺激，当外部环境发生变化或者政府政策进行重大调整，一个新的地区表现出较大的市场增长潜力时，为了占据这一新市场更大的市场份额，出于接近消费市场能够降低运输成本的企业布局原则，农业产业化经营组织往往考虑在该地区进行主要的生产经营。

　　我国农区经济社会发展水平不平衡，各地政府应采取分类扶持政策，才能实现对产业化组织的因地制宜的引导发展。政府的扶持政策主要体现在土地流转、信贷支持、税收减免等方面给予必要的扶持与优惠。如政府提供优惠的土地及能源供给、便捷的交通通信等基础设施、高效且低价的配套服务、低税率的融资资金等扶持政策。通过对符合政策优惠的农业产业化项目及参与其建设的相关经营主体及时给予财政补贴、税收减免、融资支持等优惠政策，以此减轻产业化组织的成本负担。因此，政府有力的扶持政策是影响农业产业化经营组织构建与发展的关键因素之一。

三、科技、金融、媒体等其他组织机构

　　涉农科技服务、金融及媒体等相关产业要素提供主体是农业产业化经营组

织创建与发展的支撑力量，产业化组织的高效健康发展必然需要相关配套服务机构的支撑，其中主要包括科技、金融、其他中介服务等机构。

随着科技创新在产业经济发展过程中的作用日益凸显，科研机构创新功能的发挥，对于经济组织发展十分重要。涉农科技服务机构一般包含农业相关科学技术研发机构和技术服务机构，还包括农业高等院校、农技培训机构等。高校及科研机构不仅提供创新源泉，还是培育创新人才的地方，为产业化组织提供科学知识、专业人才的辅助支撑，还可以弥补农业组织创新能力不足、创新知识欠缺等问题。涉农科技服务机构一般是按照机构的服务职能和专业学科划分为种植业、林业、畜牧业、水产业、农机化、水利、农村经营管理等七大类分工更为细化的农业科技组织。随着科技创新在产业经济发展过程中的作用日益凸显，涉农科技服务机构创新功能的发挥，对于产业化组织的构建与完善起到关键的辅助作用。

金融是现代经济的核心。目前我国农村的金融环境并没有建全起来，资金问题是影响农业产业化经营组织建设的主要因素之一。金融服务缺位和金融资源供应不足既是发展的重要难题，也是发展的长期难题，然而现在我国多数农村地区并没有形成稳定的农村金融信用体系。金融机构包括在我国境内依法设立的各类中资金融机构和外资金融机构，除了这些正式的融资机构，还包括创业家的原始积累、民间借贷等非正式融资渠道。它们都有自己的目标和局限性、时间性和投资组合偏好。农业产业化组织的创建、发展与升级过程必须有各类资本的支持，各类金融机构构成了产业化组织创建过程的支撑基础，而且金融机构本身也是组织创新过程中不可或缺的重要成员，为产业化组织发展提供了重要的资金要素来源。

媒体是信息传播的重要通道，是经济组织及其产品宣传和推广的主要载体，对于农业产业化经营组织也不例外，特别是在其初创阶段，更为需要各类新闻媒体的宣传推广以扩大其特色农产品或相关加工产品及服务的知名度和影响力。另外，通过与各种传播媒体的沟通与合作，能够维护产业化组织品牌宣传的延展性，树立稳定的品牌形象，实现品牌宣传及推广的有效性。

各类中介服务机构，如农民合作社、协会、咨询机构、会计师事务所等，为市场主体提供各类专业化服务，或者在各类经营主体之间、经营主体和市场之间发挥沟通协调功能，从而调整经济关系，维护市场秩序，整合市场体系功能，提高市场效率，使得市场体系运转顺畅的社会性经济组织。各类中介服务机构是伴随着市场经济发展，由于社会分工更加深化，从众多市场经营主体中分离出来的专业化服务机构。中介服务机构通常范围广阔，既包括区域内存在的各种农业专业协会、农民专业合作组织、供销合作社、各类咨询机构，还包括人力资源中介机构、律师事务所、会计师事务所，也包括技术监测中心、技术转移中心、创业服务中心等。在这些中介服务机构中，各类农民专业合作组织发挥着更为明显的中介服务功能，为小农户与大市场建立起连接的桥梁纽带，也是各类农业产业化经营组织发展过程中必不可少的组成部分。农业产业化组织是各种经营主体围绕农业产业化发展目标而互动协同、集体行动的过程，各主体之间的协作需要相关中介机构和机制的沟通与协调。中介服务机构通常起到连接桥梁的作用，不仅为组织内各类农业经营主体提供专业化的服务、协调和规范主体的市场行为，而且促进了各类生产要素资源的有效配置，提升了农业科技成果的产业转化效率。它在产业化组织中发挥着黏合剂作用、咨询服务功能和协调功能。

第三节　内生与外生影响因素的相互作用

经济活动的一个显著特征就是具有明显的相互关联性，农业经济活动也不例外。通过社会分工的纵深发展和市场的需求拉动，形成农产品生产经营专业化分工的体系，而分工的细化又催生了合作的需求，使农产品的生产经营有进一步联合发展的趋向。在内生与外生影响因素的共同作用下，各类农业产业化经营组织得以应运而生。

一、各类内外生影响因素之间的网络联系

现代农业生产经营组织一方面要继续发挥土地、资本、劳动等传统要素作用，同时，更要结合当前时代对转变农业发展方式的需要，以提升全要素生产率为重点，配置好自然资源与农产品品种资源、产业链内部结构与区域外部分布、农业与互联网+之间的关系，结合科技创新、生产组织、企业家管理、专业化生产等创新因素，实现农业产业组织的创新发展、协调发展和高质量发展。农业产业化组织包括农业全产业链协同，农业与相关配套产业间（加工业、运销、科技、金融等）的跨界合作互动，是多维度、系统化的组织形式创新，强

调全要素增长。农业全产业链的各分工部门的有序运转，实现了农产品从田间到餐桌的全过程流通和管理。

龙头企业、合作社、家庭农场、科研机构、金融服务机构及地方政府等在长期的合作中所形成了相对稳定的合作关系网络体系。合作关系网络体系是各个行为主体在地理空间内的集聚，同时各个行为主体间彼此产生联结作用而构成的网络。其中既涵盖由国家法律、法规或组织规章制度所规定的正式的合作网络体系，也包括与基于一定的社会文化背景和意识形态所形成的非正式的合作网络体系，两者相比，往往正式的合作网络体系比非正式的合作网络体系具有更为广泛的限制性和制约力。在农业产业化经营组织合作关系网络中，各个行为主体及主体间的关联性都对产业化组织的竞争力产生较大影响。

农业产业化经营组织具有明显的网络特性，这种特性表现在组织内部各行为主体之间因技术、人员、信息、产品、生产资料等各种要素资源的流动而形成的联系网络。各行为主体之间通过不同职能的互补而渗透，实现组织内部各主体之间的相互作用，进而促进各类经营主体活动的相互融合，推动各类资源要素在各行为主体之间的充分流动，从而形成关系密切网络结构。组织内各个行为主体在合作发展过程中，相互作用，彼此建立起各种相对稳定的、可增进组织发展能力的、正式或非正式合作关系网络。任何组织内的合作关系网络，其基本构成要素包括组成网络结点的各行为主体、网络中链接各结点形成的关系链条、网络中流动的各种生产要素资源及其他资源。组织内合作关系网络结点主要指各参与主体，包括龙头企业、其他涉农企业、家庭农场、中介服务机构、涉农科技服务机构及金融机构等。

农业产业化经营组织内部各个行为主体与组织外部的外向关联构成了一个有机的外部关系网络体系，形成了区域集聚效应，产生更大范围的规模经济效应和外部经济效应。综合来看，组织内部以及外部的关系网络体系结构越合理、融合度越高，整个产业化组织的竞争实力就越强。农业产业化经营组织在发展过程中其涉及的产业链使得相关产业及其衍生产业在空间聚集，形成巨大的网状产业链，从而吸引更多的经营主体和产业服务机构加入网络之中，在市场机制的作用下，这些经营主体通过互相竞争和博弈来降低生产成本和交易成本，提高各自经济效率。

二、构建农业产业化经营组织影响因素之间的作用机理

虽然影响农业产业化经营组织的各类因素对其构建和运营所起的作用有所

不同，但只有这些影响因素相互作用，才能实现共促组织发展的目的。农业产业化经营组织各类影响因素的作用机理如图 5-1 所示。

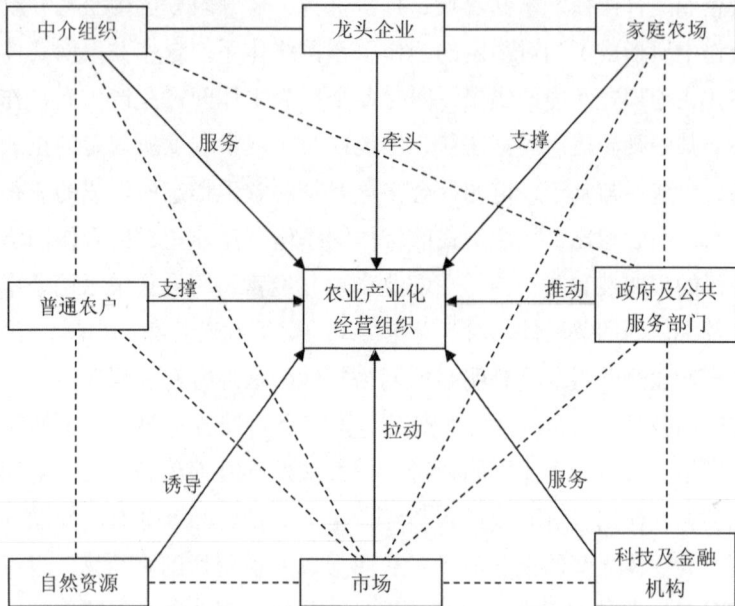

图 5-1　农业产业化联合体各类影响因素的作用机理

　　农业龙头企业是农业产业化经营组织合作关系网络的核心，其直接牵动着组织的发展，龙头企业在产业化组织中发挥着研发、加工、销售、品牌建设等方面的优势。中介服务组织是产业化组织合作关系网络的重要节点和组成部分，为产业化组织发展提供多种服务，发挥着黏合剂作用、咨询服务功能和协调功能。家庭农场和普通农户在产业化组织合作关系网络中起着基础性的支撑作用，为组织发展提供原材料保障。政府的制度安排在产业化组织创建阶段具有十分重要的影响，直接推动了地区产业化组织模式形成与发展。为了增强农业综合竞争实力，健全农业产业链，政府会通过政策、法律和投融资等制度性安排来对本区域优势农产品的生产经营进行支持和补贴，以增强本区域农业生产经营效率和农业整体实力，促进新的区域经济增长极的形成。科技及金融机构在产业化组织合作关系网络中也发挥着举足轻重的作用，为产业化组织发展提供必要的科技、资金等要素的供给服务。

　　自然资源禀赋是产业化组织组建的基础因素。自然资源禀赋是特色农产品生长的基础条件，围绕着区域特色农产品生产经营活动而形成的农业产业化经营组织很大程度上受制于区域自然资源状况。从经济学角度看，市场经济条件下，农业生产者符合"经济人"的假设，由于市场竞争压力的存在和追求利润最大化目标的驱动，迫使他们寻求最佳的投资方案。区域自然资源状况制约着农产品的种类与品质，与特定农产品生长相适宜的优质自然资源禀赋能够降低各类农业生产要素投入的成本，具有更强的产品比较优势，因而吸引更多的生产经营该类农产品的农户、家庭农场、企业等主体在该区域集聚，以实现各自追求经济利益最大化的目标。

市场需求拉动是产业化组织创建的首要因素。从市场经济发展现状来看，只有那些在市场上有持续且大规模需求的农产品，才能具有专业化、规模化、产业化发展的潜力，才有进行产业组织化生产经营的必要性。在我国各类农产品市场化程度不断加深的同时，国内外市场对农产品的需求也在变化，从而使得各种产业化组织模式得以快速发展。

通过以上分析可以看出，在农业产业化经营组织创建及发展的过程中，由于以上各类影响因素的共同作用，形成了区域特色优势农业产业，而各类相关农业经营主体通过建立合同契约关系，规定签约双方的责、权、利，组建产业化组织，形成了一种利益共同体。在产业化组织内农产品得以大规模的专业化生产，农业的产前、产后部门也得以聚集，产生强大的外部经济效应，带动组织内各类参与者的协同发展。一方面，大幅降低了组织成员间的交易成本；另一方面，发挥出规模经济与外部经济效应。由于产业化组织的吸引和集聚作用，使得其在生产经营该种优势农产品时实现了专业化、集约化和规模化，进而获得了更为显著的经济利益。

第六章

农业产业集群

随着社会进入工业化时代，各地出现了一些密切联系的工业企业集中在某一地区生产和制造的现象，一些经济学家就称这种现象为"产业集群"。随着人们对这些现象的进一步观察和研究，人们发现在第三产业、农业生产等多个领域，都出现了类似现象，因此出现了诸如农业产业集群等新理念。产业集群是众多经营单位围绕某个产业生产链，通过提升产品附加值而形成一个互相关联的利益相关者网络，是一个既分工又合作的共同体。通过集群式发展，能够借助集群效应使得集群内各类经营主体优势互补，发挥单个经营个体无法获取的竞争力。产业集群是现阶段区域核心竞争力的重要来源和集中体现，是市场经济背景下各产业发展到一定阶段的必然产物，对于农业产业也不例外。

农业产业集群是农村经济发展过程中的组织创新，是现代新型农业产业化经营组织的主要模式之一。农业产业区域集聚是在市场经济的作用下，相关农产品生产经营者在同一区域空间内集中生产、分工协作、资源共享，进而形成一个围绕特定农产品经营网络联系紧密的空间集聚体。从20世纪90年代，我国开始实施农业产业化经营战略以来，农业产业集群这种农业产业化经营组织模式也相应得到了快速成长与壮大。农业产业集群以某类特定农产品生产经营为核心，在一定区域空间内，集聚了众多相关的农产品生产者、加工者、流通者、销售者以及各类中介服务机构、科研院所等，从而实现农业生产经营的专业化与规模化，并塑造集群区域品牌，以获取独特的竞争优势。进入21世纪以来，在市场经济快速发展、对外开放不断深入、农产品市场竞争愈加激烈的背景下，农业产业集群也进入了跨越式发展时期，已经成为农业经济发展的新的增长极。2007年以来，我国中央一号文件连续提到要支持农业产业化发展，同时要求各级政府财政应逐步增加对农业产业化的资金投入，并积极培育壮大一批成长性好、带动力强的龙头企业，从而促进具有优势的农业产业集群快速发展。目前我国很多地区已经形成了一批具有特色、优势明显的农业产业集群，如云南斗南花卉产业集群、宁夏马铃薯产业集群、山东金乡大蒜产业集群等。实践证明农业产业集群能够提高对农业有限资源的综合利用效益，是推进农业现代化发展、增强农业产业综合实力的可行途径。

第一节 农业产业集群的相关研究

关于产业集群的研究由来已久，但主要集中于工业领域产业集聚现象的研究，与之相比，在集群研究中农业产业集群研究起步较晚且研究内容较少。随着现代农业产业及农业加工业的快速兴起，农业领域也出现了产业集聚现象，研究农业产业集群的学者也开始增多，逐渐成为区域经济学、人文地理学和农业经济学等学科的研究热点。由于国内外农业产业集群实践活动开展的时间尚不长，很多农业集群发展的并不完善，因此，专门针对农业产业集群的研究仍较少。由于农业产业集群的实践发展及理论研究均落后于工业集群，多数理论都是直接借鉴工业产业集群的相关理论，因此，为了探讨农业产业集群的发展，需要对其相关理论进行归纳整理，作为本研究的起点。目前国内外学者对农业产业集群研究仍处于初步探索阶段，特别是我国学者的相关研究主要集中于农业产业集群内涵界定、意义作用及形成机制等方面，宏观理论研究得较多，实证研究得较少。虽然也有部分学者对农业产业集群发展进行了典型个案研究，但也只是以表象现象分析及描述性研究为主，整体而言不够全面，仍处于研究的起步阶段，亟待相关理论研究加以完善。因此，对于我国农业产业集群的相关理论探索，尚具有很大的研究空间。

一、农业产业集群的界定

美国学者迈克尔·波特（1990）首次提出产业集群这一概念，之后其将产业集群定义为在特定区域内，具有竞争与合作关系的关联企业、供应商、相关产业的厂商以及行业协会等机构大量集聚，组成具有竞争优势的经济群体①。在此基础上，农业产业集群的概念被衍生出来。国外学者通常将食品加工企业

---

① 迈克尔·波特. 国家竞争优势 [M]. 李明轩，邱如美，译. 北京：华夏出版社，2002：149-151.

集聚现象或农业企业集聚现象称之为农业产业集群。国外学者对农业产业集群的内涵界定主要从集群组成部分及活动内容为出发点进行界定。例如，将农业产业集群界定为种植业生产集群、乳制品业集群、食品及饮料制造集群等，或者把农业产业集群活动概括为农业生产、农业支持、增值加工等方面。总体而言，由于农业生产的特殊性，国外学者对农业产业集群尚未有明确清晰且受到广泛认可的概念界定。

我国农业产业基础与国外以大农场为生产单元的农业产业发展具有明显的差异，由此农业产业集群的形成与发展状况也与国外有所不同。随着我国农业产业集群实践活动的逐渐繁荣，吸引了越来越多的学者对其进行研究，一些学者也从不同的角度对农业产业集群的内涵进行了界定。如，宋玉兰等（2005）认为农业产业集群是指在某一区域范围内，农产品生产基地与农业产业关联的大量企业及支撑机构集中在一起，形成具有互补性的有机群体①。郑风田等（2005）认为农产品区域品牌是产业集群发展的高级形式，并认为农产品区域品牌有利于探索我国传统农业产业集群突破当前的低层次发展的弊端向专业化、高端农业产业集群发展的转变②。尹成杰（2006）认为农业产业集群通常是指按照区域化布局、专业化生产、产业化经营的要求，相互独立又有联系的农户、涉农企业、龙头企业等在地域空间高度集聚，形成发挥农业生产比较优势的集合体③。

农业生产以有生命的动植物为对象，受自然因素影响大，生产过程呈现明显的连续性和周期性。农业产业集群与工业产业集群的明显不同，是由于与工业相比农业生产的特性引起的。一方面，农作物的生长受周围的气候、土质、水等自然条件的影响，不同的农作物和畜禽有着特定地域的农业自然条件；另一方面，农作物本身的特性决定了不同的生长周期。农业生产的连续且不可分特性，决定了农业生产过程难以再细分出专业化企业，也在一定程度上缺乏范围经济效应。例如，专业化的农业机械服务企业，可以从农业生产环节中独立出来，但多数同类农产品是在同一时间播种、收割等，农机服务企业通常会受到服务规模的限制，因而规模经济效应也随之受到一定的影响，同时，多数农

---

① 宋玉兰，陈彤．农业产业集群的形成机制探析[J]．新疆农业科学，2005，(S1)：205-208.

② 郑风田，程郁．从农业产业化到农业产业区——竞争型农业产业化发展的可行性分析[J]．管理世界，2005，(7)：64-73+93.

③ 尹成杰．新阶段农业产业集群发展及其思考[J]．农业经济问题，2006，(3)：4-8.

机具也有较强的资产专用性，不能同时适用于服务多种农作物的生产活动，使得农业机械服务企业获得的范围经济效应也有限。由此，农业生产的特性限制了农业产业垂直细分的程度，农业产业集群无法单独仅从农业生产过程衍生出来，因而农业产业集群的内涵界定也不能仅限于农业生产领域，其产业范围需要扩大到农业产前、产中、产后等相关产业领域。农业产业集群的界定只能从产业链延伸角度，将农业关联性产业与农业在一定地域空间上有机组合，从更大的产业范围界定农业产业集群。

通过对已有农业产业集群内涵界定的相关理论进行梳理和总结，并结合农业产业的特性和产业集群的共性，可将农业产业集群的内涵界定为：在特定区域空间内，围绕某类农产品生产基地，大量涉农相关企业及众多服务支撑机构互补合作且相互竞争，将农产品生产、加工及销售等环节联结起来，发挥产业比较优势，为取得整体竞争优势而形成的有机集合体。

二、农业产业集群的模式

随着我国乡村经济的快速发展，农业专业化、区域化、产业化趋势越来越明显，农业产业集群也在全国各地蓬勃发展起来，成为一种具有代表性的农业产业组织形式，但由于区域特色不同、农业产业种类差异、产业链链接形式迥异等，使得农业产业集群存在多种具体模式。国内学者根据我国农业产业集群的实践情况，从不同角度对其模式进行划分。刘春玲（2005）将我国农业产业集群分成五种基本类型：一是依托区域乡镇企业，在农村建立的农业产业集群；二是借助农业科技，建立的高科技农业产业集群；三是依托区域专业市场，建立的围绕特色农产品消费市场的农业产业集群；四是以农产品外贸出口为带动，建立的农产品外贸型农业产业集群；五是从大型农业加工企业衍生而成，建立的围绕大型农业龙头企业生成的农业产业集群①。向会娟等（2005）提出三种农业产业集群发展模式，即农业高科技园模式、中心企业型模式、市场带动型模式②。李文秀（2005）将农业产业集群分成：专业市场依托型、龙头企业带动型、中小企业聚集型、区域品牌联结型③。王青林（2008）在对国内不同地

① 刘春玲.发展我国农业产业集群的对策研究[J].科技创业月刊，2005，(6)：58-59.

② 向会娟，曹明宏.农业产业集群：农村经济发展的新途径[J].农村经济，2005，(3)：47-49.

③ 李文秀.农业产业集群的治理与升级[J].农业经济，2005，(11)：58-59.

区农业产业集群模式分析的基础上，依据集群产业经营活动的具体内容，总结出具有代表性的四种模式：特色种植业产业集群；养殖畜牧业产业集群；农副产品加工转化型产业集群；农业科技园区或农业示范区集群①。

三、农业产业集群的形成与演变

为了探索农业产业集群的发展规律，对其形成与演变规律的研究成为学者们的研究重点，并在一定程度上借鉴了更为成熟的非农产业集群的研究成果。郑风田等（2005）从产业演化的角度探讨了农业产业集群的形成机理，并从对比分析农业产业化和农业产业集群中探讨了农业产业集群演化的机理②。宋玉兰等（2005）认为农业产业集群由农业资源禀赋的差异诱导而成，农业相关产业企业间的合作需求是农业产业集群形成的内在驱动机制，规模经济和根植性形成的路径依赖在集群形成过程中扮演着较为重要的角色③。除此之外，我国一些学者研究表明我国大多数农业产业集群是在市场经济驱动下自发形成的，形成之后才受到地方政府的进一步引导和扶持，因此，自发演化与政府诱导在农业产业集群形成过程中均发挥重要作用。

关于农业产业集群演化路径目前主要有三种研究方向：一是从集群网络治理角度，整合集群内部优势，充分发挥集群技术溢出效应和集体创新效率，优化集群内部结构；二是沿着产业价值链治理角度，从外部联系及嵌入全球价值链方面，优化集群产业链；三是两者兼而有之型，充分利用农业产业集群内外部优势，从网络联系视角探讨集群演化发展路径。刘珂（2012）提出农业产业集群演化升级的实质就是集群系统创新能力的升级，要在整合各种生产要素竞争力优势的基础上，培育提高集群综合竞争力，集群创新网络的形成是集群演化升级的关键，因此，各级政府部门应把培育和促进集群内部创新网络建设作为促使集群升级发展的基本战略目标④。岳芳敏（2009）认为产业集群升级的归宿和目标是整体附加值的提升与市场竞争力的增强，产业集群升级的根本特

---

① 王青林. 基于价值链视角下的农业产业集群发展研究——以河南省鄢陵县花木产业集群为例 [D]. 西北师范大学，2008.

② 郑风田，程郁. 从农业产业化到农业产业区——竞争型农业产业化发展的可行性分析 [J]. 管理世界，2005，(7)：64-73+93.

③ 宋玉兰，陈彤. 农业产业集群的形成机制探析 [J]. 新疆农业科学，2005，(S1)：205-208.

④ 刘珂. 产业集聚区向产业集群升级的路径研究 [J]. 中州学刊，2012，(4)：53-55.

征在于创新，即通过创新获取更多附加值，从而提升集群在全球价值链中的区位优势和国际竞争力，因此，产业集群升级的目标包括产业集群整体附加值的提升、国际市场竞争力的增强、全球价值链中的位势凸显①。王娇俐等（2013）研究了产业集群升级的本质属性，认为集群升级的主体是企业，企业通过组织、技术、产品等创新活动，实现农业产业价值创造能力的攀升，其内在根本动力要素是集群创新知识网络结构的更新和不断调整②。

总之，各学科理论在用于研究集群形成与演化时趋于融合，部分学者从区域经济学角度探索农业产业集群的形成与演化路径，也有部分学者从经济地理学角度阐述其形成与演化，还有部分学者从社会学网络分析视角揭示其形成与演化，但总体上均得出，集群的形成与演化发展应嵌入全球价值链之中，加强集群创新以及与外部联系，优化利用各种生产要素资源。嵌入全球产业价值链能够为农业产业集群带来演变升级的机会，但要充分利用此机会则需要更加提升集群内部的创新能力，以创新推动集群的不断演化升级发展。

四、农业产业集群的效应

农业产业集群对区域经济发展的推动作用已得到广泛的证实，集群发展较为成功的地方，往往是当地经济发展的增长极，区域经济就更为繁荣，群众生活就富裕，建设小康社会的步伐就大大加快。采取切实有效措施，进一步促进产业区域集群发展，是加快城镇化进程、解决"三农"问题、保障社会就业，促进经济社会持续健康发展的重大战略选择。改革开放以来，农业产业集群是我国经济发展，尤其是区域经济发展的一大奇迹。归结起来，农业产业集群的具体效应主要体现的以下三个方面。

农业产业集群成为农区经济发展的增长极。集群经济能够产生集聚效应，集聚效应就是产业活动在空间区域上集中而吸引更多的要素资源向该区域聚集，形成一种向心力，成为促进区域经济快速增长的原动力。生产同类农产品的生产经营者在特定区域内聚集，由于地理空间的相近性，能够共享各项基础设施、公共信息服务体系、原材料供应链体系等，同时减少了交通物流、信息传播、人才流动等成本费用，也避免政府部门对公用设施的重复投资，实现了各方综

---

① 岳芳敏. 产业集群升级机制及政府的作用[J]. 广东商学院学报，2009，（1）：11-16.

② 王娇俐，王文平，王为东. 产业集群升级的内生动力及其作用机制研究[J]. 商业经济与管理，2013，（2）：90-96.

合效益的提升①。由于地缘集中，农业产业集群内农户、企业及各类服务机构更容易建立以信任与合作为基础的社会关系网络，产业分工更细化、经营管理更专业化，生产方式更柔性化，从而产生产业集聚效应、规模经济效应和范围经济效应，促使整个区域经济加速发展，成为新的经济增长极。

农业产业集群能够优化区域农业结构。种养殖业是农业产业集群的产业基础，农产品加工企业需要数量和质量稳定的原材料供给，因此，愿意为那些生产企业所需农产品的农户提供种苗幼仔、生产资料、技术服务等相关服务，这就促使了区域内其他农户出于获取更多利益的考量，也会参与该类农产品的生产活动，从而扩大了同类农产品在区域内的生产规模增大。越来越多农户参与同类农产品的生产，有助于形成具有一定规模的、专业化的特色农产品种养殖生产基地，改善区域农产品品种结构与品质结构，进而优化区域农业产业结构②。由于农业产业集群将众多生产经营同类农产品的经营主体集聚在一个区域空间内，也有助于形成具有规模的零售市场、批发市场、期货市场、劳动力市场，加速农产品市场与生产要素市场的繁荣，区域内的流通产业结构得以不断优化。

农业产业集群提高农业生产经营主体的竞争能力。集群建立起单个农业经营主体无法获取的产业竞争优势，集群内各经营主体相互合作又存在竞争，但又是利益共同体，能够共建产业链，提升整体对抗市场经济的力量。农业产业集群中流动着更多形式、更大量的物资、信息、资金以及劳动力，这些要素资源通过集群内合作关系网络，得到更有效的协调配置并相互融合在一起，推动整个农业产业链上各个环节有机结合，形成相互交织的网状结构，更加有利于各类生产要素资源的流通，提升生产效率，从而产生更高的集群经济效益。同时，农业产业集群内各个农业经营主体以集群方式共同参与外部市场竞争、共建集群品牌、共同创新，确保集群产品质量，提高集群各类主体市场竞争能力。

五、农业产业集群相关研究评述

通过对国内外农业产业集群相关文献资料进行简要梳理可知，根据产业集群理论的相似性，对农业产业集群的部分研究仍能够借鉴相对成熟的非农产业

---

① 于璐. 我国农业产业集群问题分析及对策［D］. 河南农业大学，2009.
② 高峰，杨国强，王学真. 农业产业集群对农业结构调整的作用及启示——基于寿光蔬菜产业集群的分析［J］. 经济问题，2007，（8）：67-69.

集群理论。具体原因如下：农业产业集群除了农业种养生产环节以外，也包含农产品加工、物流运输、销售推广等各个环节，因此包括了各类加工企业、物流企业、销售企业等非农经营主体，还包括了科研机构、中介服务机构、政府部门等服务主体，这些与非农产业领域的集群发展有很多相同之处。

作为产业集群的一个独立分支的农业产业集群，在实践发展过程中，展现出来的独特先天禀赋，地缘根植性、衍生性等特征，也造成了农业产业集群并不完全等同于非农产业集群，如果生搬硬套的完全使用非农产业集群的相关理论成果，则不能揭示出有实践指导意义的农业产业集群形成机制和发展路径。虽然当今许多学者对于非农产业集群发展路径的探索已获得一定的成果，初步勾勒出了集群形成机制与升级发展的基本理论框架，但是关于农业产业集群的研究则仍是集中于农业产业集群的概念、特征、意义及影响因素等这类基础的研究方面，并主要围绕着阐述农业产业集群是如何提高农业产业化发展程度和农产品竞争力的具体内容进行展开。因此可见，现有国内外的关于农业产业集群特征规律、形成机制与发展路径的研究仍十分薄弱。

综观已有文献，国内外众多学者基于经济学、地理学、社会学等视角对农业产业集群进行了研究，提出了一些有价值的理论和方法，取得了一些成果，也不乏真知灼见，有参考借鉴价值。但就整体而言，国外产业集群理论研究方面相对较为成熟和完善，但受限于研究对象的特定化，对我国农业产业集群的解释能力有限，研究成果的应用范围受到较大的限制；同时国内关于农业产业集群研究起步较晚，虽有一定成果，但还没有形成完整研究系统。这些国内外成果为研究我国农业产业集群发展路径奠定了基础。但总体来说仍存在一些局限性：

（1）研究内容上，缺少成熟而完善的理论框架用于分析农业产业集群发展路径。通过对产业集群相关文献的梳理可知，对集群形成机制的研究也多以发展良好的工业产业集群为研究对象，集群内企业已形成了良好的组织网络关系，完善的制度和技术创新，但忽视了对农业这样特殊领域集群演化发展路径的深入研究。农业产业集群的理论研究内容则更少，多数理论研究成果仅从政府行为、集群经营、技术创新等某一侧面阐述农业产业集群的发展状况，很少系统地分析农业产业集群形成与演化路径。通过关注农业产业集群的形成发展路径，并把创新"嵌入"整个集群升级过程中，探究集群内各类行动主体在集群演化发展中的相互作用关系，以及如何推动农业产业集群发展等方面进行研究，这将对推动农业产业集群形成与演化发展具有重要的理论和实证研究意义。

（2）研究领域上，已有的产业集群的相关研究多集中于制造业、高科技领域的集群发展方面，而对农业领域集群演化发展路径的研究较少。实践活动及理论研究表明，农业产业集群同样具有产业集群的本质特征，具有天然的集聚性、地域性和本地根植性，其集群创新升级路径具有一定的独特性。将非农产业领域的集群发展理论应用于农业产业集群的研究，能够为探索农业产业集群演化发展规律提供借鉴。

第二节　中国农业产业集群发展的主要特征

近年来，全国各地均积极利用国家推动现代农业发展的战略机遇，不断提升农业产业化水平，已经初步形成了一批具有一定规模和优势的农业主导产业，出现了一些不同类别的农业产业化集群，而农业产业集群的形成与发展进一步拓宽了农业产业化经营的领域，成为一种新型的产业化组织模式，且具有特色鲜明的特征。

一、农户是基础单位

我国农业生产是以家庭联产承包制为基础的，因此农户仍然是农业生产经营过程中的最基本元素。农业产业集群是围绕同类农产品生产经营活动的经营主体在空间上聚集而形成的农业产业化组织方式，集群经营核心产品是特色农产品，农产品的生产者主要是农户，因此农户是集群的主要原材料供给者，处于集群产业链前端和基础位置。农户也是集群的第一生产车间，其生产能力的大小及其生产的农产品数量和品质直接影响着集群内农产品加工企业和相关产业的生产及效益。与此同时，参与集群的农户也是集群中其他涉农企业和组织机构服务的对象，众多农户参与其中是集群保持旺盛生命力的前提。因此，作为农业生产活动基础单元的农户在农业产业集群形成过程中起到了关键的支撑作用。

由于农业生产独特的生物属性及现阶段农业现代化发展水平的制约，加之我国多数农区土地生产经营碎化特征明显，使得当前我国很多农区的具体的农业生产活动由农户从事，而不是企业，在农业集群中起关键作用的也是农户。

然而普通农户往往处于农业价值链的最低端，是农产品最为直接的生产者，集群农户的技术水平、生产能力、规模程度等状况对农业产业集群的整体实力具有直接影响。针对我国多数农区仍处于传统农业发展阶段、农业现代化程度不高，农户仍是农业生产经营的主力，提高农户农业生产经营的积极性和生产的技术水平，为农业产业集群发展提供基本保障。随着农业产业集群的不断推进，农户能够从集群发展中获得更高的收益，因此，具有推动集群发展的动力，以往农户间独立的利益关系随着集群的发展变成了共同的利益关系，农户已经以一种自觉自愿的状态参与到农业产业集群发展过程之中。

二、以龙头企业为带动主体

农产品的生产者大多数是小农户或家庭农场，它们在大市场面前普遍实力偏弱，难以担当组织农业产业化经营的重任，政府服务职能决定其不可能成为经营主体。只有那些具有自主经营、自负盈亏、自我约束、自我发展能力的农业龙头企业，可以通过自身实力吸引更多关联企业及农户与之产生合作关系，并与其合作者建立起有效的利益共享、风险共担、合作共赢等机制，从而将区域内众多农业经营主体联结起来，实现农业集群式发展。因此，当前我国农业产业集群很多是由龙头企业带动发展而形成的。由大型农业龙头企业带动，众多农户和中小企业围绕着龙头企业进行原材料供应、产品仓储及运销等相关活动，从而加速农业产业集群的形成。

龙头企业带动发展起来的农业产业集群，通常是以一家或几家大型农产品生产加工企业为核心、其他为数众多的相关小企业和农户为产业支撑而不断发展壮大的。龙头企业负责向集群地以外的市场提供产品，其他数量众多的中小企业和农户围绕龙头企业开展生产经营活动。龙头企业将分散的企业经营与统一的市场对接起来，增强了企业进入市场的能力，集群内的涉农企业通常包括各类原材料或半成品供应商、成品生产制造商、销售商、各种形式的企业服务商以及其他相关互补组织。这些涉农企业的规模无论大小、所有制性质如何，它们都是集群网络中最重要的经济单元，是价值活动和经营活动最直接的行动者，是集群关系网络的重要节点。

龙头企业为了自身收益的不断提高，愿意为农业产业化发展提供资金、人力、物力等要素资源投入，在研发新技术、生产新产品过程中投入更多资源，以优质的商品占领市场，收获更高额收益。龙头企业作为农业产业集群的核心，往往有实力建立产品技术开发中心，加快新技术、新工艺、新产品的研制开发，提高特色农业产品的技术附加值和市场竞争力；龙头企业更能够成为沟通产销的媒介，扩大销售队伍和销售领域，有助于推动市场体系的完善。同时潜移默化地带动其他经营主体参与集群发展活动，而最终集群生产的产品主要通过企业进行市场化的推广，满足顾客越来越多层次的市场需求，进而实现集群发展的价值提升。

龙头企业是集群的核心建设者、重要的组织者。龙头企业通过建立基地，将分散的农户组织起来进行规模化生产和集约化经营，较好地解决了由于分散化经营所产生的效率低下、抵御市场风险能力差的问题。随着生产规模的扩大，其他地方的资金、技术、人员也逐渐向本地靠拢，其他相关企业为了追求该区域农业资源优势，逐渐向该区聚集，当地政府机构和一些组织也开始提供各种设施和服务等，由此集群开始形成，一方面帮助农户解决了销售难的问题，另一方面增加了农产品的附加值，使农户获得了更大的收益。

以龙头企业带动发展起来的农业产业集群，其发展规模、实力大小、转型升级，主要依赖于集群内龙头企业的综合实力，及其具体的产业辐射带动能力。从当今农业产业集群发展的实践活动情况来看，多数农业产业集群的集聚程度还不够密切，集群内分工协作体系还不够健全，各类相关主体之间在功能上合作联系并不紧密。而龙头企业对集群内相关主体的辐射带动程度直接关系到集群发展的规模，实力雄厚、规模庞大的龙头企业对集群的带动能力极大。

三、以农产品区域品牌为纽带

由于农业科技的不断进步和农产品市场化进程的加剧，部分农产品供大于求现象明显，更好地销售农产品成为许多农区面临的首要问题。有些学者将品牌作为销售产品的关键，多数消费者也将品牌作为衡量商品价值尺度的重要方式，因此，良好的品牌形象成为增加农产品价值的重要途径。农产品和其他商品一样已进入品牌竞争时代，品牌是农产品市场竞争的起始点和落脚点，品牌知名度和影响力已经成为评价产品核心竞争力的重要标准之一。作为品牌表现形式之一的农产品区域品牌能够加强农户之间的合作，资源共享，增强农户在市场上的讨价还价能力，形成规模经济效应，增加农户收益，提升整个农区经济发展水平。

农产品区域品牌的含义与原产地名称、地理标志、集体商标、证明商标、货源标记的含义既有区别又有联系。后几个品牌标识都是由特定的法律制度所界定，而农产品区域品牌的内涵特征在我国还没有正式的法律支撑。目前在我国农产品区域品牌建设与发展的实践活动中，其内涵特征既表现为农产品地理标志，也表现为农产品的集体商标或证明商标，还表现为由地区内农业龙头企业的知名企业品牌所带动的区域标识。与企业品牌相比，区域品牌具有更为突出的优势，是集群内产业规模、产品市场占有率、质量等的综合体现，蕴含着独特的当地文化和地域特色，代表着一个区域农产品的形象，是产品走向市场的名片。通过区域品牌的塑造，可以扩大产业集群的知名度和美誉度，提升市场竞争的软实力。

农业产业集群形成与发展规律与其他非农集群一样，遵循由小到大、由点到面、从分散到集中的成长路径。以农产品区域品牌为纽带，各类农业经营主体充分利用地理资源优势而集中在特定区域生产经营，进而形成农业产业集群。在其成长过程中，区域外优势要素资源的流入是一个决定性条件。而知名的农产品区域品牌，能够加速吸引各种社会资源在本区域内集聚，如资本、技术、人力等资源，这对集群凝聚力的形成非常重要。在受到农产品区域品牌经济利益的诱导下，越来越多的该类农产品相关产业在该区域内聚集，农产品产业链被不断延伸拓展，形成融合产加销为一体的区域品牌农产品产业体系，区域内各类相关产业经营主体相互合作成为联系紧密的产业网络，各类涉农企业在集群中搭建起合作关联的企业网络。这必然会吸引相关产业的配套企业以及中介服务机构和专业技术人才在区域内聚集，进而集群规模随之扩大。随着人口的集中和各类经营主体的集聚，带动区域内供水供电、交通运输、通讯通信等城镇基础设施建设。在农产品区域品牌的带动和农业行业协会的协调下，集群内企业还可以从有利于产业集群长远发展角度出发，优势互补、分工合作、协调分配各类生产要素资源，建立良性伙伴关系和有效竞争秩序，使集群内各经营主体获得协同效应，实现区域经济可持续发展。

农产品区域品牌是集群内各类经营主体可以共享的无形资产，利用品牌价值可增强集群整体的竞争优势，使集群产品在市场竞争中有能力持久保持更高的相对价值。农产品区域品牌的影响力和吸引力能促使更多的相关企业和优势资源要素向区域内聚集，巩固和强化农业产业集群的市场地位，农产品区域品牌的塑造有利于农业产业集群的持续良性发展。与此同时，农业产业集群也是维护农产品区域品牌价值的重要载体，直接反作用于农产品区域品牌形象的塑造。农业产业集群通过专业化分工协作，实行标准化管理，提高产品质量，形成规模化生产，为区域品牌农产品质量提供了保障。农业产业集群内各主体通常共用营销策划、营销渠道、营销机构等，树立区域品牌的优势，降低销售费用、扩大知名度、提高议价能力，产业集群使得其所在区域的产业竞争力增加，树立起该产业的"区域品牌"，不仅使集群内每个经营主体都受益，而且区域品牌比单个企业品牌具有更广泛的品牌效应。

农产品区域品牌作为区域农业产业品牌的总代表，在发展区域经济、扩大区域农业产业集聚程度等方面都发挥着巨大作用。农产品区域品牌的发展既得益于区域农业产业集聚优势，反过来也有助于区域内农业生产经营主体拓展销售渠道、提升产品销售价格以及产生协同效应。具体而言，农产品区域品牌对区域、农产品经营主体所带来的经济效应主要体现于区域品牌的集聚效应、内敛效应以及刺激效应①。

农产品区域品牌所带来的集聚效应能够吸引更多的相关农业产业资本、技术和人才等要素资源在特定区域内集聚，随着集聚规模的增加，将会产生规模效应、创新效应等，这些效应降低了区域农产品生产经营成本、提高了效益水平，形成了区域空间吸引力，反过来又强化了相关农业产业在特定区域的集聚程度。

农产品区域品牌的内敛效应能够增强区域内相关农业产业经营主体的凝聚力。品牌可以形成一种品牌文化，营造良好的产业氛围，使得区域内相关经营者产生荣誉感，进而激发其共同维护品牌形象的热情。品牌的内敛效应使得品牌价值得以不断提升、区域品牌文化得以升华。

农产品区域品牌的刺激效应是品牌形成后对区域农产品经营主体及地区经济的发展具有激励拉动功能。在区域品牌成为名牌后，对产品销售、生产经营扩张均有刺激效应，带动农产品经营者不断改进产品质量、提高产品产量，通过维护区域品牌形象获取更高利润；同时也能更加引起地方政府的重视，营造更好的制度环境，共同促进农产品区域品牌的培育与发展。

具有一定知名度和影响力的农产品区域品牌在建立消费者对集群内同类产品的认可和忠诚度方面显得更为重要。农产品区域品牌的塑造与维护，相当于为区域内的农户、企业、机构等相关利益主体建立了一个区域形象平台。区域

---

① 陈方方，丛凤侠.地域品牌与区域经济发展研究[J].山东社会科学，2005，(3)：124 -126.

品牌与单个企业品牌相比，抵抗风险的能力更强，受到地方政府的重视程度更高，整体价值更大，具有更为持久的品牌效应，使得区域内相关经营主体获得更大的收益。以区域品牌为纽带而形成的农业产业集群，更注重品牌战略的实施，不会片面追求简单粗放式的规模扩张方式，而会逐步将重心转移到追求技术进步，提高产品质量的内涵型发展方式上来。农产品区域品牌能够促进传统集群增长方式和竞争模式的改变，由仅重视规模的扩大逐步转向重视质量的提高，由产量竞争逐步转向品牌竞争，从而推动农业产业集群升级，转变发展模式。

四、鲜明的本地根植性

根植性这一理论源自经济社会学的研究成果，其具体内涵是指各类社会经济行为深深嵌入于复杂的社会关系之中。农产品的生物属性以及其自身蕴含的农耕传统文化底蕴，决定了农业产业集群更具有地方根植性。各地的农业生产经营往往都有其独特的历史文化根源，这就决定了农业产业集群也同样具有很强的地域根植性。有些学者经研究认为"根植性"是农业产业集群的根本特性，其中区域内各类特征明显的资源禀赋就是"根植性"的"根"。

就自然资源禀赋而言，农业产业集群的形成与升级发展与其区域内的自然禀赋紧密相关，而因为农业的生物属性，使得这种自然资源禀赋很难被完全复制或模仿。就社会资源禀赋而言，一方面，农业生产具有很强的社会传统特征，是其区域历史文化传承的产物。农业经营主体的生存和发展通常是通过地缘或血缘、亲缘等关系与其他经营主体建立相对稳定的经济联系，这种特征决定了农业产业集群需要根植于当地的传统文化之中；另一方面，农业生产经营往往是以地缘乡谊、血缘姻亲或业缘为纽带形成的生产经营关系网络。以农户合作经济组织为基础，以地缘乡谊等为联结而生成的农业产业集群很大程度上受到当地社会文化环境的控制和引导，这种具有明显地域特色的社会文化氛围则难以被模仿或复制。除此之外，当新技术、新观念、新制度、新管理模式等引入到区域内，如果不能被有效地消化吸收，就很难真正在本区域根植下来，更无法以此为基础激发自主创新能力，从而无法生产出具有持续性特色优势的农产品。总之，具有竞争优势的农业产业集群通常拥有悠久的种养殖根基，且能够在特色鲜明的本地根植性基础上，不断进行各种创新活动，使得集群充满活力。具有地缘、人缘、业缘等深厚的地方根植性的农业产业集群容易形成稳固的联系，促进社会资本增加，增强合作创新能力，对区域内非制度性规则的形成起着重要作用，也推动着农业产业集群的快速成长。

正是因为农业产业集群内各经营主体具有相似的产业特征和地域根植性、地理上相互接近等特点，因而更有利于各经营主体之间实现便捷的生产要素流通、集体学习、知识创新及制度创新等，实现集群内部各类资源有机整合，这种有机整合造就了集群整体效益要远大于单个经营主体分散经营的效益之和。借助地方优良的地域根植性，特色农业产业集群内各类企业之间、家庭农场与企业之间、农业合作组织与企业之间、农户与服务机构之间等各类经营主体间形成诚信合作、相互依赖、共同发展的良性关系，最终实现集群发展的稳定性。

第三节　农业产业集群升级发展路径

但是从整体上看，与传统工业型及科技型产业集群相比，农业产业集群发展速度仍较为缓慢、综合实力偏弱。农业产业集群作为农业产业化组织发展的主要演化方向之一，在演化发展过程中也遇到诸多问题，如规模不大、价值链较短、恶性竞争、协调能力低、创新能力不足、制度环境缺失、集群治理不完善、农产品精深加工程度和附加值较低等。这些问题在集群发展过程中凸显出来，将可能导致农业产业集群陷入低端锁定困境甚至衰退消亡。唯有推动农业产业集群不断演化升级发展，才能克服这些困境，实现农业产业集群持续发展。因此，在未来相当长的发展时期内，研究农业产业集群发展路径，促进其演化升级发展，仍将是十分必要和紧迫的任务。对于指导各级政府制定农业产业集群发展战略和政策，克服农业产业集群走向低端锁定和衰退，形成以创新为特征的动态竞争优势，具有十分重要的指导意义。

一、集群各主体间的网络链接

通常情形下农业产业聚集是以农产品作为核心，围绕着农产品生产经营获取各自利益的一种产业集群类型。农业产业集群是由众多利益相关者组成，其具有多向关联性、多元共生性特征的产业组织结构。集群内部包含企业、政府、行业协会、高校/科研机构、金融机构、法律机构、物资供应部门、网络平台、中介服务机构等相关利益主体。因此，农业产业集群的参与主体是复杂而多样的，具有异质性。异质性的利益相关者在集群形成与运营过程中均发挥着各自的作用。集群成员加入集群的根本动机是利益，如果利益协调机制设计得合理，那么即使没有外力的约束，集群成员也会做出有利于集群的行为，因为一个好的利益协调机制能将集群成员的利益和集群的整体利益有机地统一起来，一个好的利益分配机制要具有自动实施的特征，即如果利益机制设计得合理，那么集群成员即使按照自身利益最大化来行动，也能实现集群价值的最大化。集群内各行动者之间的经济关联都是被某一共同的利益诉求而联系起来，如果不能形成共同的利益诉求，集群这一组织类型很难维持其内部成员之间长久而稳定的合作关系网络。因此，如果要推动农业产业集群的发展，就必须使参与到这个合作过程中的相关主体均能从中获益。这样的获益机制一经建立，则奠定了农业产业集群赖以维系和发展的利益基础。但是，农业产业集群内各相关主体有不同的获益来源，各主体获益的标准也不一致，因此集群内部各主体的合作方式及合作内容也不尽相同。

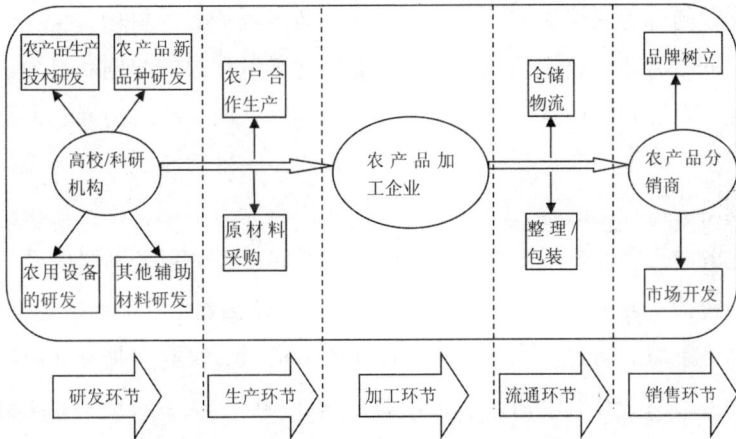

图6-1　农业产业集群的业务网络链接

　　围绕农业经济活动的发展，由于共性和互补性，一定数量的农产品加工企业会出现在一定特定区域范围的集聚，以农产品加工企业为主体，在农业产业链的上游环节会出现大量农户合作化的经营和生产，主要为企业提供大量农产品加工所需要的原材料，而在农产品的下游环节则出现大量的经销商，主要将农产品通过各种渠道销售到市场中去。而在农业产业链的上下游环节，还会出现农业生产相关辅助的企业和支撑性机构，如为农产品生产提供技术支持的农业科研机构和高等院校，主要涉及农产品新技术的研发和农用机械工具和设备的研究和开发。围绕农产品的包装、仓储和运输也会产生大量专业化的农业流通企业，为农业产业链的下游环节提供物流配送的相关支持。这种围绕农产品生产和加工而促进相关要素的汇集就是农业集聚式发展的表现（见图6-1）。

二、集群合作创新网络的层次

随着集群内部农业产业链健全和合作网络的不断发展，各类涉农服务产业进一步细化，对合作创新的需求也越来越迫切，以推动集群创新升级发展。尽管一些具体的创新项目仍是有单一企业独立进行的，但是整个集群创新活动已经演进成整个创新网络共同支撑的整体性经济行为。在特定的地域空间内，集群内各个创新主体在协同创新过程中，相互影响而共同建立起多种多样的、相对稳定的、正式或非正式的关系总和，该关系网络能够增进整个集群创新能力，这就是集群创新网络。集群创新网络中的创新主体是在创新驱动体系中决定创新资源配置的行为主体，包括参与经济和创新过程的各种机构、组织，是人们参与经济创新活动的载体和平台。创新主体有意识有目的的创新行为，促进了资源的优化配置和经济体系的有序运行。创新活动网络范式的兴起，使得创新的活动范围脱离了单个企业和机构而走向开放，使得创新活动成为各种行为主体协同创新的过程。创新主体的创新动机和创新能力不同，在创新驱动中发挥的功能也各异。由各个创新主体互相作用而搭建形成的创新网络体系，其基本构成要素包括由各类创新主体担当的网络结点、连接各结点而形成的关系链条、沿着关系链条而流动的各种生产要素及其创新资源。农业产业集群创新网络结点主要指各参与主体行动者，包括涉农企业、科研机构、农户、金融机构、中介服务机构、政府及公共部门等。其中，各类企业往往是集群创新发展的主要牵头者和受益者，因而也是集群技术创新网络体系的核心；科研机构是创新技术及知识的提供者，是创新网络体系的重要参与者；广大农户是科技创新等集群创新成果的主要使用者和推广者，也是创新网络体系的重要组成部分；中介机构等服务机构是连接企业、科研机构、政府的纽带；政府在创新网络体系中发挥着宏观调控作用。

集群创新网络中农业产业链上的横向相似性也使得许多创新成果可以在多个主体间引起连锁协同效应。而在农业产业链上的纵向关联性则表现为在特定程度上推动了创新成果在农业产业链上下游之间的扩散传播。随着农业集群各主体开展创新的目的与具体程度的不同，其参与农业产业集群化生产经营活动也是动态变化的。

农业产业集群创新网络独特的组织结构促使了网络内各行为主体拥有更为明显的开放性和灵活性。这种特性使得整个农业产业集群创新网络成员能够根据自身对创新内容所需的具体情况随时采取不同的行动。集群内各类行动者将自己的创新需要链接进入创新网络之中，促使各行动者之间的交流与互动，不断推动新的创新内容的产生，使得整个农业集群创新网络处于不断动态演进发展之中。

科研机构不但提供各类知识科技创新成果，还能够针对农业产业集群进行相关理论研究，且研究深度和广度都不断增强，对产业集群发展的推动作用也愈加明显。同时，集群内的各类涉农企业因为长期分工协作与沟通交流，形成了相互信任的关系，企业间信息、技术、知识、经验的流动丰富了区域性知识库，使得农业产业集群内部的创新活动比集群外更具有活力及比较优势。集群内依赖龙头企业和科研机构而搭建的强有力的知识和技术支撑平台，加快了集群内农产品新品种的开发、加工产品技术性能和工艺的改进，使得二者在价格和质量上都保持着较强的竞争优势。区域内各经济决策主体，包括农户和农户、农户和企业、企业和企业、政府和农户、企业之间的联系十分普遍，形成了建立在各种正式和非正式的交流活动之上的既独立、完整又彼此影响、相互促进的交易网络、技术网络和社会网络结构，也显现出农业产业集群创新网络的层次（见图6-2）。

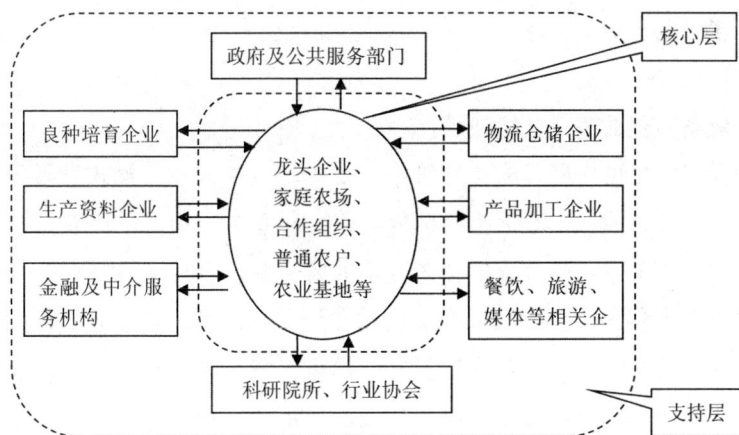

图6-2　农业产业集群创新网络的层次

农业产业集群创新网络运行过程中涉及两个主要的层次——核心层和支持层，处于各个层次的各类主体均是集群内部的多元利益相关者，其中任何一个利益主体都对农业产业集群的发展产生重要影响，又对整个集群发展有着不同的利益诉求，只有其利益诉求通过集群创新升级发展过程中得到满足，其才能更为有效地影响集群创新升级活动的持续产生。农户希望通过集群式农业发展获得更多的收入，消费者希望通过农业集群获得更优质的农产品及农产品加工产品；涉农企业通过集聚创新升级获得更强的创新能力，进而实现创新推动的竞争优势的提升；地方政府通过支持农业产业集群创新升级发展可推动地区劳动力就业率的提高，带动整个区域经济水平的升级发展，增加财政税收等；其他集群创新网络内的利益相关者则希望借助集群创新能力的提升获得各自相应的利益需求。因此忽视任何一方利益相关者的利益需求，都不利于集群创新升级活动的持续健康发展。如何借助集群创新网络间各行为主体的利益联结关系，处理好集群内部异质性多元利益相关主体间的利益分配与互惠共生的关系、形成良好稳定创新网络，是农业产业集群创新升级发展面临的最重要的挑战。

科研院所、行业协会、金融及中介服务机构、旅游餐饮媒体企业以及政府相关部门等支撑性机构对农业产业集群的有效运营起着辅助支持的作用。政府部门是农业社会化服务的主要供给者，除了提供各种基础设施外，还通过规定各种制度、颁布各种政策直接创建了制度环境与政策环境。科研院所、行业协会、金融及中介服务机构、旅游餐饮媒体企业等相关主体，为农业产业集群发展提供了必要的产业支撑环境，确保集群健康运营。

三、集群内聚式演化升级路径

在农业产业集群内聚式演化升级中，集群从散点式经营模式发展为网络化经营模式，龙头企业、中型企业、小微企业、家庭农场和大量小农户形成非常紧密的生产合作关系，产业分工和产业链非常完整，合理的网络结构和有机的网络关系有利于利用式技术的吸收、扩散和运用。但是，过于同质化的产品类型，也可能导致恶性竞争，造成集群内耗严重。中小经营主体的升级发展侧重在工艺升级和产品升级两方面，利用式技术已形成一定的路径依赖。龙头企业"熊彼特式创新"的利润来源需要依靠配套中小经营主体的低价格产品或服务来实现，这会挤压中小经营主体的生存空间。特别是一些大中型企业也和中小经营主体同质竞争，产业生态受到严重威胁。因此，集群技术创新需要从过于依赖外部引入式创新，向龙头企业与农业中小经营主体协同创新方向转变，加强集群内集体学习氛围与自主创新能力的培养，并将集群创新发展嵌入全球价值链之中，促进集群创新体系的转型升级演变。

农业产业集群创新升级路径具有很强的地方嵌入性，只有地方内具备一定基础条件，农业产业集群才有创新升级的可能性。这些基础条件具体包括拥有以信任为基础的较为稳固的社会关系网络结构，只有在这种社会关系网络紧密的情况下，农户、企业合作等集群内行动者之间博弈行为才更容易产生合作共赢的结果，再加上地方政策支持、特色农产品产业基础等初始因素的有利影响。农业产业集群创新升级过程中农业合作组织和农业龙头企业凝聚普通农户产生农户联合生产经营网络，是以信任为基础的心理契约关系和以经济活动为基础的经济契约关系共同作用的。在农业产业集群生产活动中，由于单个行动者经营业务能力的不同，合作关系使得部分交易成本内部化，同时在集群行动者合作运营过程中又深化了这种分工活动，促进了农业生产经营效率的提高，从而推动了整个农业产业集群创新升级能力的提升。在农业产业集群升级发展过程中，随着集群内社会关系网络的不断扩张，其社会心理契约关系会有所降低，但经济契约关系会不断规范，农业产业集群空间范围也将逐步向外扩张（见图6-3）。

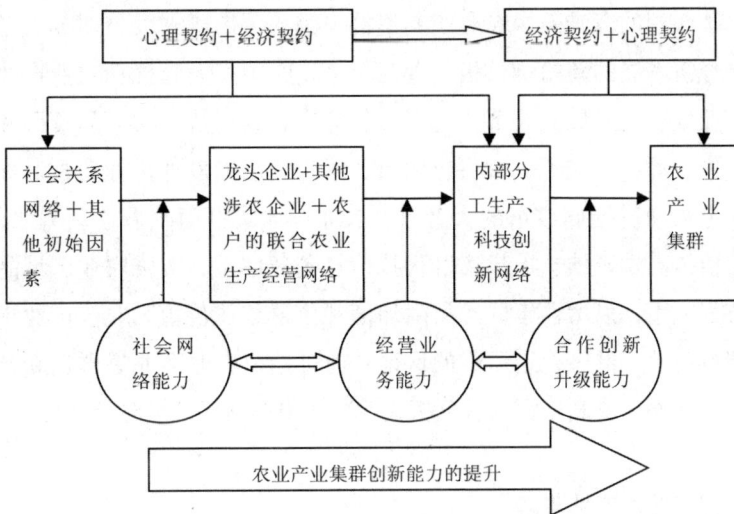

图6-3 农业产业集群创新网络内聚式演化升级路径

除此之外，品牌运作处于全球价值链附加值最高的环节，是提升产品价值的无形资产。多数农业产业集群受限于自身"小而弱"的特点，缺乏品牌意识，进入门槛低、产品质量差、市场竞争混乱等情况阻碍了产业集群的发展步伐。而区域品牌的创建就是帮助农业产业集群脱离低层次竞争并最终形成竞争优势的重要途径。区域品牌一旦形成，集群企业生产的差异化产品将会受众于更多消费群体，产品附加值的提升帮助集群企业走出廉价同质竞争的低端层次，向产业链高端演进，实现农业产业集群价值链的功能升级。由于农业产业集群创新升级是由利益相关主体，以发展需求和各方的共同利益诉求为基础，以提升农业产业创新水平为目标，在特定区域内达到联合开发、优势互补、利益共享、风险共担的一种过程。因此，整合推动农业产业集群创新升级的利益相关行动者共建行动联盟网络，塑造农产品区域品牌，增加集群产品的品牌附加值，这是集群品牌创新升级的方式之一，也是增强产业集群核心竞争力的有效途径。

第四节　农业产业集群升级发展的实证研究

自 20 世纪 80 年代初开始，农业产业集群开始在我国部分农区零星萌芽。进入 21 世纪以来，在市场经济快速发展、农业产业化进程不断深入、农产品市场竞争愈加激烈的背景下，农业产业集群也进入了跨越式发展时期，已经成为我国农区经济发展的新的增长极。近几年来，在国家大力推动农业产业化经营和农业产业集群化发展的政策支持下，各地充分利用特色农产品资源和协调配制各类要素资源，形成了一批特色明显、优势突出的农业产业集群。立足当前我国乡村振兴和供给侧改革的大背景，农业产业集群面临着创新升级的压力，需要向价值链高端延伸、构建集群科技信息创新体系、实施农业区域品牌战略升级等方面入手，以增强集群产品附加值和集群整体价值。农业产业集群升级发展是集群持续、健康稳定运行的保证。通过选取农业产业集群创新升级发展较为典型的案例，有利于深层次剖析农业产业集群创新升级路径及规律。

一、鄢陵花木产业集群

1. 鄢陵花木产业集群发展概况

鄢陵县位于河南省中部地区，地理位置优越，交通便利，运输网络四通八达，拥有与周边县、市进行广泛经济文化交流与合作的显著地缘优势。该地地处黄河冲积平原，地势平坦，土层深厚，其中70%的土地非常适宜于花卉的种植，现有耕地面积6.6万公顷，其中花木面积达到4万公顷①。鄢陵县自然环境优越，全年雨量适中，降水、光照、热量等气候资源丰富，是我国北方气候型与南方气候型过渡的典型区域，是"南花北移、北花南迁"的重要培育基地，具有发展花木种植业的天然优势。如果将一些生长于南方的观赏花木移植到北方，只需在鄢陵培育1~2年，就提升10%~15%的存活率。

鄢陵花木种植传统悠久，可追溯到唐代，素有"花都"之美称。在国家有关部委和省市有关部门的大力支持下，鄢陵花木产业得到了蓬勃发展，已建成沿311国道18公里长的花卉长廊，初步形成了标准化、系列化、规模化、专业化的生产格局，形成了以大叶女贞、美国红栌、北海道黄杨、玉兰等为主的绿化苗木产品群；以蜡梅、蝴蝶兰、羽衣甘蓝、万寿菊等为主的盆花盆景产品群；以康乃馨、百合、绛桃、红梅等为主的鲜花切花产品群；还有以地被石竹、马蹄金等为主的草皮草毯等产品群，这四大花木产品系列，品种达到2400余种。各类花木生产品种、规格齐全，能够满足各种园林绿化工程施工的需求，产品畅销全国。

鄢陵县目前拥有北方花卉集团有限公司等20多家花木龙头企业及花木生产、加工、运销等2000余家各类花木相关企业；具有鄢陵诚信花木合作社、鄢陵绿州花木专业合作社等农民合作社500余家②，从事花木生产经营的专业户、重点户、农场主等1.2万余户，形成了100多个各种类型的花木专业交易市场，便于随时进行各种花木的市场交易活动。同时，鄢陵县还每年在中原花木博览园召开一次"花博会"，吸引全国各地园林公司、花木批发企业、花木销售企业等前来交流与合作。近年来，鄢陵县已建成鄢陵农业信息网、鄢陵花木网、鄢陵花博会网等网站，及时发布苗木市场行情、花木价格、种植技术等相关信息，为鄢陵花木在互联网上交易提供了便利的交易平台，各类花木销售企业及销售经纪人也积极利用互联网科技进行网上交易，网络基本上已成为一种被认可的很重要的工具。

鄢陵的花木产业集群已经形成了包括花农、物料供应商、生产加工商、储运商、销售商、农民专业合作社、农业协会等在内的网状产业经营链条，并且

---

① 鄢陵县概况［EB/OL］. http：//www.xclz.gov.cn/sitesources/xclz/page_pc/xsqjw/ylx/xxgk/qt/articleb198e747e0ba465f99f3c507d61dcab9.html.

② 王汀. 鄢陵县现代农业发展现状、存在问题及建议[J].河南农业，2018，（9）：6-7.

已显示出了一定的竞争优势。鄢陵花木产业集群已经成为我国最大的花木育苗、种植、加工、销售等活动的重要集聚地，先后被国家林业局、中国花卉协会等官方权威部门或机构授予"中国花木之都""中国花木第一县""全国花卉生产示范基地""全国重点花卉市场""中国蜡梅文化之乡"等荣誉称号，集群品牌知名度不断提升。鄢陵县以经营各类花木项目为载体，以生态农业建设为平台，逐渐形成了以花木产业集群为引领的县域特色经济综合发展道路，该发展模式已经正式被河南省政府确定为"鄢陵模式"。

2. 鄢陵花木产业集群升级发展路径

鄢陵花木产业集群之所以能够形成并得到快速发展，是多方面因素共同作用的结果。

首先，龙头企业的带动。鄢陵各类花木经营龙头企业的带动，是推进鄢陵花木产业集群不断创新升级发展的重要力量。鄢陵县积极培育、壮大龙头企业，并通过各种方式组建或引进花木经营企业，如以招商引资的方式，引进一批花木经营企业在鄢陵花木产业集群内扎根发展，不断提升花木产业化经营水平。先后引进北京九洲、上海花都、安徽经天、浙江萧山园林、甘肃酒泉园林、郑州鑫地等家知名企业入驻鄢陵县名优花木科技园区。各类花木龙头企业加大研发力度，并在种植高附加值的产品研发和应用上，进行了差异化发展，对集群发展起到了良好的带动作用。鄢陵县政府还对生产规模大、科技含量高、种植品种新的花木企业进行重点扶持，以加速花木龙头企业的形成。鄢陵县在对花木龙头企业培育方面，坚持、采取"谁有能力谁牵头，谁能牵头扶持谁"的具体实施办法，并逐步完善"龙头+基地+农户"的花木产业化生产经营模式。在各类花木龙头企业的带动下，鄢陵花木产业规模化、专业化程度不断提高，花木生产、园林绿化、板材加工、花木营销、花卉精油提取、护肤品、花卉精深加工及康养旅游等相关产业得到快速发展，花卉相关产业链不断延伸与拓展，品牌形象和市场竞争力大幅提升，2013年"鄢陵蜡梅"被国家质检总局确定为"国家地理标志保护产品"，鄢陵花木产业集群快速发展。

其次，政府的大力引导与扶持。鄢陵县花木产业集群的发展壮大并不断创新升级，与政府部门的引导推动、政策扶持密切相关。在花木产业集群形成、发展与创新升级过程中，鄢陵县委、县政府定期制定花木产业发展的各种规划，在资金、技术、信息等方面出台了一系列政策、扶持区域内花木产业综合发展，并利用财政资金为集群发展提供更为便利的公共服务，且投入大量的财力、物力、人力以提升鄢陵花木产业集群创新发展的竞争实力。鄢陵县政府还成立了专门的花卉办公室，主要负责花木产业的市场引导、发展规划以及行业管理等具体职能。为了壮大花木龙头企业，许昌市、县两级财政每年安排农业产业化经营专项资金，支持龙头企业采用新技术、开发新产品、拓展新市场。鄢陵县政府十分重视花木产业集群的创新升级，支持各种科研院所机构在集群创建，并充当中介桥梁使花木集群区内和区外的服务机构紧密互动。鄢陵县委、县政府也十分重视营造花木产业发展的优良环境，不断加大资金投入，注重用现代化的配套设施装备花木产业，在修建道路、节水灌溉、电力设施的建设方面狠下功夫，建成了"中原花木博览园"，2003 年被国家林业局批准命名为"鄢陵国家花木博览园"。同时，鄢陵政府在提高鄢陵花木知名度、拓宽花木销售渠道和销售市场、增进对外交流与合作等方面发挥了十分重要的作用。鄢陵县政府始终对加强信息网络建设十分重视，投资 500 多万元建成了鄢陵县花木交易信息中心，投资 400 多万元建成了鄢陵县农业信息网，并开通了鄢陵县花木信息网、农信通短信业务等信息服务，为花木产业相关经营主体提供全方位、多层次、方便快捷的信息服务。这些信息网络与信息服务的建立与完善为鄢陵花木产业集群与国际接轨提供了信息平台，加速了鄢陵花木产业集群嵌入全球产业链以及创新升级发展。

再次，花木产业集群创新网络的形成。由于鄢陵花木产业集群在发展过程中，十分注重以科技创新助推集群可持续性发展，鄢陵县花木产业集群的创新网络已经初步成型，并在推动集群创新升级方面发挥重要作用。鄢陵县花木产业集群为了提高花木生产加工的科技含量，先后与众多科研院所建立稳定的合作科技创新关系，如中国农业大学、北京林业大学、西北农林科技大学、河南省林业科学研究所等，并定期对县内相关政府部门领导和花木生产经营从业人员进行苗木、花卉园艺知识、技能的培训。组建了河南省园林植物工程技术研究中心、鄢陵园林工程技术中心等研发中心。县政府还专门聘请专家学者组成科技顾问团，开展技术指导、培训、咨询，指导全县花木产业发展，帮助解决花木生产中的技术难题，为鄢陵的花木产业发展注入了源源不断的创新动力和发展活力。鄢陵县目前拥有"鄢陵国家花卉、苗木标准化示范区"，农业标准化示范园等花木生产标准化示范园区，这些花木标准化示范园区与企业的互动大大增强了鄢陵花木产业集群的创新能力，促进了鄢陵花卉产业集群创新网络的形成。近年来，鄢陵积极推进花木供给侧结构性改革，科学调整产业布局，加大科技研发创新，促进花木产业提档升级，让"政产学研用"联动发展。依托科技创新对推动鄢陵花木农业产业集群升级发展起到了关键的作用，使得鄢陵花木科研创新在全国花木高科技研究领域中拥有自己的地位。

二、新郑大枣产业集群

1. 新郑大枣产业集群发展概况

新郑大枣是河南省新郑市的特色农产品。新郑位于河南省中部，被国家林业局命名为"中国红枣之乡"，是国家确立的优质大枣生产基地。新郑市地处豫西山区向豫东平原过渡地带，土壤、光照、水量、温度等自然资源条件优越，十分适宜枣树生长，自古就以盛产大枣而闻名。而特色自然资源禀赋正是加速特色农业产业集群形成和发展的一个重要诱因。随着新郑大枣产业集群的发展壮大，先后建立起全国最大的枣类产品集散地和一流的红枣新技术示范园区。

新郑大枣栽培历史悠远，据出土的枣核化石证明新郑枣已有8000余年的栽培史，堪称大枣的发源地。新郑大枣品质优良，果实皮薄、肉厚、核小，口感极佳，营养丰富。枣类品种已达30余种，除了知名品种——灰枣和鸡心枣之外，还逐步创新培育了六月鲜枣、奶头枣、八月炸枣、九月青枣、齐头白枣、铃枣、麦核枣、木枣、结不俗枣、酥枣、雪枣、冬枣等30余个品种。其中优质品种的灰枣和鸡心枣占到枣类总种植面积与总产量的99%左右。2010年新郑拥有枣林21万亩，枣树600多万株，年均产红枣3000万公斤。大枣产业的产前、产中、产后服务体系已经比较健全，枣类加工企业众多，拥有全国最大的红枣集散中心——中国红枣商贸城。

随着新郑大枣产业的不断发展壮大，新郑大枣区域品牌也逐步受到认可。新郑先后被认定为"全国大枣基地县（市）""中国名特优经济林之乡——红枣之乡""大枣保护基地"等荣誉称号。在全国枣类评比竞赛中，新郑大枣品质位列干枣类第1名。新郑红枣的加工制成品——枣花蜜先后荣获首届中国农业博览会蜂蜜类最高奖项，并荣获乌兰巴托国际博览会金奖。新郑枣类产品还拥有4个农产品地理标志，即"新郑红枣""新郑灰枣""新郑鸡心枣""新郑小枣"，其中"新郑红枣"还获得了国家颁发的绿色食品证书和国际适用的原产地标识，"新郑灰枣"和"新郑鸡心枣"在国家商标局成功申请注册了原产地证明商标。目前新郑枣类产业已经成为新郑市的三大支柱产业之一，新郑大枣产业被科技部列为"县域经济"主导产业。如今，新郑大枣品牌已经成为新郑市的城市名片。

2. 新郑大枣产业集群创新升级路径

通过对新郑大枣产业集群发展情况的调查与分析，得出其演化发展路径分为孕育期、成长期、成熟期、创新升级期四个演化过程。

孕育期：20世纪90年代初之前，新郑大枣产业集群孕育形成时期。新郑枣类产品的种植历史悠久，可追溯到明朝就已经较大规模地进行枣树种植，区域内长期积累了丰富的种植枣树的经验技术，为新郑大枣产业集群的孕育发展奠定了技术基础与规模基础。特别是改革开放以来，地方政府更加重视大枣产业的发展。在政府积极规划推动下，新郑大枣产业逐渐成为新郑经济社会发展的支柱产业。

成长期：20世纪90年代初至21世纪初，新郑大枣产业集群进入快速成长时期。各类与枣产业相关的企业不断在区域内集聚，集群规模快速扩张，集群内枣类产品加工与销售企业数量及规模都快速增加，新郑大枣区域品牌也逐步形成，品牌知名度和美誉度都在持续提升，新郑大枣产业集群进入了快速成长时期。新郑市及河南省政府均对新郑大枣产业发展十分重视，制定实施了一系列的扶持政策与激励措施，积极推动新郑枣类生产经营的产业化发展。从20世纪末起，新郑政府就专门成立了由主管副市长牵头，市质监局、枣科所等枣产业相关部门组成的枣产品标准化专业委员会，制定了一系列新郑大枣生产标准，并不断健全与完善枣类产品生产标准体系。同时，为了让区域内枣类生产经营者按标准体系进行生产，相关机构定期举办枣类标准化生产培训班，并开通专家免费服务热线，提供相关技术标准咨询服务，使广大枣类生产农户及其他枣类经营者认识到新郑大枣生产标准并按照标准要求进行枣树种植。特别是新郑质监局还探索出一套枣树种植基地、龙头企业、品牌塑造相辅相成的产业发展模式，使新郑大枣开创了集种植、加工、销售为一体的产业化发展道路。在推进大枣产业化发展过程中，新郑市大力培育地方枣类加工龙头企业，扶持大枣加工业的成长，鼓励企业对大枣进行精深加工，依托实力较强的大型枣类加工龙头企业带动新郑大枣产业集群的加速发展。在龙头企业带动下，不仅开拓了新郑大枣的销路，还引导了农户转变种植观念，积极鼓励农户尝试新品种的种植，实现农业企业与农户合作共赢，共同促进了新郑大枣产业的成长。该时期，在新郑市政府、农业龙头企业、大枣种植户等各相关主体积极支持下，新郑大枣产业集群规模扩大、产值增加、知名度提升，整个集群快速成长起来。

成熟期：21世纪初至2015年前后，新郑大枣产业集群步入全盛时期，达到相对成熟的发展阶段。该时期，新郑大枣产业集群枣树种植规模空前增加、集群内各类企业云集、枣加工龙头企业实力雄厚、枣类产品市场份额高、集群区域品牌知名度很高。经过新郑大枣产业集群成长期的快速发展，河南新郑已经形成了以红枣加工为主的枣业产业核心区。新郑已经成为全国最大的枣产品生产销售集散地。2012年，在新郑市从事枣类深加工企业达到近300家，其中产值规模超过百万元以上的企业40余家。以枣类产品龙头企业——好想你枣业股份有限公司为盟主的新郑大枣产业联盟被列入科技部规划项目，该联盟企业群内已经拥有专利技术、成果达到50多项。以好想你枣业股份有限公司为主的新郑枣制品产业集群已经达到较大规模，形成了集红枣科技示范种植、冷藏保鲜、红枣系列产品加工、出口贸易、生态文化旅游、科研开发等为一体的枣业产业集群，枣业产业链已经较为成熟与完善。此阶段，新郑大枣年均产量超过3000万公斤，开发出枣片、枣干、枣酒、枣醋、枣蜜、枣饮料等200余个枣加工品种。在该时期内，新郑大枣产业集群枣类产品市场份额较高、增长速度平稳，集群各方面都发展至空前鼎盛时期。

创新升级期：2015年前后至今，新郑枣类产品开始出现被快速扩张的新疆枣、山西枣取代的态势，新郑大枣产销量降低，新郑大枣产业集群区域品牌影响力出现下滑，因此，集群内一些企业开始探索创新升级发展路径。随着新郑大枣区域品牌知名度和美誉度的空前高涨，依托区域品牌效应，新郑大枣生产经营的利润空间可观，在巨大利益的诱惑下，以次充好、以外地枣冒充新郑枣的现象日益严重。新郑大枣区域品牌的知名度和美誉度已经出现了下降的趋势。作为新郑大枣产业集群的最大龙头企业——好想你枣业股份有限公司近些年来开始探索创新升级发展路径，比如，从把一颗鲜枣变成枣干、枣片、枣粉，到如今的去核即食红枣，公司从没有停下创新的步伐。公司十分重视创新和技术研发能力，借助去核红枣的研发，再次引领红枣休闲的新潮流，站在行业的最顶端。同时，好想你枣业股份有限公司积极探索产品创新升级和销售渠道创新升级，将枣类专卖店、商场超市、网络电商"三驾马车"定为营销渠道综合拓展战略，并制定集团公司休闲化产业发展战略——重点突出精细化专卖店渠道、积极推进商超渠道、大力拓展网络电商渠道。2015年上半年，新郑大枣商超渠道获得销售收入17179.09万元，较去年同期增长100.44%；网络电商销售渠道实现销售收入 4736.81 万元，较去年同期增长 10.88%①。

综上所述，新郑大枣产业集群在利益机制、政府激励机制、创新网络动力机制、规模经济内在促动机制等作用下，并依据生命周期理论，表现出如下演化路径（见图 6-4）：在新郑大枣产业集群孕育期，新郑大枣种植规模不断增大、开始出现专门经营枣类产品加工和销售的企业、大枣产业逐步形成；在成长期内，新郑大枣产业集群规模快速扩张；在成熟期内，新郑大枣产业集群发展成熟，新郑大枣产业规模、知名度、美誉度以及影响力达到空前的高度，进入了短暂的稳定发展时期；在创新升级期内，新郑大枣产业集群在创新网络推动下升级发展。

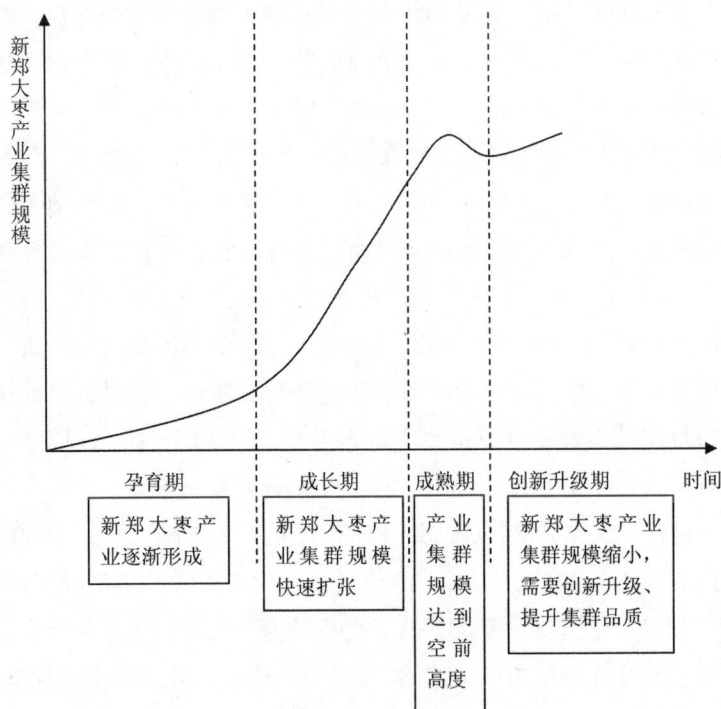

图 6-4 新郑大枣产业集群创新升级路径

三、寿光蔬菜产业集群

1. 山东寿光蔬菜产业集群发展概况

① 高凯.“小”红枣“大”创新 引领消费新时代［N］.郑州日报，2015-12-29（04）.

寿光蔬菜产业集群位于山东省寿光市，地处沿海平原区，地势平坦、临近河流、水源丰富、土质肥沃、气候适宜，利于蔬菜、果树、粮食等农作物的生产。寿光蔬菜种植历史悠久，是中国著名的蔬菜之乡，蔬菜面积达到 5 万余公顷，主要品种有黄瓜、西红柿、五彩椒、茄子、丝瓜、苦瓜、韭菜、胡萝卜等。

寿光市自改革开放初期开始蔬菜种植，1978 年寿光农民有了种植品种的自主权以后，极大调动了农民进行以商业化和市场化为主的蔬菜种植的积极性，蔬菜的种植面积迅速扩大，实现了农户经营行为的企业化和蔬菜产业的集聚种植。在 1989 年以前，寿光市蔬菜种植处于以大田菜生产为主的粗放式生产模式。但由于蔬菜种植受气温等气候条件的影响巨大，蔬菜市场交易的季节性明显，蔬菜产业发展受限制。随着 1989 年开始引进大棚蔬菜种植之后，寿光蔬菜掀起了冬暖式大棚蔬菜的革命，在地方政府的大力扶持下，寿光地区建设了大量冬暖式大棚，在此基础上形成了一定规模的反季节蔬菜生产，并逐渐形成千顷辣椒、千顷韭菜等专业生产基地和农业产业集聚区，很好地满足了市场需求，迅速实现了产销两旺，为当地农民带来了丰厚的经济利益。得到切实利益回报的农户，以极大的热情积极投入蔬菜种植，实现了良性循环，促进了寿光市蔬菜种植的大发展。从 1995 年开始，寿光市对发展蔬菜种植的政策进行了调整，从早期单纯强调扩大种植面积、提高销售收入，转变为提高蔬菜质量，加强规划协调、田间管理，重视品牌建设和下游配套企业建设，实现蔬菜种植的产业化发展。1998 年大型农业企业集团"山东寿光蔬菜集团有限公司"组建成功，该集团拥有自己的研发中心和检测中心，业务涵盖生物工程、技术推广、良种繁育、生产种植、深加工出口、交易管理等农业经营的各个方面。2000 年寿光市第一届蔬菜博览会的成功举办，打开了寿光市蔬菜产业集群对外交流的窗口。2005 年寿光建设了全国第一家蔬菜电子交易市场，成为中国蔬菜行业标准和质量标准的制定者及价格指数的发布者，2018 年成立全国蔬菜质量标准中心①。2020 年寿光蔬菜产业集群被认定为农业农村部、财政部批准建设的 50 个优势特色产业集群之一。

寿光蔬菜产业集群经过 40 余年的发展，集群内各类农业经营主体数量众多，产业链趋于完善，带动了上游的生产资料市场和下游的农产品加工业、仓储物流业、休闲观光等多个产业，实现了生产销售一体化的模式。目前寿光市

---

① 李二玲 . 中国农业产业集群演化过程及创新发展机制——以"寿光模式"蔬菜产业集群为例［J］. 地理科学，2020，(4)：617-627.

已建成了农产品物流园、大型果菜批发市场和 5 个国家级农业放心菜生产基地，农业龙头企业达到 400 余家，其中农业企业带动 80% 以上的农民以"公司+基地+农户"等形式进入农业产业化经营体系。同时，积极运用农超对接、冷链物流等线下销售模式和农村淘宝等线上电子商务平台，进行线上线下同步交易蔬菜。寿光蔬菜产业集群规模大，发展体系完善，已经成为当前较为成熟的现代农业产业集群。

2. 山东寿光蔬菜产业集群创新升级路径

随着消费者对农产品消费水平的升级，对传统蔬菜产品需求数量趋于饱和，市场更加偏好于绿色、质优、高营养附加值的高端蔬菜产品，寿光蔬菜产品供给侧改革迫在眉睫。对于想要抢占国内外蔬菜市场的寿光蔬菜产业来说，种植规模和种植产量固然会受有限于地理空间和劳动力的约束，只有不断运用科技创新改善蔬菜产品品种和品质，才能推动寿光蔬菜产业集群发展到更高层次。

近年来，各类科技进步成果在各个领域不断得以应用，山东寿光蔬菜产业集群也一直非常注重农业科技创新的研究和应用，成立了山东省蔬菜工程技术研究中心、中国农业大学寿光蔬菜研究院等多个科研机构，先后承担众多重大科研项目研发活动，并与中国农科院等多家国家级及省级重点科研院所进行合作，获得多项国家专利和自主创新技术。寿光的蔬菜大棚用品质量监督检验中心成为省级质检中心，创建蔬菜种业科技创新孵化器，新培育众多蔬菜新品种。目前，寿光蔬菜种植技术在全国一直处于领先水平。研发的同时不断进行新技术的推广，全市先进技术和良种覆盖面积均达到 90% 以上，并开始向省外输出种植技术。

积极创新合作组织形式。农业合作组织在山东寿光蔬菜产业集群不断升级中的作用不容忽视。单个农户自产自销的模式已被各类农业合作组织取代。目前，寿光有各类农民专业合作社将近两千家。合作社实行化肥、农药等农资统一供应、统一生产管理、统一品牌销售，农业生产成本降低的同时，提高了管理水平和生产效率，保障了农产品安全。

农户、企业、科研院所和政府等创新主体在蔬菜产业发展的不同阶段发挥着不同的作用。第一阶段是自发种植蔬菜，农户凭借自身的聪明才智和实践摸索大胆进行生产工艺和种植模式的创新，这一阶段农户是蔬菜产业的主体。第二阶段是改革开放之后，一批种植经验丰富的农户不断扩大规模，逐渐演变为农业企业家。蔬菜产业被确定为地区发展的支柱产业。政府加大了蔬菜种植的基础设施投资和政策扶持，集群进入高速发展阶段。这一时期，农业企业、科研机构和政府在集群创新升级中的作用凸显；第三阶段是与科研机构、外部集群深度融合，向高端农业发展的阶段。为摆脱对群外企业和国外公司在高品质种子和技术方面的依赖，开始谋求合作研发新品种和新技术。集群内各经营主体加大科技创新力度，积极与山东农科院、中国农业大学等高校、科研机构、中介服务机构等进行合作创新，形成了紧密开放的创新合作网络。政府、企业和科研机构共同参与，成立了蔬菜种业科技创新孵化器、农业科技示范园、蔬菜设施技术创新战略联盟等科研组织。

山东寿光蔬菜产业集群注重运用集约化、标准化发展模式。目前寿光确立了蔬菜园区化发展的思路，大力推进园区农业发展，以标准园区的打造为主线，科学规划蔬菜产业布局，推进农业由分散经营向集约化经营转变。除了蔬菜种植园区化，寿光在标准化方面也不断努力，着力打造寿光标准，以寿光标准为全国的蔬菜生产提供服务，以此带动全国蔬菜产业的发展，不断提高蔬菜质量。

第七章

农民专业合作社

　　合作社的发展由来已久，世界各国农业发展经验表明，建立和发展农民合作经济组织，是专业化生产、集约化经营、社会化服务的客观需要。国外农业发展实践也表明，提高农民组织化程度是解决小农户与市场矛盾的有效方式之一。由于农业生产具有生物性、分散性、周期性等特点，使得农业领域的合作经济普遍存在，我国也不例外。家庭联产承包责任制是我国农业经营的基础，但随着农业科技的进步和农产品市场化程度的提升，农户家庭经营的小、散、弱状态已无法满足农业大市场的需求，需要探索联结单个小农户与大市场的有效组织机制。与此同时，小规模农户家庭农业经营方式与现代化农业发展的匹配度较低，现代化农业机械设备在大规模农业生产中才能凸显其优势，而农户家庭农业生产规模往往较小，限制了现代化大型农机设备的操作使用，而且分散经营的小农户也无力承担农业科技研发与农业先进机械设备等巨大投入，不利于现代化农业进程的快速推进。因此，我国改革开放后，在坚持家庭联产承包责任制长期保持不变的状况下，为了克服小农户生产规模小、经营分散、市场地位弱等局限性，20世纪80年代开始，各类新型农民合作经济组织应运而生，农民专业合作社就是其中发展较为快速的一种类型。农民专业合作社是农户在平等互助的基础上，自愿联合从事某种特定农产品的生产经营活动，以便更好地与大市场衔接，提高自身的收益。现阶段提高农民组织化程度是发展农村经济的客观需要，是农民自身的强烈需求，也是提高农民收入的重要途径。

　　我国要实现乡村振兴，就要先解决农业问题，而农业经营主体小、散、弱的状况真正得以改善，才能推进农业高质量的发展。据统计2019年，全国20.23亿亩耕地①，人均耕地面积不足1.45亩。这意味着我国总体农业生产的

---

　　① 2019年全国耕地质量等级情况公报发布［EB/OL］. http：//www. gov. cn/xinwen/2020-05/13/content_ 5511129. htm.

家庭小规模化经营以及由此产生的农业产业化水平低下、现代化农业的管理和规模经营的高效性缺失的现状，使得农业产业发展相比严重滞后。为了解决当前我国农业经营面临的诸多问题，需要探索新的农业经营组织模式，而农民专业合作社就是其中一个重要的探索成果。同时也可以发现，通过发展农民合作与联合的优势，可提高农业产业化、商品化水平，变分散的小额农产品交易为大宗交易。引导农民以加入群体性经济合作组织的形式参与市场竞争，是世界各国提升农业综合经营实力的普遍做法。

农民合作经济组织在农业经济和农村发展中的作用越来越显著，我国各级政府也更加注重规范其发展，近年来，颁布实施了一系列政策法律和激励措施，以推动农民合作组织的健康发展。如，2002 年国家制定实施了《农民专业合作经济组织的示范章程》；2003 年颁布的《中华人民共和国农业法》中指出"国家鼓励农民在家庭承包经营的基础上自愿组成各类专业合作经济组织"；2007 年颁布实施了《中华人民共和国农民专业合作社法》；2018 年修订实施新版《中华人民共和国农民专业合作社法》。支持农民专业合作组织（合作社）的发展已成为 2004-2020 年以来我国政府连续 17 个"中央一号文件"的重要关键词之一，这些政策法规的制定与实施为农民专业合作社的快速成长提供了良好的宏观环境。除此之外，各地政府也积极制定地方优惠政策和激励措施以鼓励本地农民专业合作社的发展。

第一节　农民专业合作社的相关研究

农民专业合作社兴起于欧洲，如英德法等国家；而后在北美地区得以快速发展，产生了类型多样的农业合作社；我国在改革开放以后各地农民自发组建了形式各样的新型农民合作经济组织，其中农民专业合作社得到了最为快速的发展。农民专业合作社的快速成长及其农业农村发展的重要推动作用日益显现，学者们对合作社的相关研究也越来越多。国外学者对农民专业合作社的研究开展得很早，也获得了丰富的理论和实践研究成果。随着时代的进步，这些研究成果不断得到充实和发展，并被引入我国，对我国农民专业合作社的研究产生了深远的影响。与国外相比，我国农民专业合作社的发展虽然起步较晚，但是速度却很快，特别是 2007 年《农民专业合作社法》实施之后，进一步促进了合作社的规范化发展，伴随着合作社实践活动的繁荣，合作社的相关理论研究也更加受到关注，研究内容更为广泛化和深入化，取得了较为丰硕的研究成果。关于合作社的研究领域比较广泛，且涉及多个学科，归纳起来，国内外学者的研究视角主要包括农民专业合作社的内涵特征、性质意义、成因机制、运营管理、效率功效、个案分析、发展现状、问题及对策等方面。通过对国内外已有文献进行整理，与本研究视角较为贴近的内容大致划分为形成发展、类型模式、运营功效等这几个方面。

一、合作社的形成与发展

农民合作社有着悠久的发展历史，其产生是由于农业生产力水平的提高和生产经营方式的改变，主要是为农业发展提供生产、物流、融资、技术和信息等服务。由于各个国家的具体国情不同，各国农民合作社的组织模式、运作机制、社会功能也存在差异，但在提高农民组织化水平，维护农民利益，提高农民收入等方面都发挥了不能代替的作用。在 19 世纪中期，随着西方工业革命的爆发和工人运动的兴起，欧洲逐渐产生了合作经济思想，该思想成为合作经济思想的发源地，英国因此成为对合作经济的研究最早的国家。自 1844 年英国罗虚代尔镇成立的具有现代合作社原则的公平先锋社，被认为是世界上第一个成功的合作社①。20 世纪 30 年代前后，农民合作社成为被西方国家用来应对爆发的农业危机的举措后，农民合作社才正式进入经济学领域的研究视野，被社会广泛接受。40 年代，国外开始有经济学家专门研究农业领域的合作经济，合作经济自此成为一门独立的学科。

90 年代以来，伴随各国农业领域合作社实践活动的繁荣，合作社理论研究成为学术界新的研究热点。越来越多的经济学、管理学、社会学等领域的理论被应用于合作社研究，有关这一领域的经济学研究文献在西方主要学术刊物中不断涌现出来。Nourse（1992）认为因市场失灵造成的交易费用增加和抵御风险能力降低，促使农户寻求共用生产资料、共享信息技术、共担风险等合作形式，加强竞争能力，提高市场效率②。Sutton（1998）比较了合作社与其他企业

---

① WANG L X, LIAN-CHENG H E. Specialized division and farmer cooperative economic organization: an analytical framework [J]. Social sciences in Ningxia, 2016, (4): 89-95.

② NOURSE E G. The place of the cooperative in our national economy [J]. Journal of agricultural cooperation, national council of farmer cooperatives, 1992, (7): 1-6.

中的契约关系的差异，认为合作社与社员之间的契约关系存在三个方面特点：一是合作社和社员在履行契约关系时存在一定的随意性；二是合作社对社员的生产决策无法统一控制；三是社员行为更容易被社会关系网络等非正式契约所影响，因而增进社员与合作社之间以及社员与社员之间的信任有助于降低违约成本①。

国外学者对农业合作社的研究多是从企业理论角度来展开，偏重于对合作社经营效率、运营管理、利润分配等方面进行研究，并在新制度经济学兴起之后，借鉴了大量新制度经济学的研究成果用于分析合作社的产权安排、契约关系、交易费用、委托代理成本和集体行动逻辑等方面。但国外农业领域合作社的实践活动及理论研究主要是围绕以大农场或企业厂商为组织基础展开的，与我国小农户为经营主体的合作社的组织运营方式有所不同，因此，使得国外农业合作社与我国农民合作社的理论研究侧重点有所差异，其借鉴价值也具有一定的局限性。

伴随改革开放后我国农村领域自发形成的新型农民合作社实践活动广泛开展，从90年代开始，国内学者对新型合作社发展越来越关注，理论研究也更为丰富和深入，对其形成和发展规律的探索成为重要研究视角之一。黄祖辉等（2002）从理论上分析影响合作组织形成与发展的因素包括产品特性、制度环境、合作成员、生产集群等②。郭红东等（2004）认为农产品的商品化程度、农户的文化水平、政府的支持力度等方面直接影响着农户参与合作组织的积极性③。苑鹏（2006）指出因农业产业特性决定了合作社的产生，凭借当地主导农业产业或特色农业，能够形成具有一定规模的合作社④。钟颖琦等（2016）研究得出主管规范性、知觉行为控制和行为态度影响着农户参与合作社的意愿，从而影响合作社的形成与发展⑤。郑军南（2017）提出农民合作社的形成与发

---

① SUTTON S. Predicting and explaining intentions and behavior: how well are we doing? [J]. Journal of applied social psychology, 1998, (28): 1317-1338.

② 黄祖辉, 徐旭初, 冯冠胜. 农民专业合作组织发展的影响因素分析——对浙江省农民专业合作组织发展现状的探讨[J]. 中国农村经济, 2002, (3): 13-21.

③ 郭红东, 蒋文华. 影响农户参与专业合作经济组织行为的因素分析——基于对浙江省农户的实证研究[J]. 中国农村经济, 2004, (5): 10-16.

④ 苑鹏. 试论合作社的本质属性及中国农民专业合作经济组织发展的基本条件[J]. 农村经营管理, 2006, (8): 16-21.

⑤ 钟颖琦, 黄祖辉, 吴林海. 农户加入合作社意愿与行为的差异分析[J]. 西北农林科技大学学报（社会科学版）, 2016, (6): 66-74.

展需要符合产业发展规律，且应与地方社区文化和政治环境深度融合①。张亿钧等（2019）从乡村振兴背景出发，提出应改进利益分配机制、整合乡村要素资源、强化政府作用以促进合作社的发展②。

二、合作社的类型与模式

国外农业合作社发展模式在 20 世纪 40 年代至 80 年代时期，西方经济学家通常将其分为三类发展模式：农场垂直一体化的延伸组织，独立企业的一种形式，集体联合行动的联盟。Phillips（1953）将合作社看作是农场垂直一体化的延伸，其运用垂直一体化分析框架，建立了合作社的产出与价格决策模型③。将合作社看作是独立的企业，这一观点最初是由 Enke（1945）在研究消费合作社时提出来的，之后许多西方学者也将合作社作为独立企业展开研究④。Helmberger 等（1962）运用企业理论建立了合作社研究模型，提出随着合作社成员数量的增加，已有成员的收入将会减少，合作社应通过限制成员数量以增强对已有成员的潜在激励⑤。90 年代之后将合作社视为农户联盟组织形式的学者越来越多。由于农产品竞争越来越激烈，农户为了获得更大利益而群体联合起来，增强整体力量。Zusman（1992）依据契约理论建立合作社的集体选择模型，并揭示了合作社如何制定集体规则⑥。

自 80 年代以来，国外有关合作社发展模式的理论研究主要围绕这三个视角得以深入探索，形成了三种流派，即"合作社是厂商"的扩展；合作社是一种"联合"；合作社是一种"合约集"。Chaddad 等（2013）通过对西方合作社的控制权的归属划分，将合作社划分为传统模式、扩展版传统模式、管理模式和公

① 郑军南. 社会嵌入视角下的合作社发展——基于一个典型案例的分析[J]. 农业经济问题，2017，38（10）：69-77.
② 张亿钧，朱建文，秦元芳，徐冠宇. 基于乡村振兴战略下的农民合作社发展路径探索[J]. 中国合作经济，2019，（7）：33-36.
③ PHILLIPS R. Economic nature of the cooperative association [J]. Journal of farm economics，1953，（35）：74-87.
④ ENKE S. Consumer cooperatives and economic efficiency [J]. American economic review，1945，35（1）：148-155.
⑤ HELMBERGER P G, HOOS S. Cooperative enterprise and organization theory [J]. Journal of farm economics，1962，（44）：275-290.
⑥ ZUSMAN P. Constitutional selection of collective-choice rules in a cooperative enterprise [J]. Journal of economic behavior and organization，1992，（17）：353-362.

司模式等四种模式①。

国内新型农民专业合作社自出现以来，也呈现出多种发展类型与模式。韩俊（2007）将合作社划分为投入型合作社、市场营销型合作社和服务型合作社②。苑鹏（2013）根据我国农民专业合作社是由少数人管理和控制的特征，根据领办人的不同，将我国农民专业合作社分为四种类型："企业+农户""农业经纪人+农户""投资者+农户""社区领袖+农户"③。罗攀柱（2015）将合作社归纳为能人股份合作型或合作经营型、公司经营型或主导型、政府事业单位经营型或行政干部经营型、伪合作型这4个基本类型④。段晓东等（2017）认为农民专业合作社从发展模式看有4种类型：能者之人带动、农业技术部门领办、村级组织举办、龙头企业带动⑤。孔祥智（2018）将我国农民专业合作社划分为企业领办合作社、土地股份合作社、农村社区股份合作社、农机合作社四大类⑥。万俊毅等（2020）将合作社分为公司从属型、原生型、公司主导型三类⑦。

三、合作社的运营与功效

国外学者认为合作社在运营过程中具有双重功能。一方面具有经济功能。Sexton（1986）提出合作社为其成员提供服务功能，其最重要的结果是提高成员的经济效益⑧。Hansen（2002）认为合作社采取的利益共享、风险共担机制，

---

① CHADDAD F, C ILIOPOULOS. Control rights, governance, and the costs of ownershipin agricultural cooperatives [J] . Agribusiness, 2013, 29 (1): 3-22.

② 韩俊 . 中国农民专业合作社调查[M] . 上海：上海远东出版社，2007：17.

③ 苑鹏 . 中国特色的农民合作社制度的变异现象研究 [J] . 中国农村观察，2013，(3): 40-46.

④ 罗攀柱 . 林业专业合作社异化：类型、形成要因及其机制——以 H 省为例[J] . 农业经济问题，2015，(2): 40-46+111.

⑤ 段晓东，张兰 . 分析农民专业合作社发展的困境与出路[J] . 知识经济，2017，(20): 6-7.

⑥ 孔祥智 . 改革开放以来中国农民合作社的创新发展 [N] . 中华合作时报，2018-10-30 (A06).

⑦ 万俊毅，曾丽军 . 合作社类型、治理机制与经营绩效[J] . 中国农村经济，2020，(2): 30-45.

⑧ SEXTON R J. Cooperatives and the forces shaping agricultural marketing [J] . American journal of agricultural economics, 1986, (5): 116-117.

可以帮助成员降低交易频率、节约信息成本、减少交易费用、规避农业风险①。Ling（2012）从合作社如何帮助成员降低交易成本的角度分析合作社的价值实现，他认为合作社作为一个独立的不拥有合作社资产的交易实体应诚实的与市场参与者签订协议，有利于减少内部成员冲突和降低合作社的风险②。Yang 等（2014）得出合作社有助于加速农业技术的推广与创新③。Grashuis 等（2019）研究认为，合作社成员资格对价格、产量、投入、收入和其他成员绩效指标有积极影响，但小生产者和大生产者利益分配不均衡④。另一方面具有社会功能，主要表现在其提供公共服务和产品上。Sexton（1990）指出，合作社不仅能够改善社员的市场地位、提高社员收入水平，还能成为与政府沟通的桥梁纽带，在繁荣农村经济、促进农村发展和提升社会管理等方面发挥重要的作用⑤。Song 等（2014）认为合作社对于农业农村经济发展的贡献毋庸置疑，但是其文化建设、保障就业等社会功能也不容忽视⑥。

　　国内学者在合作社运营与功能方面的研究主要集中于规避风险、服务社员、增加收入、增强农民组织化程度、降低成本与提高效率等方面。如苑鹏（2001）指出农民创建合作社是想要改善自身市场地位、减少经营不确定性、规避市场风险等⑦。唐宗焜（2007）认为合作社在市场交易中能够与谈判权力垄断者相抗衡，是使农民获得市场谈判权利的有效组织，同时合作社也在创造就业和农

① HANSEN M H. The impact of trust on cooperative membership retention, performance and satisfaction: an exploratory study [J]. International food and agricultural business management review, 2002, 1（5）: 72-75.

② LING K CHARLES. The nature of cooperatives [J]. Rural cooperatives, 2012, 13（1）: 32-35.

③ YANG H, KLERKX L, LEEUWIS C. Functions and limitations of farmer cooperatives as innovation intermediaries: findings from China [J]. Agricultural systems, 2014, （127）: 115-125.

④ JASPER GRASHUIS, SU YE. A review of the empirical literature on farmer cooperatives: performance, ownership and governance, finance, and member attitude [J]. Annals of public and cooperative economics, 2019, 90（1）: 77-102.

⑤ SEXTON R J. Imperfect competition in agricultural markets and the role of cooperatives: a spatial analysis [J]. American journal of agricultural economics, 1990, 72（3）: 709-720.

⑥ SONG Y, QI G, ZHANG Y. Farmer cooperatives in China: diverse pathways to sustainabler ural development [J]. International journal of agricultural sustainability, 2014, 12（2）: 95-108.

⑦ 苑鹏. 中国农村市场化进程中的农民合作组织研究[J]. 中国社会科学, 2001, （6）: 63-73.

村社区发展中发挥重要作用①。黄祖辉等（2012）指出合作社依照合作制原则确定合作社章程，能够发挥互助合作精神，进行利益共享、风险共担，有效提高参与合作农民的收入，实现共同富裕②。刘宇翔（2015）提出合作社是弱势群体的联合，合作社与扶贫存在耦合关系，欠发达地区的合作社具有扶贫的功能③。崔宝玉等（2017）认为合作社增强农民组织化、专业化程度以及议价能力，对农业现代化建设也有益④。刘俊文（2017）通过案例分析得出合作社对增加贫困户和低收入农户的收入均具有显著作用，合作社是帮助贫困农户产业脱贫的重要载体⑤。孟秋菊（2019）深入研究得出合作社能够优化农村农业结构、保证农产品质量安全，增加农民农业收入等⑥。刘学侠等（2021）认为企业领办型农民合作社能够向社会企业转型，积极承担社会责任，拉近与农村社区的距离⑦。

四、合作社相关研究评述

纵观国内外关于农民合作社的研究文献可知，国外学者的研究多偏重于使用西方经济学厂商理论或新制度经济学，以建立模型的形式来分析农业领域合作社的发展，研究内容主要包括合作社存在的必然性、合作社的形成机理、合作社的效率、合作社与农场的关系、合作社的类型、合作社运营方式等内容，而且随着合作社实践活动的不断持续发展，其理论研究领域越来越广泛，研究内容越来越深入，但国外与我国国情不同，国外农业领域的合作社与我国农民专业合作社，不论在具体实践活动方面，还是在理论内涵界定等方面均存在很大差异。西方农业合作社发展的基础条件是相对大规模的农业生产方式、较为先进的农业产业化程度、具有现代化生产技术的职业农民等，这些基础环境是

① 唐宗焜. 合作社功能和社会主义市场经济［J］. 经济研究，2007，（12）：11-23.
② 黄祖辉，扶玉枝. 创新与合作社效率［J］. 农业技术经济，2012，（9）：117-127.
③ 刘宇翔. 欠发达地区农民合作扶贫模式研究［J］. 农业经济问题，2015，（7）：37-45+110-111.
④ 崔宝玉，王纯慧. 论中国当代农民合作社制度［J］. 上海经济研究，2017，（2）：118-127.
⑤ 刘俊文. 农民专业合作社对贫困农户收入及其稳定性的影响——以山东、贵州两省为例［J］. 中国农村经济，2017，（2）：44-55.
⑥ 孟秋菊. 农业供给侧改革中农民合作社的有效作用研究——基于达州市的调查分析［J］. 重庆文理学院学报（社会科学版），2019，（2）：1-7.
⑦ 刘学侠，温啸宇. 企业领办型农民合作社新发展模式若干重要问题的讨论［J］. 农业经济问题，2021，（6）：47-59.

西方学者们研究农业领域合作社组织的既定前提。然而，我国农民专业合作社发展的现实环境具有自身的独特性，因而，其理论研究内容也与西方国家存在较大的差异。

国内学者关于农民专业合作社的研究主要集中于 2000 年之后，特别是《农民专业合作社法》颁布实施之后，合作社成为各界关注的重点，也成为学术研究的热点，研究视角越来越多元化。国内学者对合作社的研究从以往集中于合作社的制度安排、生产效率、集体行动逻辑、农民参与意愿、成员异质性、发展现状与对策等方面的探讨，到近年来合作社的发展紧跟时代变革更侧重于研究合作社的经营管理能力、利益联结机制、融资方式、组织治理、契约合作类型、合作联社发展以及合作社对精准产业扶贫、农业供给侧改革、乡村振兴战略实现的作用机制。这些研究成果对我国农民专业合作社的发展起到了实践指导价值，也极大地丰富了合作社理论研究。但随着近些年农民专业合作社实践活动和理论研究的进一步深入发展，合作社又出现一些新的组织特征及发展路径，成为推动我国产业化发展的一种重要组织形态。

纵观国内外农民专业合作社理论研究以往的文献成果，其最突出的特点是，伴随农业产业化发展的不断繁荣以及合作社实践活动的不断创新探索，农民专业合作社的理论研究热点也相应地随之发生着变化。通过对国内外农民合作社理论研究的回顾梳理可发现，农民合作社理论的探究和实践经营活动密切相关，农民合作社实践活动更为繁荣的区域，农民合作社理论研究的成果也更多。国内学者在合作社的形成机制、类型模式、运营功效等研究方面取得了一些共识，即优惠的政策措施有助于促进合作社的形成，农产品市场化程度高的区域更容易形成合作社，实施农业纵向一体化是合作社主要的发展模式，合作社能够降低农户交易费用及提高农户务农收益。

虽然国外农民合作社的理论研究较早、研究方法也较为成熟，一些研究成果也更为受到国际上的认可，但我国农民合作社与国外合作社发展的制度基础不同，合作社对我国合作社的理论研究及实践指导价值有限。因此，需要不断在实践活动中和理论探索方面，积极寻找适合我国国情及时代特征的合作社发展新路径。

第二节　农民专业合作社发展的主要特征

在我国农村经济体制改革进程中，适度规模经营和新型农业经营主体培育的重要程度日益突出。农民专业合作社作为新型农业经营主体，能够更好地壮大农村集体经济组织实力，保护农民群体的利益，具有规模经济优势和资源聚集优势，为农民群体给予多种合理、有效的服务，提升农民群体在市场中的地位，并且为政府部门进行农业调控、发展农村经济提供一个切实可行、安全可靠的载体。据农业农村部统计数据，截止到 2021 年 4 月底，全国依法登记的农民合作社已经达到 225.9 万家，联合社已超过 1.4 万家，而我国《农民专业合作社法》刚颁布实施的 2007 年仅为 2.6 万家，增长了近 85 倍，平均每个行政村有 3-4 家农民专业合作社，辐射带动了全国近一半农户①。我国农民专业合作社自从立法之后，数量快速增长，带动农户数也越来越多，合作社经营的业务范围也越来越广泛，从最初多局限于为社员销售农产品或集中购买农资降低生产成本，到现如今许多合作社的业务范围扩展到农产品深加工、技术研发、信息共享、金融服务等各个方面，合作社自身规模和经营获利能力均得到明显提高。农民合作社现已成为我国新型农业经营主体的主要构成部分，也是推进我国农业产业化、现代化、信息化发展的重要载体之一。

一、服务功能多样化

凡是农业经济发达的国家，农业领域均存在各种类型的合作经济组织。美国、欧盟、日韩等国家和国际组织都非常重视对农业领域合作经济组织、合作社或农业协会等农民合作组织进行扶持和引导，提升其服务农业及农民的功能。

据统计资料显示，目前我国农民专业合作社的主要服务功能体现在以下几个方面：产加销一体化服务、生产过程服务、生产资料购买服务、仓储运销服务、产品加工服务、技术培训服务、资金信贷服务（见图 7-1）。

---

① 孙莹. 全国依法登记的农民合作社达 225.9 万家 [N]. 农民日报，2021-06-21 (005).

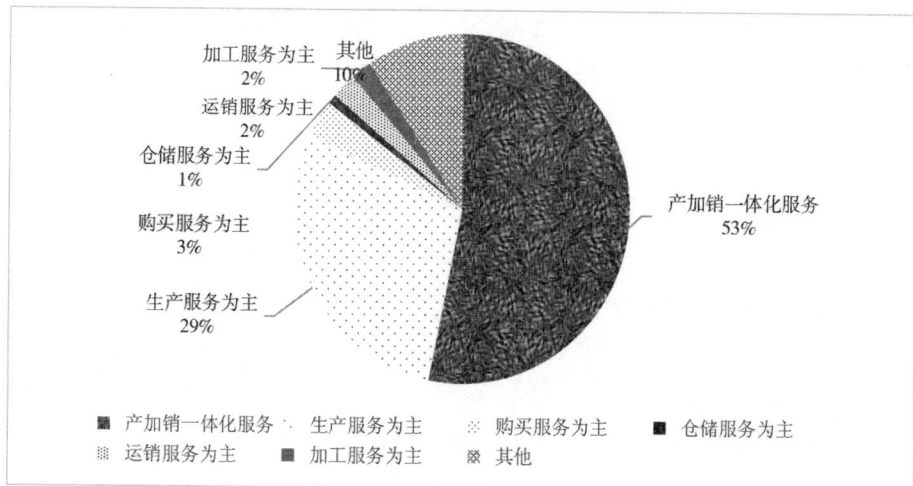

产加销一体化服务 53%
生产服务为主 29%
购买服务为主 3%
仓储服务为主 1%
运销服务为主 2%
加工服务为主 2%
其他 10%

■ 产加销一体化服务　·生产服务为主　░ 购买服务为主　■ 仓储服务为主
░ 运销服务为主　■ 加工服务为主　▨ 其他

图 7-1　中国农民专业合作社按经营服务内容划分

资料来源：中国农业年鉴编辑委员会．中国农业年鉴 2018 年［M］．中国农业大学出版社，2019：377-378.

一是产加销一体化服务。占到半数以上的合作社为社员提供产加销一体化服务，帮助农户解决生产经营全过程中遇到的问题。合作社提供农产品生产、加工和销售服务，将农业产业链上各环节连接起来，提高了农产品附加值、解决了农产品销售难题，增加社员经营收益。

二是生产服务。绝大多数合作社为社员提供生产服务，提供单独生产服务和产加销一体化服务的合作社占比达到 82%。具体生产服务内容通常包括合作社为社员及时收集提供市场信息，合理进行产品结构调整，帮助农户抵抗农业经营风险，促进形成专业化、规模化和标准化的农业生产环境，同时为社员提供农业田间指导，共享各类农机设备，监控农产品生产以提高其产品质量标准等。

三是购买服务。单个农户购买各项农业生产资料时存在着较高的信息搜索成本、议价成本和需要辨别农资真伪的能力。合作社通常为入社农户统一提供肥料、良种、农药产品等购买服务。通过合作社集中大批量购买各类生产资料等产品，可以降低农资产品的单位成本，也可以节约单个社员的搜寻和议价成本，同时合作社由专业人员进行农资挑选，可以避免社员因无法辨别农资真伪而无法保证农产品质量的问题。

四是仓储运销服务。合作社通常建有标准化仓库，以提升产品仓储能力，从而延长农产品仓储时间，调节市场销售时机，从而更好获利。例如，生鲜农产品保鲜期较短，合作社保鲜仓库可以延长农产品保鲜期，为社员提供便捷的仓储服务。与此同时，小农户与大市场的信息不对称及地位不对等，造成农产品销售问题突出，小农户运销环节蒙受损失的现象屡见不鲜。合作社的产品销售服务能够提供稳定的销售渠道和价格，是众多农户选择加入合作社的初始动力。合作社通过搭建农产品销售平台，为农户社员提供市场信息、产品销售等服务，是大量合作社存在的基础。合作社在农产品销售过程中充当农业经纪人角色或搭建各类销售平台，为社员农户提供销售信息、销售渠道或代销服务，有效地解决农产品销售难问题。

五是农产品加工服务。合作社统一对农产品进行初加工或者深加工的服务，不仅可以极大地提升农产品附加值，更能促进农民增收。由于农产品加工通常需要价格高昂的专用型机械设备，这是普通小农户无力承担的，且机械化加工通常具有规模经济效应，小批量加工则成本高昂，无法获得农产品加工环节的价值增值，因此，目前半数以上的合作社均提供农产品加工服务。合作社将社员们分散的资源联合起来，通过吸纳农产品加工企业成为社员或由社员共同出资购买农产品加工机械设备等方式，来进行农产品初加工或深加工，不仅提高了农产品附加值，也为社员提供了新的就业机会。

六是技术培训服务。技术创新和品质提升是农产品获取竞争力的源泉。合作社普遍为入社农户提供农业生产技术培训及田间管理技术服务，把农业生产活动多年的实践经验与相关的科学技术相结合，利用合作社的合作学习优势及时将新技术及标准推广运用，从而加速农业科技成果的转化，提高农业生产效率和农产品质量水平。据统计，2017年农民专业合作社培训成员62906322户，实施标准化生产的合作社89446个，比上一年增加8.97%[①]。除此之外，合作社通过提供各种技术培训服务，也加速了职业农民的培育，农民是合作社的最重要组成部分，农民素质决定合作社的经营质量，先进的农业技术水平也需要农民去应用，因而合作社均会定期或不定期地对社员提供各类培训服务，以增强其社员生产经营能力。

七是资金信贷服务。小农户贷款难问题制约着农业生产经营现代化的升级发展，因而，合作社普遍开展了信贷服务以解决小农户生产资金困难的问题。

---

① 中国农业年鉴编辑委员会．中国农业年鉴2018年［M］．北京：中国农业大学出版社，2019：377-378.

据统计，开展内部信用合作的合作社已经达到 90% 以上（见图 7-2）。合作社通过开展信用合作，借助股权、债权、赊欠等方式，吸纳社员闲散资金或向各类金融机构融资，从而缓解农户社员资金缺乏的难题。据统计，2017 年开展内部信用合作的农民专业合作社涉及成员 1762973 户，成员入股互助资金 795287 万元①。合作社提供的资金信贷服务，不仅能够降低社员们生产经营的资金风险，还能确保社员农业生产活动的持续性以及增强进一步扩大生产规模的可能性。

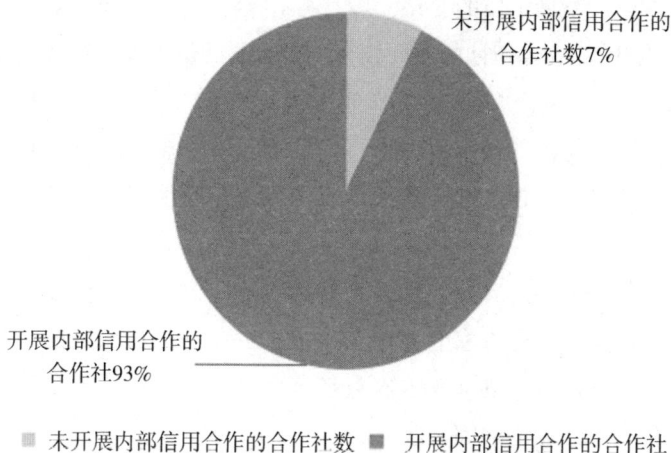

未开展内部信用合作的
合作社数7%

开展内部信用合作的
合作社93%

■ 未开展内部信用合作的合作社数　■ 开展内部信用合作的合作社

图 7-2　中国农民专业合作社开展内部信用合作的比例

资料来源：中国农业年鉴编辑委员会．中国农业年鉴 2018 年［M］．中国农业大学出版社，2019：377-378.

二、牵头主体多元化

我国现代新型农民专业合作社的形成与发展是随着 1978 年改革开放及农村经济体制改革深入化而不断演进的，在此 40 余年归纳起来大体经历了三个主要发展阶段。第一阶段为改革开放后至 20 世纪 90 年代初是农民自发组建松散化孕育形成阶段。实施农村家庭联产承包责任制后，农民获得了农业生产经营自主权，农业生产力得以快速提升，农产品产量大幅度增加，商品化率也随之提高，小农户与大市场的矛盾逐渐显现，农民们互相协作以应对大市场竞争的需求更加强烈，因而自发地联合起来，逐渐建立了一批以提供市场信息、加强技术指导、统一进行产品收购和销售为主要内容的各类合作经济组织。但在该阶

---

① 中国农业年鉴编辑委员会．中国农业年鉴 2018 年［M］．北京：中国农业大学出版社，2019：377-378.

段农民合作社数量较少，带动农户数也不多，而且组织规模普遍偏小、组织结构较为松散、规范化程度很低，其中绝大多数的合作社均尚未建立正式的管理章程和完整的组织架构，仅仅凭借成员间朴素纯洁的情感关系来联结，成员的权利和义务也没有得到进一步明确，其发展处于萌芽起步阶段。第二个阶段为20世纪90年代初到2007年之前属于多种合作类型快速成长阶段。该阶段农村经济快速发展，小农户与市场之间的矛盾逐渐凸显，在农业产业化发展的推动下，农村合作经济发展了质的变化，1995年出台了《关于深化供销合作社改革的决定》，将农民专业合作社的发展放在了很重要的位置上，合作社在内容和形式上都更加丰富化。第三阶段为2007年《合作社法》颁布实施之后属于法律引导规范化逐步成熟阶段。大多数专业合作社都具有完整的章程，并严格遵照执行，合作社成员之间的权利和义务关系也得到进一步明确，除此之外合作社的活动范围也有所扩展，合作社和成员之间既有技术合作，又有信息、资金和农产品收购与销售等方面的合作。随着合作社的不断发展，合作社为社员提供的服务已经呈现出向社员提供农产品深层次加工等高附加值服务的趋势，合作社提供的服务从单一内容，逐渐深入农业产前、产中、产后的各个环节，提供农业领域全方位、全产业链的综合服务。

当前我国农民专业合作社的组建形式、组建主体呈现出多元化的态势。据统计，组建合作社的牵头主体以农民（乡村能人）为主，乡村能人其身份为农民，既包括种养大户、农场主、农业经纪人等乡村产业经营能人，也包括具有乡村行政管理职责的各类村干部，但由于村干部在管理乡村行政事务方面的特殊身份，因此将其与其他类型乡村能人进行区分则更为合理。除此之外合作社的牵头主体还包括各类企业、村基层农技组织和其他（见表7-1）。

表 7-1 组建农民专业合作社的牵头人情况（单位：万家，%）

牵头人 年份	农民（乡村能人）				企业		基层农技服务组织		其他	
	非村干部		村干部							
	数量	比重	数量	比重	数量	比重	数量	比重	数量	比重
2011	36.6	69.8	9.2	20.1	1.5	2.9	1.0	2.0	2.6	5.2
2012	46.4	71.4	10.8	18.9	1.8	2.9	1.2	1.9	3.1	4.9
2013	66.6	73.8	13.6	16.9	2.4	2.7	1.5	1.7	4.3	4.8
2014	87.9	75.9	15.6	15.1	3.0	2.6	1.9	1.6	5.4	4.8
2015	104.3	78.1	17.3	12.9	3.4	2.5	2.1	1.6	6.5	4.9
2016	123.3	77.8	19.1	13.4	3.8	2.5	2.6	1.6	7.5	4.8
2017	149.6	79.1	23.0	12.1	4.4	2.3	2.8	1.5	9.4	4.9

资料来源：历年中国农村经营管理统计年报

现阶段我国农民专业合作社的组建形式主要体现为以下四个类别：

一是乡村能人创办型。"乡村能人"又被称之为"乡村精英"，通常是指在农村社会中，既具有经营能力，又掌握经济资源，还拥有社会资本的特殊人才。那些具有合作意识、企业家精神和合作社知识的乡村能人，在相关利益的驱动下，运用自身的经商头脑、管理经验、社会关系网络以及资金等要素资源，为凝聚众多农户合作共建合作社奠定了基础。乡村能人通常是农村种养大户、农业经纪人、返乡创业人员或是其他具有某些特殊技能的、威望较高的农民，他们往往具备战略眼光或超前思维，对周边农户生产经营活动具有一定的带动能力，对所在农区产业发展也有推动作用。乡村能人创办型合作社，凭借乡村能人的能力和威信，吸引众多本地农户参与合作社发展，在乡村能人主导经营下的合作社更容易提供社员所需的各类服务。种养大户等乡村能人通常占据着合作社较大的资产份额，并担任主要责任人，相较于普通农民，他们具备一定技术水平与领导能力，在经验、资金或销售渠道上也更具优势，能够带领农民发展当地特色产业，有效提升合作社经营规模。少数乡村能人与众多普通小农户相比，农业经营能力普遍较强，对于市场信息获取和利用能力均较高，为实现自身价值的诉求较强，更有联合起来带动村民共同致富的愿望。而且，乡村能人也具备创办合作社所需的知识技能、经济实力、社会关系、号召能力、经营管理方法等优势，这些优势资源是众多普通小农户难以具备的。正因如此，农村能人的引领是有利于合作社形成和发展的。该类型合作社是农民自发创办的，不受任何行政干预，具有较强的独立性和凝聚力。通常以提供一系列的产品服务，主要包括生产资料购买、农业生产技术支持及市场连接等方面，并利用技术服务、质量监控、销售服务等，引导入社农户的农业生产经营活动。

二是村干部牵头型。作为乡村基层组织的村干部往往由乡村能人担任，因此，其属于乡村能人中的特殊组成部分，兼具有其他乡村能人所不具备的乡村行政管理权力。村干部在村中通常享有较高的地位和声望，社会关系较广。该类合作社的创办主要由村级基层组织中的村干部通过积极宣传、号召广大农户参与合作社，进而推动合作社的创建和发展。同时，为了实现合作社之间优势互补或避免区域内同类合作社过度竞争，基层村干部还能够利用自身的威信力牵线搭桥将区域内或区域外合作社联合起来组建合作联社，增加合作社的整体实力。村级基层组织牵头型合作社通常是在本区域内乡村经营型能人较为缺乏的情况下，由具有行政管理能力和组织权威的基层村干部充当合作社牵头人及管理者角色，可以更为有力地号召区域内农户积极参与共建合作社。合作社的建立与良好运营也会对整个村庄治理产生许多有利的影响，能够将村庄内零散的土地、资本、人力和技术等各项生产要素资源整合起来，优化管理、统一调配、提升效率，将零散的各类资源优势转化为整体的经济利益，使得合作社发展与乡村治理协同演进。村干部作为合作社的主心骨，能够最大限度发挥其号召力与凝聚力，将分散的村民组织起来合力搞经营，抱团闯市场，从而实现农民增收致富。与其他主体牵头创办的合作社相比，村干部牵头创建的合作社同时拥有政治资源优势和乡村地缘优势，更有利于乡村产业有序发展和乡村振兴战略的实现。这种合作社组织模式更适合于贫困地区，通过降低农户生产风险和交易费用，增加农户收入。

三是农业龙头企业领办型。虽然合作社是由农民自愿联合共建的合作经济组织，但是也允许且有必要引入少量单位成员以提升合作社的发展质量。不论是乡村能人还是村干部都是单个个体，与企业相比其拥有的生产要素资源往往有限，由个体创办的合作社通常规模较小、实力较弱、经营管理水平有限，特别是在激烈的市场竞争环境中优势不明显。一些农产品加工型农业企业出于稳定原材料供应链的需要，也积极参与到牵头创办合作社的过程中。由农业龙头企业领办的合作社，通过建立"龙头企业+合作社+农户"的经营模式，避免了频繁与单个小农户签订订单合同且无法监控农产品质量的弊端，还能够提高合作社的一体化程度，拉长整个农业产业链，在农业领域中创造出更多的产品附加值，使其实现价值增值，使龙头企业、合作社和农户成为一个利益共同体，达到各方面共赢的格局。农业龙头企业借助合作社这一桥梁，搭建起与众多小农户之间的联系，可以实现企业原材料需求与农户生产农产品供给的有效衔接，将农户与企业的农产品供需合作关系稳定联结起来，解决了农户农产品销售难的问题，同时也消除了农业加工企业原材料货源不稳定的难题，达到二者双赢的效果。依托龙头企业组建的合作社规模普遍较大，与农户的联系更为密切，是推进农业产业化的强大动力。通过农业龙头企业，以契约及利益关联为纽带，向农户提供农资、信息、技术与销售等服务，农户按照合作社签订的统一价格和质量标准向龙头企业提供农产品，从而形成企业、合作社、农户共同构建的农业产供销一体化经营体系。其特点就是利用企业的优势，合作社的桥梁作用，企业借助合作社与农户签订农产品购销合同，合作社统一供应优质产品、规范标准生产及收购产品等，同时开展农户需要的法律担保，协调资金及生产资料的运转服务。以农业龙头企业领办型合作社，在运营管理方面通常是以公司治理模式为主，具有较为严格的管理制度、相对健全的组织结构、较为雄厚的资本实力，抵抗市场风险能力也较强。

四是基层农技服务组织转化型。将原来已存的各类基层农技服务组织改建为合作社，并建设各种生产同类农产品的种养殖基地，通过建立"合作社+基地+农户"的生产经营链接方式，作为合作运营模式。通常组建合作社的基层农技服务组织的服务范围比较广，农户享有产前、产中、产后的一切服务，而农技服务组织是围绕着特定的农产品展开的，为特定农产品生产者而展开农技为主的服务。部分农技服务组织按照合作社法的规范要求转型成为农民专业合作社，通常具有一定的运营基础，特别是在技术培训指导方面具有优势。

三、农户构成主体化

虽然农民专业合作社是众多农户联合起来组成的经济互助组织，其组织成员是以农户为基础，占比达到90%以上，但也存在着众多其他类型的参与主体，合作社成员的异质性是合作社发展的主要特征之一。目前我国绝大多数的农民专业合作社成员既包括普通小农户，也包括专业大户及家庭农场主，还包括各类企业以及其他团体成员等（见表7-2）。

表 7-2　中国 2017 年农民专业合作社成员数比例

成员类型	比例
普通农户数	95.43%
专业大户及家庭农场成员数	3.59%
企业成员数	0.55%
其他团体成员数	0.42%

资料来源：中国农业年鉴编辑委员会．2018 年中国农业年鉴[M]．中国农业大学出版社，2019.

作为独立生产经营的普通农户，是农业基本经营单位，也是农业全过程经营者。农户以家庭为单位，独立负责从农业资料购买到农产品生产及销售整个过程，独立承担经营风险及市场波动，这样的经营方式使得农户"原子化"状态明显，普通小农户与其他农户合作经营的农业项目极少，且不善于经营方面的合作。这种"善分不善合"的本质，使得普通小农户很难自发组织起来进行合作，且对于农户来说，合作社的集体利益是外部利润，分散而有限。与此同时，由于绝大部分农户在经营决策时存在"有限理性"的特点，在追求自身利益最大化过程中，容易出现机会主义倾向，因而并不利于共同创建合作社。

专业大户及家庭农场主等乡村能人在合作社发展过程中具有要素资源和社会关系上的先天优势，在合作经济组织中，乡村能人对协调组织各种生产要素资源和运用各类社会关系等方面作用显著。农村种养大户作为乡村社区中率先达到富裕水平的人群，在市场需求的导向下，当中多数人都以专业化生产或经营为主业，使其在信息获取、竞争参与、交易谈判等方面具有高于一般小农户的优势。乡村专业种养大户往往具有较高的技术水平和较大的生产规模，更容易获得其他小农户在农业经营方面的认同与追随，有利于吸引更多的小农户自愿加入合作社。

合作社吸纳企业成员参与其中，能够促进合作社与企业资源的互补。合作社拥有众多小农户，可以实现农业生产的规模化和建立农产品生产基地，便于监控农产品质量安全；企业拥有较为雄厚的资金、农产品加工设备及市场销售渠道，正好实现资源互补。企业为农户提供资金、技术及管理等生产要素，农户为企业供应了稳定的原材料，合作社则为企业和农户架起了桥梁，三者之间主要通过合作或股份合作关系联合。这是一种有序的产加销运行体系，企业着重加工与营销，农户侧重生产，合作社负责联系与服务。

其他团体成员包括按照有关规定加入合作社的事业单位或社会团体成员。从事与合作社业务直接有关的事业单位或社会团体成员，能够为合作社提供农产品生产、运输、储藏、加工、销售及相关服务活动，利用其技术和经验等优势，提高合作社生产经营水平和抵御市场风险的能力，也成为合作社的重要成员之一，甚至在有些合作社中成为其核心成员。

四、品牌塑造增强化

品牌已成为当今产品获得市场竞争能力的关键。品牌竞争力也是经济组织市场竞争力的表现形式之一。农民专业合作社也是经济组织，品牌对其发展也至关重要。为提高合作社产品在市场上的竞争力，就需要采取品牌战略。由于普通农户经营规模小、实力弱、资金少、品牌意识低，品牌塑造投入资金巨大，因而农户自身很难建立独立的品牌，而组建合作社则使品牌建设成为可能。将众多小农户集合起来共同组建合作社，以合作社为单位注册品牌，并加强品牌形象塑造，以此才能增加农产品附加值及市场竞争力。目前农民专业合作社在品牌建设方面通常使用以下几种形式：农产品知名品牌；农产品区域品牌；农产品地理标志商标；无公害农产品、绿色食品、有机食品认证；集体商标等。随着市场经济的深入发展，更为迫切地需要合作社把独立农业经营的小农户整合起来，加强品牌塑造，形成农业产业化、现代化、品牌化的运营体系。

在现代农业产业化运营中，合作社展现出了重要的组织功能。对内，合作社采取合作制进行运营管理和产权分配；而对外，合作社则充分体现了其市场化的一面，具备与普通企业相似的特征。由此而言，合作社和市场化中的众多企业一样，均需要注重产品品牌的培育。合作社把分散经营的众多小农户组织起来，采取农业一体化的经营模式，从育种到生产、加工、储藏、保险、运销、消费的各个环节，通过分户生产、合作加工与运销，构建一个更为完整的农业产业链，组成稳固的利益共同体联盟，共同应对激烈竞争的市场环境，进而实现了农业领域的小生产与大市场的有效对接。合作社这种将小农户分散拥有的人力、物力、财力整合起来的经营方式，为申请品牌及塑造品牌形象奠定了物质基础。而且合作社借助日常社员培训、集体学习、互相交流等活动，在社员中积极宣传品牌的力量，促使社员们树立品牌意识，增强社员们塑造品牌及维护品牌的积极性与自觉性。同时，合作社可提升小农户抗风性能力，提高农业集聚化生产经营程度，高效收集各种信息，降低成本，这些都为树立农产品品牌奠定了基础。

在品牌塑造过程中，势必需要投入大量的资金，合作社作为由众多农户及少量企业等单位成员共同组成的合作经济组织在经营规模、经济实力、信贷融资及品牌意识等方面均具有比单个农业经营主体更强的优势。合作社既可以采用内部融资也可以采用外部融资这两种模式。内部融资是当前农业中介组织发展实践领域中更为常用的筹集资金模式。虽然单个农户的资金量比较小，但农业中介组织进行内部融资的方式众多，农户既可用货币资金出资、也可用农资设备出资、也可土地所有权出资、还可用其他的被认可的实物物资和无形资产进行出资。合作社借助种类繁多的融资形式，将各类农业经营者的闲散资金聚集起来，可以在一定程度上为合作社品牌塑造和运营提供资金保障。2017 年拥有注册商标的农民专业合作社达到 81353 个，比上一年增加 8.56%，呈现逐年上升的趋势，越来越多的合作社开始注册自己的商标品牌①。

合作社通过把广大分散的小农户有组织的聚集起来生产经营同类农产品，可以提高农产品的种植面积或养殖规模，实现规模经济效应。随着合作社自身经济实力的提升和成员品牌意识的加强，许多想要在市场竞争中获取更多利益的合作社，积极进行产品品牌培育与认证，为树立品牌形象，则更加注重产品质量的提升，并采取一系列的措施。例如，组织农产品质量标准的制定与监控、地理标志产品的认证、无公害农产品等"三品"认证，商品商标、集体商标及证明商标的注册等。充分利用品牌提升农产品的无形价值，为产品增值开辟更为广阔的空间，使得入社农产品销售渠道明显增加、产品价格显著提升。

第三节　农民专业合作社的形成机制与路径

由于我国农业经营制度实行的是农户家庭责任承包制，在这样的体制下要把农业产业各个行为主体连接起来形成一个有机生物群落，必然要求一个能把分散的农户联结起来，构建类似"大农场"式经营的中介组织。同时，一些以初级农产品为加工、服务对象的企业、机构也需要这样的组织。组建农民专业合作社的过程中，各类农业经营主体是否积极参与合作社，归根结底取决于合

---

① 中国农业年鉴编辑委员会．中国农业年鉴 2018 年［M］．北京：中国农业大学出版社，2019：379.

作社能否为其带来比不入社更大的利益。在区域内各类农业经营主体并非完全孤立的元素，他们往往被各种关系联结在一起，相互依附又互相制约，这种关联关系直接影响着合作社的创建。为了探索合作社的形成规律，需要进一步剖析其形成机制与路径，以找寻其中的共性特征，理解各类农业经营主体的行为动机，因而结合行动者网络理论及其他相关理论，能够更好地分析合作社的发展路径。

一、合作社的形成机制与利益联结方式

农民专业合作社的形成过程就是各利益相关主体建立起紧密合作关系的过程。作为合作经济组织，合作社的形成与发展离不开众多农业经营主体的参与，这些经营主体都是合作社的利益相关者，由于这些利益相关者拥有的资源禀赋和利益诉求存在差异，因此属于异质性的行为主体，其在合作社创建过程中扮演的角色也有所不同。这些异质性的利益相关者在合作社的构建过程中构建了错综复杂的利益联结网络，借助网络进行各类生产要素资源的流通，实现资源互补与利用，增加总体经济利益和社会效益，达到利益共享的目的，以满足各自的利益诉求。但由于当前我国农民专业合作社的利益相关者存在差异性，且不同地域、不同产业特色的农业经营主体类型也有所差别，因而，合作社的组建形式呈现多元化，其具体的形成机制与利益联结方式也存在差异。

1. 能人领办型合作社形成机制及利益联结方式

乡村能人凭借其拥有的经济资源、社会关系或信誉威信，形成号召力，可吸引区域内众多小农户积极参与合作社，但乡村能人的带动能力往往仅局限于一定区域范围内，合作社的规模受到相应的限制。乡村能人领办的合作社通常是由单个或多个农村能人首先完成合作社的原始筹资，注册成立合作社，进而吸纳更多农业经营主体以资金、土地、技术或劳动力等各类生产要素资源入股合作社，充实合作社资本额。农户以土地入股形式参与合作社经营通常有两种主要的形式：其一，如果乡村能人本身就是种养大户，则普通农户往往直接将土地流转给乡村能人，以获取固定的土地流转金额；其二，将土地入股合作社，合作社经营获取剩余利润之后，按照契约合同或参股比例进行分红。随着合作社实力的增强，部分合作社投资仓储设施建设或引进农产品加工机械设备，进行农产品统一包装及销售，以提升农产品附加值，并依据合作社与社员的契约合同或入股份额进行剩余利润的分配。普通未参与入股的社员农户在乡村能人

的带领下，按照合作社要求从事农产品的种养殖活动，并依照契约价格将农产品交付合作社，获取相应的收益。这里由乡村能人领办的合作社，乡村能人即为合作社利益联结的核心，从而也掌握整个合作社的发展方向。

2. 村基层组织牵头型合作社形成机制及利益联结方式

由村基层组织牵头组建合作社在合作社兴起的初期较为常见。由于我国多数传统农村信息较为闭塞，对新兴事物的接受过程较长，作为新型组织形式的农民专业合作社在发展初期需要乡村具有威信力的个人或组织进行宣传及牵头创建。特别是在一些经济欠发达地区，乡村能人较少，村基层组织往往成为牵头创建合作社的主体，在合作社成立之初发挥着关键作用。出于对村基层组织的信任，村域内的农户往往能够积极加入合作社，并遵守合作社的规则，促进合作社的快速形成与规模扩张。但村基层组织建设合作社的资本金有限，因而由村基层组织牵头创建的合作社多数积极引入一些企业参与合作社投资建设，并借助企业销售平台，拓展合作社产品的销售渠道。在村基层组织牵头创建的合作社中，即使引入少量企业作为单位社员，但在合作社建设及经营管理过程中，入股的企业并不占据主导的地位，依据入股份额比例参与合作社的利润分红。未入股但参与合作社的农户社员主要通过合作社销售农产品获得较高的利润；以资金、土地或农资设备等方式入股参与合作社的农户，除了可获得销售农产品的利润外，还可以按照入股比例享有合作社剩余利润的分配权。

3. 龙头企业带动型合作社形成机制及利益联结方式

农业龙头企业出于稳定农产品原材料供应链的目的，也会积极参与创建合作社。龙头企业依靠自身的综合实力，通常能够吸引到更多类型的农业经营主体参与合作社建设，特别是那些原本就采取"公司+农户"订单式经营模式的龙头企业，在创建合作社时更具有农户基础的优势。龙头企业带动创办的合作社通常初始创建资金较为充足，经营管理水平也更高，销售渠道更多，更能适应市场竞争环境，获得更高的经济利润，因而能吸引更多农户加入。入社农户可通过将土地流转给龙头企业获得土地租金，也可以通过入股形式参与合作社分红。但龙头企业作为乡村外来势力，与乡村农户之间可能存在信任危机以及产生一些其他不确定性，包括道德风险、违约机会、运作不透明、侵害农户利益等问题，因而建立稳固的利益联结机制更为重要。以龙头企业带动创建的合作社在利益联结方面主要有两个特点：一是签订契约合同并加强树立契约精神，入社农户以合作社为纽带与农产品收购企业签订契约合同，农户从直接面对企业签订农产品销售契约转变为依靠合作社共同与企业协商签约，多重保障降低双方违约概率；二是明确产权关系，龙头企业以全额出资或部分出资形式拥有合作社的股份，其拥有合作社的实际控制权，并把握着合作社的发展命脉，同时也承担经营风险，而入社农户不再是完全意义上的独立生产经营者，而按照企业规定生产农产品，企业按照农户提交产品的数量和质量支付农户报酬。

农民专业合作社的形成与发展加速了农业产业化的进程，各种生产要素资源开始向农业领域聚集。借助合作社这一平台，将各类农业资源和生产要素进行整合，把分散的小农户组织起来，提高了农民参与市场竞争的组织化程度，实现了产销对接，提高了农户的市场竞争地位，促进了农业生产水平和经济效益的提高。（见图7-3）。

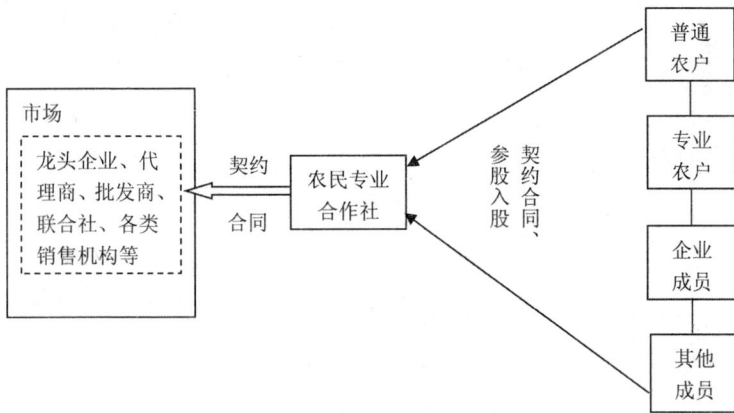

图7-3 农民专业合作社组建形成的示意图

合作社是一个民主管理的合作经济组织，合作社的管理与每个社员都有紧密的联系。农民在加入合作社的时候，以自己的土地，资金，或其他资产入股，获得合作社的股份，农民专业合作社也实行产权股份制，农民再加入合作社时可以按照自己的能力投入资金，然后合作社会根据社员所投资本的多少分配给他们一定比例的产权股份，然后跟合作社形成了一个经济共同体，在发展过程中相互依存，利益共享，风险共担，具有一套完整的内部机构设置。农民与合作社的经济联系越紧密，合作社的凝聚力越强，农民的利益也能得到更好的保护，这种联结方式既可以存在于合作社与企业的经济利益联结中，也可以存在于合作社与社员的利益联结中。这种联结将合作社的经营好坏同合作社的社员紧密地联结了起来，形成一个利益共同体。

合作社是经营实体，合作社必须与外界产生关联方可实现经营本质，外部利益联结直接决定了合作社的盈利模式、利润增长点，是合作社形成紧密的利益关系的基础与前提。不同合作社在与终端市场的联结中所采用的不同的方式，重点在于合作社在外部利益联结中所处的地位与关系。合作社联结的外部主体不外是初终端市场以及各种中间组织，其中的中间组织具有代表性的是农业龙头企业、批发市场、超市及代理商、合作社的联合社总社或分社等。

二、由内生与外生力量联结共建合作社

虽然从统计数据上来看，农民专业合作社以乡村内部农民牵头组建为主，但在合作社的形成过程中往往会有乡村外部力量参与其中。尽管农民专业合作社的创建形式不同，且具有不同的形成路径，但多数合作社的形成过程都显现出是由乡村内部力量与外部力量共同作用的结果。合作社的创建通常涉及众多农户、乡村能人、村基层组织等乡村内部力量以及龙头企业、政府部门、供销社等乡村外部力量，因而，有些学者将合作社的形成路径划分为内生型和外生型。内生型合作社主要是由乡村能人、种养大户或村基层组织牵头创办的；外生型合作社则主要是由龙头企业、供销社或其他组织机构带动创办的。但合作社的实践活动则越来越多地显现出，随着合作社的规范化发展，内生力量和外生力量相互联结成为合作社成长过程中的必然。

由于我国乡村原始资本积累不足及小农户的弱质性促使合作社的形成与发展不得不或多或少地依靠乡村外部的力量，这样合作社才能更好地应对外部激烈的市场竞争环境而存活下来，完全依靠乡村内部力量创建的合作社往往难以维持持续经营，而引入外生力量成为不可或缺的支撑力。在我国农户原子化、经营规模小且分散化的状态下，对于任何单个小农户而言，牵头创建具有合作性质的合作社并不符合个人理性，而且容易被其他农户"搭便车"，因而难以完全依靠乡村内生而形成合作社。

在乡村内生力量与外生力量相互联结共同促进合作社形成的过程中，内部力量除了乡村能人、普通农户、村基层组织等人类主体力量外，还包括乡村基础设施、种养殖传统、文化习俗等基础条件，这些人文资源也可被看作是非人类主体力量，在合作社的形成中也具有影响作用；外生力量除了龙头企业、供销社、政府机构等之外，还包括市场环境、政策环境、技术环境等，这些环境氛围也影响着合作社的形成。在合作社形成之初，外部环境力量发挥着重要的影响力，在市场经济及政策法规的推动下，合作社才有形成的可能性。外部力量能够从政治和经济方面给农户提供很多的优惠，但是合作经济达到一定的规模时，收益的总量变大时，外部要求的利益分配和内部的分配会发生矛盾，如果不能有效解决，会影响合作社的生产效率和农民的生产积极性①。

三、基于行动者网络构建的合作社形成路径

为了进一步探讨内生力量与外生力量相互联结形成合作社的具体路径，可以用行动者网络理论为基础作为分析框架。依照行动者网络理论，主张摒弃以往的二元思维模式，强调内生与外生力量应受到同等的重视，这样更符合合作社的形成特征。由于合作社的形成依赖于外生与内生力量共同支撑，因而有必要对内部与外部因素进行深入细致的区分（见表7-3）。

表7-3　内生与外生力量的划分

	内生	外生	内生与外生联结
政策或措施	由地方乡村内部达成共识	国家宏观政策推动	混合有地方乡村共识与国家政策推动
资金	本地乡村自有资本金积累	外部流入资金（包括社会资本、政府补贴与奖励等）	结合本地的和外来的资金
资源	本地自然环境资源、文化习俗、种养殖传统、技术与知识等	乡村外部的各种技术与知识等	混合型（蕴含地方资源的农产品销售到外地，或运用外地技术生产本地农产品）
参与者	本地农户	外来者（涉农企业、机构单位等）	结合运用本地与外地的各类人力资源
结果	经营利益主要留存于本地乡村内部	经营利益部分流出本地	内部与外部市场相互联结，利益主要分配于合作社内部成员

资料来源：李承嘉.行动者网络理论应用于乡村发展之研究：以九份聚落1895-1945年发展为例[J].台湾地理学报，2005，（39）：1-30.

乡村农户在资金、技术、人力等生产要素资源方面拥有量有限，在与企业、

---

① 张丽薇.中国农民专业生产合作社发展研究［D］.吉林大学，2020.

团体组织等其他利益主体相竞争时，容易处于劣势地位，造成自身利益流失。但小农户组成合作社后，将增强整体实力，与其他市场主体相抗衡。在乡村地域内，农户基于血缘、亲缘、友缘等关系更容易建立起信任基础，有助于合作社的创建，因而农户在合作社利益联结过程中具有一定的优势，相反，合作社的组建则能更好保护农户的利益。在合作社的组建过程中应激发农户的潜力和凝聚力，并调动其民主监督与民主管理的积极性，发挥其在农民专业合作社中的中坚力量。

企业是谋求经济利益最大化的营利性组织，其主要从事商品生产、加工、销售或服务等经营活动。企业在市场竞争中具有一定的优势，能够捕捉市场信息、寻求产品销售渠道、降低交易成本，这些都是分散进行农业生产经营的小农户所不具备优势。企业加入合作社的建设不仅能够提升合作社的经济效益，还能将先进的管理模式、有效的市场信息、更多的社会资本带入合作社及乡村地区，促进合作社经营效率的提升，推动乡村经济的繁荣。

政府机构在制度安排、政策制定与资金扶持等方面对合作社的形成与发展也起到了重要的推动作用。中央及地方各级政府制定实施的政策及法规直接指导着合作社的发展方向。而地方政府在扶持合作社发展的同时也带动了地方农业产业的发展，推动了乡村治理的改善。

除此之外，乡村的基础设施、文化习俗、种养殖传统等地方资源也影响着合作社的形成，合作社与其所在乡村发展存在着相互作用的连带关系。乡村内外部环境中的各相关行动主体共同构建了形成农民专业合作社的行动者网络，而基于乡村自然环境与社会关联性建立的合作社，其形成与发展也必将会对所在的乡村环境产生一定的影响。通过行动者网络将影响合作社形成的内外部力量联结起来，网络一旦建立成功，合作社也随之而形成①。由乡村内外部异质性行动者组成的行动者网络构建完成后，农民专业合作社也随着得以形成，乡村自然与社会结构都将受到重整（见表7-4）。

---

① 李承嘉. 行动者网络理论应用于乡村发展之研究：以九份聚落1895-1945年发展为例 [J]. 台湾地理学报，2005，(39)：1-30.

表 7-4　ANT 与内外生力量联结促进合作社形成的对应关系

ANT	主要论述	ANT 在合作社形成的应用
主体	内部与外部、自然资源与人类个体被对等看待	各种资源包括自然环境、基础设施、种植传统、资本、技术、文化、制度等与人类个体包括农户、企业、村组织、政府、其他团体组织等同等重要
空间	所有行动者的相关行动空间将突破地理空间上的限制	内生力量与外生力量相互联结，共同促进合作社形成，乡村内外部因素均同等重要，不存在空间上的对立
作用关系	形成以社会环境为基础的行动者网络、重整乡村社会结构	行动者通过网络关联促进合作社形成，乡村自然与社会关系网络得以重构

　　资料来源：李承嘉. 行动者网络理论应用于乡村发展之研究：以九份聚落 1895-1945 年发展为例[J]. 台湾地理学报，2005，（39）：1-30.

第四节　农民专业合作社的实证研究

　　自 2007 年农民专业合作社法实施以来，我国农民专业合作社快速发展，也逐步规范化，特别是一些特色产业类合作社获得了较为成功的发展。因此，以该类合作社为案例对其发展路径进行全面分析，具有较强的实践价值。本案例选择的河南省偃师市缑氏镇向民葡萄专业合作社是我国较早发展起来的特色产业类合作社，是河南省设立的第一批农民专业合作社示范社。

一、向民葡萄专业合作社发展概况

　　向民葡萄专业合作社位于偃师市缑氏镇唐僧寺村，该区域地理位置优越，紧邻国道、交通便利，有利于生鲜葡萄等农产品运输到全国各地。该地区光照时间充足，水利资源丰富，土地平坦肥沃，土壤含钾量大，非常适合葡萄的生长，产出的葡萄粒大、色艳、口感好，被誉为"冰糖葡萄"，具有区域优势，唐僧寺村以发展葡萄相关产业为主导产业，村内全部耕地均用于种植葡萄，葡萄平均亩产 2500 公斤左右。

　　唐僧寺村葡萄种植历史悠久，可追溯到改革开放初期，出于农业产业结构调整和发展农村经济的需要，唐僧寺村干部受到外地参观的启发，开始试种葡萄，并带动了邻村及邻镇也开始种植。唐僧寺村经过数十年持续推广种植葡萄，并不断改良葡萄新品种，建成葡萄新品种试验基地，以便对外地引进的葡萄新品种进行试种植。在地方政府大力推动葡萄产业发展的影响下，唐僧寺村葡萄种植面积不断增加，周边村镇也积极进行葡萄的种植，唐僧寺村所在的缑氏镇许多村庄都开展葡萄种植，葡萄产业逐渐成为缑氏镇的特色产业，并获得一系列荣誉称号。2002 年缑氏镇被国家林业局授予"中国葡萄之乡"的荣誉称号；2003 年缑氏镇葡萄被河南省认定为无公害农产品；同年缑氏镇葡萄产业化基地被河南省农业厅授予"无公害葡萄生产基地"；2004 年缑氏葡萄产品获农业部无公害农产品认证和无公害生产基地认定；2004 年唐僧寺村葡萄新品种试验基地被授予为"全国名优葡萄标准化一类示范区"；2005 年"唐僧寺"葡萄商标在国家工商行政管理局注册成功；2006 年，唐僧寺葡萄产品被农业部认定为"无公害农产品"；2007 年，唐僧寺葡萄 GAP 试点基地被全国供销合作社总社确定为第三批农民专业合作社良好农业（GAP）试点基地；2008 年唐僧寺葡萄产品通过了农业良好生产规范（GAP）认证；2015 年唐僧寺葡萄产品通过农业部绿色食品认证；2016 年偃师葡萄被农业部认定为地理标志农产品；2017 年偃师葡萄成为河南省农产品区域公用品牌。

偃师市缑氏镇向民葡萄专业合作社始建于 2001 年，成立初期组织形式较为松散，2004 年由该合作社发起在民政部门依法登记注册成立了偃师缑氏葡萄协会，2007 年《农民专业合作社法》颁布实施后，依照《农民专业合作社法》的规范要求进一步组建注册为偃师市缑氏镇向民葡萄专业合作社。该合作社由唐僧寺村村干部牵头，联合 10 余户（人）葡萄种植大户及葡萄销售经纪人共同入股投资，形成合作社成立的初始资金，并引入唐僧寺葡萄发展有限公司（2005年被偃师市授予农业产业化重点龙头企业）成为合作社单位成员，主要为成员统一提供生产资料采购、供应，葡萄的种植、收购、加工、信息咨询及技术培训等服务。在合作社的带动下，唐僧寺村先后建立起全省最大的鲜食葡萄交易市场、唐僧寺庄园葡萄酒业公司、唐僧寺葡萄酒堡、唐僧寺万亩鲜食葡萄基地等，为入社成员、周边果农及各类客商等提供全方位服务。

二、向民葡萄专业合作社的组建与成效

向民葡萄专业合作社组建时期由唐僧寺村村干部牵头创建合作社，村干部任合作社社长，由于该合作社初创时期，新型农民专业合作社在我国很多地区

还没有兴起，绝大多数村民对新型合作社尚不了解，因此村干部领办合作社能增强普通村民对合作社的信任感，又因村干部影响力范围有限，创办初期主要吸纳本村葡萄种植户，其占比社员总数达到80%以上。如同众多农民自发创建的合作社一样，该合作社成立的初衷也是为解决葡萄产品的销售问题，因此合作社吸纳了单位成员唐僧寺葡萄发展有限公司，该公司下辖葡萄专用农资超市、果农科技培训中心、名优品种示范园暨新品种试验基地、7个保鲜冷库和全省最大的葡萄交易市场，为合作社开拓销售市场提供了保障。

合作社成立初期，在产权制度改革上，以土地入股的农户有189户，占全村总户的36%，其原始股2.26万元，占总股金1.7%。通过村级产权界定、资产清查与评估，村集体资产在合作社的股金为40万元，占总股金的30.9%。缑氏镇供销社在专业合作社的初建过程中，资金入股87万元，占总股金的67.35%①。2007年，发展社员432人，种植葡萄400公顷，年产葡萄1200多万公斤，销售收入3000万元，平均每个社员收入6.9万元，合作社则实现盈利20多万元②。

合作社采用"市场+龙头企业+合作社+农户"（见图7-4），即"产、加、销"一体化的市场化运作经营模式，为入社农户提供农业生产过程全方位、综合性服务。

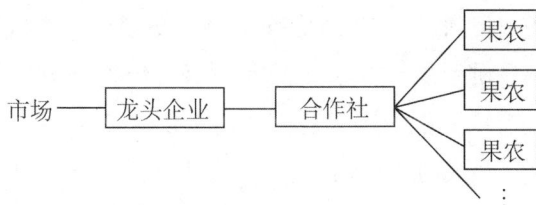

图7-4　向民葡萄专业合作社经营模式

在2007年合作社成立的初期，合作社葡萄种植面积超过400公顷，其中15户葡萄种植大户的种植面积达到100余公顷。该合作社已展现出对本村及周边村镇农户较强的辐射带动作用，在合作社的引领下，以唐僧寺名优葡萄种植区

---

① 张松涛，师宏欣. 农民新型合作化道路要坚持为社员服务的法律性质——偃师市向民葡萄专业合作社发展的启示［EB/OL］. http：//www.lypc.gov.cn/news.aspx？id=10738.

② 吴利超，郭敬辉. 偃师：四十五家专业合作社促农民增收［N］. 洛阳日报，2008-01-29（006）.

为核心，形成一个涵盖缑氏、大口、府店、高龙等 4 个乡镇的葡萄标准化种植示范带，带动葡萄种植农户达 2500 余户。

向民葡萄专业合作社成立之后，主要为成员提供以下服务：

一是提供生产资料的购买服务。合作社集中为社员购买肥料、果袋、有机农药等农业生产资料，因为集中大批量购买农资商品能够节约交易成本，至少比农户单独购买便宜 5%左右；合作社积极从全国各地葡萄种植研究机构中引进葡萄新品种在名优品种示范园中进行试种植，试种成功后，以至少低于市场价 10%的价格，优先提供给入社社员；对经济贫困的社员，写出申请报告，合作社批准给予一定的借款额度，收购葡萄时无息扣除；新发展的社员第一年，可以赊销种苗、农资、化肥等，当年取得效益后核算冲销。

二是提供技术信息服务。合作社成立之前，虽然缑氏镇葡萄种植已初具规模，但葡萄品种较为单一，品质较差，种植技术比较落后，年产量低，销售收入不高，葡萄种植户收益较低。为了调整葡萄种植结构、优化品种，实行规范化、现代化种植，提高生产效率和葡萄产量，增加农民收入，合作社聘请农技专家，定期举办种植技术培训班，深入浅出地给果农讲授生产理论、管理技术、植保技术，深入田间地头为果农成员进行果树修剪和嫁接等示范技术指导，现场推广新技术、新品种，改良品种，解答疑难问题，有效提高了果农栽培管理技术。同时，组织成员到辽宁、山东等葡萄基地参观，学习和借鉴外地经验和做法，并积极收集优质品种、市场行情等信息及时传递给成员，增加成员收入。

三是提供土地流转服务。唐僧寺村人均耕地只有 1.17 亩，发展规模化、集约化、产业化生产，最大的问题是一家一户分散经营。合作社充分发挥村委会是集体土地所有权代理人的优势，委托村委会参与土地流转的机制建设，把村委会作为土地流转的中介组织，按照"依法、自愿、有偿"的原则，通过组织愿意土地流转的农户，进行土地合理调整与整合规划。在土地流转过程中，一人两身份受益，一是股东，二是工资。

四是统一葡萄种植标准化管理服务。在合作社的带动下，葡萄种植过程已经实施标准化管理，统一规划施工、统一行间密度、统一架开模式，改变以往小农户无监管、无标准、随意性大的种植管理模式。实施合作社监管下的精细化种植和标准化管理，在规范化管理方面实行统一土壤消毒、统一提供种苗、统一供给肥料、统一嫁接技术指标管理、统一按标准包装（品牌）、统一价格销售等六方面的标准化统一管理。从布局规划、土壤检测、土地平整、葡萄搭架，到果苗定植、整枝打杈、浇水施肥、防治病虫害，再到商品包装、仓储运输等各个环节均严格依照标准化、规范化、无公害化的质量控制体系进行生产运营操作。随着入社农户均按照质量标准化体系种植葡萄产品，合作社销售的生鲜葡萄产品越来越受到市场的认可。

五是提供存储、加工、销售服务。合作社建起了葡萄存储冷库、包装纸箱厂、葡萄交易市场及葡萄酒加工企业，为葡萄的存储和外运创造条件，保鲜大批成熟下树的葡萄，为集中收购、包装、加工销售生鲜葡萄及葡萄加工产品奠定了基础。为了帮助社员及时且高价销售葡萄，合作社每年都派出营销宣传业务骨干，在省内及全国联系购买商，通过合作社的大力宣传，许多包括湖南、湖北、广东、广西、四川、贵州等地在内的南方客商也在葡萄成熟季节大量聚集到唐僧寺葡萄交易市场，并逐渐成为当地葡萄产品的稳定客源。合作社通过葡萄交易市场集中销售，在保证葡萄产品品质的同时也为客商提供了一流的服务。与此同时，对于那些没能在当地葡萄交易市场销售的葡萄，合作社进行统一收购，直接销售到葡萄售价较高的南方地区，为社员获取更高的销售收入。合作社还依托单位社员——唐僧寺葡萄发展有限公司对葡萄进行深加工，如加工成葡萄酒等，提高合作社产品的附加值，而且合作社还统一注册了"唐僧寺"牌商标，社员采摘下的葡萄按品种、含糖量、粒重、色泽统一包装销售，为社员提供了全方位、多层次、高品质的销售服务体系。

六是规范合作社的经营管理。合作社在实践中，不断地对各合作社成员的岗位、责任、权利、义务等都做出了比较完善的界定。从社员的权利与义务；合作社的组织设施；理事长、理事、监事会成员的产生，名额、职责、权利与义务；社员提案的讨论处理；合作社的财务管理从组织编制年度业务报告、盈余分配方案、亏损处理方案、财务会计报告到合作社成员专户，包括成员出资额、成员公积金份额、成员在本社的交易量等都要在每年召开的社员大会前十五日给予公布，提供场地供社员查阅。合作社的盈余分配明确规定：社员与合作社的交易量返还比例最低不得少于可分配余额的60%，盈利之后返还分配余额比例由社员大会决定。同时返还后的剩余部分的公积金，按成员出资额比例分配给本社成员①。

---

① 张松涛，师宏欣．农民新型合作化道路要坚持为社员服务的法律性质——偃师市向民葡萄专业合作社发展的启示［EB/OL］．http：//www.lypc.gov.cn/news.aspx？id=10738.

三、向民葡萄专业合作社的发展路径

向民葡萄专业合作社形成主要是因为本地特色农产品葡萄需要规模化的生产、专业种植技术的学习与交流以及鲜食葡萄的及时销售，同时也包括一些关键因素的推动，如政府政策、村干部动员、乡村精英的领导能力、各类组织机构的拉动力和当地农户的合作精神等。综上，可得出影响该合作社形成的有关内生与外生因素划分（见表7-5）。

表 7-5　影响向民葡萄专业合作社形成的内生及外生因素

因素	内　　容	内生	外生
政策	1. 国家制定政策法规鼓励发展农民合作社		√
	2. 省市政府部门大量宣传农民合作社		√
	3. 农业产业结构调整政策		√
资金	1. 村集体及农户自有资金	√	
	2. 外来企业投资资金		√
	3. 缑氏镇供销社入股资金		√
资源	1. 适宜种植葡萄的自然资源环境	√	
	2. 本地葡萄特色农产品	√	
	3. 外部引进葡萄新品种及新技术知识		√
	4. 本地农户长期积累的种植葡萄技术	√	
参与者	1. 村干部	√	
	2. 本地乡村精英（包括种植大户）	√	
	3. 外部涉农企业（包括缑氏镇供销社）		√
	4. 本地普通小农户	√	
	5. 镇政府		√
结果	1. 本地农户收入增加	√	
	2. 生鲜葡萄及葡萄加工产品销往外地		√
	3. 合作社大部分利益留在本地	√	

向民葡萄专业合作社的组建形成既受到内生因素的影响，也受到外生因素的影响（见表7-5），这两类影响因素均对合作社的形成产生重要的作用力。在政策方面，国家大力支持农民合作社发展的政策法规直接诱导了合作社萌芽思想的产生，镇政府积极推动农业产业结构调整，带动葡萄种植面积增加，生鲜

葡萄销量大增，生鲜产品存储难及销售难问题凸显，因而葡萄种植户参与合作社的意愿较强，这些因素均属于外生因素；在资金方面，葡萄种植大户、村集体、猴氏镇供销社等入股投资共建合作社，龙头企业出资无息贷款给农户种植葡萄以增加葡萄种植面积，其中本地葡萄种植大户和村集体的参股资金以及农户投入的生产成本属于乡村内自有资金，其他属于外来资金；在资源方面，该地区气候温和，水资源丰富，土壤含钾量较大，十分适合葡萄的种植，葡萄的成熟期比国内其他地方早半个月，葡萄产品粒大、色艳、味甜，且本地农户经过长期种植葡萄积累下来相对较高的葡萄种植技术，且村干部积极考察引进更为优良的葡萄品种及先进的现代化种植技术，除了引进的品种及技术外，这些本地所具有的独特资源，均属于内生因素；在参与者方面，根据我国农民合作社以农民为主体的原则，则当地农户、乡村精英、村干部等农民主体属于内生因素，猴氏镇政府、龙头企业及猴氏镇供销社则属于外生因素；在合作社形成后的结果方面，合作社的创建形成促进了当地农业产业结构的优化，葡萄产业成为当地特色产业，提高了农民的收入，加速了乡村经济的繁荣发展，与此同时，合作社将鲜食葡萄及葡萄加工产品售往外地，既满足了外地市场的需求也避免了陷入本地市场的激烈竞争，而且从外地获取了更多的收益。

根据上述所分析的影响向民葡萄专业合作社组建的因素包括内生与外生，这两类因素共同影响着合作社的形成，且都发挥着不可或缺的作用力，因而，该合作社的形成受到内外生影响因素相互交织混合作用。

在区分影响向民葡萄专业合作社形成的内生与外生因素之后，需要进一步探究该合作社的形成路径，运用行动者网络理论能够更为清晰地刻画出合作社的形成路径。影响向民葡萄专业合作社形成的相关行动者包括涉农龙头企业、乡村精英、村干部、葡萄种植农户、镇政府和葡萄产品。这些行动者建构出一个影响向民葡萄专业合作社形成的行动者网络，其中葡萄产品属于非人类行动者，其余属于人类行动者。该行动者网络中的行动主体所共同面临的必须通行点是"相信通过葡萄专业合作社的创建与发展，能使每一行动主体都可获得各自的利益"。创建向民葡萄专业合作社的行动主体、必须通行点、各个主体想要达到的目标以及在构建该行动者网络过程中必须排除的障碍如下所示（见图7-5）。

在创建该合作社的行动者网络形成过程中，每个行动者对其他行动者进行利益赋予是各个行动者之间相互稳定其他行动者的主要方式，各行动主体希望借此网络的建构而获取的利益分别为（见图7-5）：缑氏镇政府希望通过合作社带动地区经济的增长。涉农龙头企业希望通过合作社的创建与有效运营，实现农产品的规模化生产经营效益，以增加公司利润。代表村集体利益的村干部则更希望通过合作社提高本村农户的组织化程度以对抗大市场的冲击，同时借助合作社的标准化管理模式以提升乡村治理水平。普通葡萄种植农户们参加合作社最直接的目的就是希望加入合作社能够提高收入。

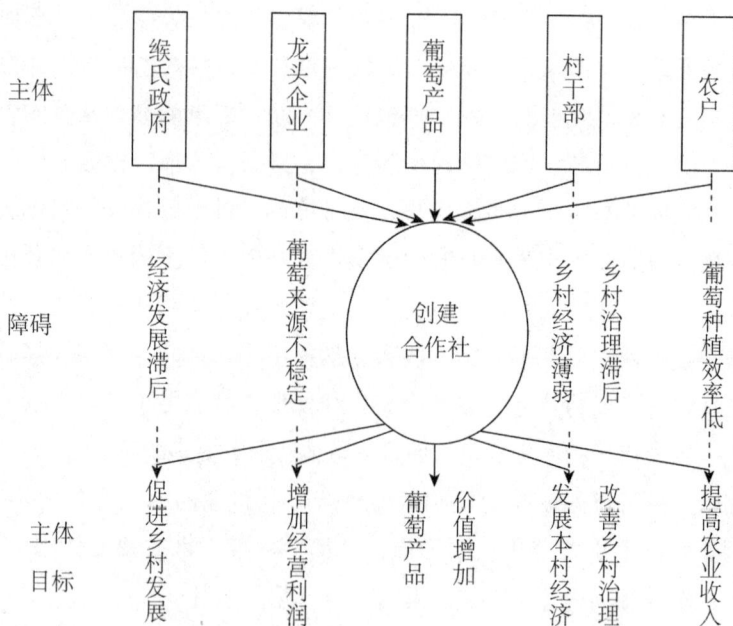

图7-5 创建向民葡萄专业合作社的行动主体与必须通行点

根据实践情况来看，在合作社建构过程中各级政府机构对涉农企业及村干部有较强的动员能力，但对单个普通小农户的动员能力相对较弱。村干部或乡村精英往往在村中的威信较高，对地方普通农户的带动力非常强。

在构建向民葡萄专业合作社的行动者网络中，特色农产品葡萄这一非人类主体与缑氏镇政府、村干部、龙头企业、普通农户及种植大户、农业经纪人等乡村精英这些人类主体处于同等重要的地位。

由于鲜食葡萄成熟期较集中、保质期短、储运条件要求高等产品特性，致使其销售问题更为凸出、面临的市场风险更大，更需要葡萄种植户联合起来，以共同应对市场风险，葡萄种植户共同创建合作社的意愿更强，因而正是因为葡萄产品的特性，使得创建葡萄专业合作社更有必要性。缑氏镇政府重视葡萄产业的发展，葡萄产业已经成为该镇的特色产业，但葡萄种植户们时常遇到市场信息不对称、葡萄品质结构不合理、销售难等问题，进而影响整个葡萄产业，乃至整个乡镇社会经济的稳定发展，然而镇政府主要承担着促进整个乡镇区域发展的重任，对区域经济发展更多的是扮演宏观调控的角色，因此对微观经济个体合作社创建的作用力相对较弱，即在创建合作社的行动者网络之中处于较弱的地位。唐僧寺村村干部大力宣传合作社知识，带领部分乡村精英共同出资入股建设合作社，极大地鼓舞了区域内广大葡萄种植户积极加入合作社，并借助合作社的标准化管理提升乡村社区治理水平，是创建合作社的行动者网络中的重要支配力量。龙头企业唐僧寺葡萄发展有限公司在合作社创建过程中是重要的参与者，为葡萄种植户提供一定额度的无息贷款，是创建合作社的行动者网络中重要力量之一。农户中的部分人承包了上百亩葡萄园成为葡萄种植大户，其中还有个别种植大户筹建了葡萄酒加工厂，由普通的葡萄种植者变成为企业家；部分原本属于非专业化生产的小农户变成专业化种植葡萄的果农，同时合作社的繁荣也吸引了周边非葡萄种植户开始种植葡萄，成为葡萄种植户。葡萄产品通过合作社实现了品质的提高，从以前无差异化的普通农产品葡萄变成了具有知名品牌的优质葡萄产品，且葡萄产品90%以上远销到湖南、广东等外省，从外地获取经济利益，还有部分葡萄产品通过加工变成葡萄酒等深加工农产品，获得了更高的价值增值，葡萄产品的身份也因此发生了转变。

第八章

农业特色小镇

  特色小镇是在一定的地域空间内以"特色产业"为核心吸引相关产业集聚发展而形成的。特色小镇建设兼具产业集聚发展与居住空间改善双重功能，产业是否兴旺是判断特色小镇建设成功与否的关键，因而特色小镇建设的重点是形成特色产业集聚发展，但同时不能忽视特色小镇的居住功能，良好的社区居住空间能够吸引各类人才定居，也为产业发展提供人才支撑。由此，特色小镇的建设正是以某一特色产业为支撑，从而吸引相关产业在小镇内集聚发展，从本质上来讲特色小镇是一种经济聚集体。各类相关的产业生产要素和社区居民生活要素都普遍存在于特色小镇之中，特色小镇的发展就是对经济活动以及相关资源进行集聚的过程，也是新型产业化经营组织形成的过程。自从 2014 年浙江省首次提出"特色小镇"概念及 2016 年国家三部委联合发文决定在全国范围内培育特色小镇之后，全国各地都开始积极探索建设不同类型的特色小镇。2016 年住房和城乡建设部公布了第一批中国特色小镇名单，共计 127 个；2017 年住房和城乡建设部又继续公布了第二批中国特色小镇名单，共计 276 个。特色小镇因其宜居宜业且推动乡村经济发展的优势，快速成为各地经济发展的热点。通过发展农业特色小镇，可最大限度地挖掘特色农业资源潜力，优化资源配置，释放和形成新的经济活力，做大做强各具特色的农业产业，激发就地创新创业，推动乡村振兴战略的实现。

  在我国大力实施乡村振兴战略的时代背景下，全国各地都在努力寻求农业农村发展的新业态、新模式，以期为突破"三农"问题找寻出路。建设农业型特色小镇是一种积极地尝试，例如，2017 年江苏省正式确定了 105 个农业特色小镇名单，2019 年湖南省评出 10 个农业特色小镇，将使其产值由 2018 年的 192 亿元提高到 300 亿元以上。发展特色小镇要先有特色产业为支撑，我国许多农业大省，特色农产品众多，以特色农业作为产业基础，发展农业特色小镇将是一条实事求是的道路。农业特色小镇以本地自然资源和特色农产品为基础，整合各类要素资源，并进行科学合理规划，综合开发利用农业多功能性，是进行农业供给侧结构性改革的重要措施，有利于推动农村经济实现多元化转型升级，拓宽农民就业路径，发挥区域经济的聚集效应，实现辐射带动作用。由于我国地大物博，且地域本身有着独一无二的特点，应在不破坏自然生态环境下，合理利用资源优势，因地制宜，建造美丽精致的农业特色小镇。

第一节 农业特色小镇的相关研究

农业特色小镇是特色小镇的一种类型，而特色小镇作为我国特有的一种社会经济产物，既可以是建制镇，也可以不是建制镇，而是"非镇非区"的地域范围，即特色小镇不是行政区划上的乡镇，也不是传统意义上的产业园区。正是因为我国特色小镇的独特性，且仅是近几年才提出的新概念，因而国外研究领域并没有专门针对特色小镇的文献成果，只能借鉴小城镇建设的相关研究内容。国外针对小城镇的研究成果较多，能够为我国特色小镇建设提供一定的借鉴价值。而我国学者关于当今新型特色小镇的研究，则主要始于 2014 年浙江省首次提出"特色小镇"这一新概念之后。随着我国大力实施乡村振兴战略及新型城镇化建设的深入推进，农业特色小镇建设越来越受到各界的关注，理论研究成果也逐渐涌现出来。

一、国外关于特色小城镇的研究

国外对小城镇的研究由来已久，对我国建设特色小镇具有一定的借鉴价值，霍华德（1898）首次提出城乡一体化概念，认为其是一种新型社会结构形态兼有乡村与城市的田园城市，能够替代城乡对立的社会结构[1]。Robert Madrigal（1995）致力于研究小镇在发展过程中经济方面的影响，他提出特色小镇的建立和发展必须充分考虑到当地居民的利益和意愿，这样发展起来的小镇才能够持续健康的发展[2]。Melanie Kay Smith（2004）通过研究英国沿海小镇发现，特色

---

[1] 杨玲．国内外城乡一体化理论探讨与思考[J]．生产力研究，2005，（9）：23-26.

[2] ROBERT MADRIGAL. Residents´ perceptions and the role of government [J]. Annals of tourism research，1995，22（1）：86-102.

小镇的建设可以融合旅游、制造、文化、饮食、住宿及服务行业等多行业交流，共同提升经济收益，促进当地的发展①。Krugman（2018）认为特色小镇不仅推动区域经济的繁荣，也改善了当地人的生活环境和品质，提出了要提升政府引导能力，在开发建设时要结合当地的优势产业，配套出台优惠政策以及服务②。

二、国内农业特色小镇的内涵界定

国内对小城镇的研究可以追溯到20世纪80年代，国内对特色小镇的系统研究开始于2014年③。近年来，国内学术界对特色小镇进行了广泛的研究，研究领域主要集中在经济地理学，区域经济学，农业经济管理，农村发展等方面；研究方法包括空间分析方法和区域分析法，典型案例实证也是普遍采用的方法；研究的角度主要包括城镇化、原理机制、文化特色、运营治理、产业创新、生态文明以及成效评估。

国内学者对农业特色小镇内涵的界定尚未达到统一，还处于探索阶段，相对而言，江浙地区由于特色小镇实践活动发展得较早，且该地区特色小镇的空间界定多数为"非镇非区"的地域范围，因而对这类特色小镇的内涵界定多偏重于其产业特性，认为特色小镇是围绕特定产业而形成的专业化产业集群，产业集群的发展带动人口的聚集，产业集聚以及居住人口聚集就构成了特色小镇的基本形态。而江浙地区发展较好的特色小镇多数为非农小镇，农业类特色小镇则通常是以行政建制乡镇或村庄为发展的建设空间。杨梅等（2017）认为农业特色小镇是围绕种植业、养殖业、渔业等农业主题，运用现代化产业理念打造大农业的产业组织形态④。李冬梅等（2018）认为农业特色小镇是特色小镇的特殊亚种群，是一种以农业为核心及纽带的新型组织形式，超越了传统意义的建制镇等空间范畴，具有多元农业经营主体参与、生产要素资源高度聚集、一二三产业深度融合等特点⑤。王甜甜（2021）认为农业特色小镇是以农业产

① MELANIE KAY SMITH. Seeing a new side to seasides: culturally regenerating the English seaside town [J]. International journal of tourism research, 2004, 6 (1): 17-28.

② KRUGMAN P R. First nature, second nature, and metropolitan location [J]. Journal of regional science, 2018, (33): 2-4.

③ 李卓. 新型城镇化背景下西安地区特色小镇发展策略研究 [D]. 西安建筑科技大学, 2018.

④ 杨梅, 郝华勇. 农业型特色小镇建设举措[J]. 开放导报, 2017, (3): 85-88.

⑤ 李冬梅, 郑林凤, 林赛男, 余茜, 张社梅, 王芳. 农业特色小镇形成机理与路径优化——基于成都模式的案例分析[J]. 中国软科学, 2018, (5): 79-90.

业为核心的小镇，可以是"非镇非区"的空间，也可以是行政建制镇，可以兼具其他产业一体化发展①。黄艳莉等（2021）认为农业特色小镇是现代农业发展的新平台，建设面积较大、具有明确的功能分区和较高的规划程度②。

三、国内农业特色小镇的建设策略

国内学术界目前对于如何实现农业特色小镇建设的研究较少，仅有少数学者从农业经济发展的角度对农业特色小镇的培育提出了自己的学术观点。如，于立等（2011）以安吉小镇为例分析，提出要实现生态经济及发展的理念和方式，形成具有自身独特特征的生态农业经济模式，需要通过创新和政策的调整实现③。汤宇彪（2013）通过对云南省南溪镇进行研究，提出农业型特色小镇在生态保护、现代农业园区建设和旅游资源开发等领域需要综合运用环境美学的思想进行建设④。张新民（2017）比较系统地分析了农业特色小镇内涵和主要特点，剖析了农业小镇建设中存在的问题，并提出了明确战略定位、科学规划设计、特色产业立镇、小镇软硬兼施、市场政府协同、机制体制创新等规划建议⑤。王振坡等（2017）提出特色小镇建设要明确其在城镇体系中的发展定位，通过产业集聚、文化凝聚，鼓励多方参与，厘清主体权责，探索多元化建设模式⑥。矫卫红等（2018）认为特色小镇建设普遍存在盲目模仿特色不足、产业功能融合不够、房地产过度介入等问题，提出政府应完善相关法规和企业应加强团队合作⑦。李浩然（2018）研究产业链视角下农业特色小镇的规划设计，从产业链的概念界定、形态特征到规划和构建路径都做了详细的分析，形成了集主要产业、配套产业、高端要素、文化要素等融产业链与创新链于一体

---

① 王甜甜.农业特色小镇建设的实践[J].热带农业工程，2021，45（1）：33-35.

② 黄艳莉，宋宏.区域差异下基于土地股份制的农业特色小镇运营模式研究[J].东北农业科学，2021，46（1）：130-134.

③ 于立，Terry Marsden，那鲲鹏.以新兴的乡村生态发展模式解决中国城乡协调发展，探讨可持续性的发展模式：安吉案例[J].城市发展研究，2011，（1）：60-67.

④ 汤宇彪.对一个农业型特色小镇环保的现状分析和发展建议[J].资源节约与环保，2013，（9）：127-128.

⑤ 张新民.农业特色小镇规划建设研究[J].中国经贸导刊，2017，（28）：62-64.

⑥ 王振坡，薛珂，张颖，宋顺锋.我国特色小镇发展进路探析[J].学习与实践，2017，（4）：23-30.

⑦ 矫卫红，刘家莹.特色小镇与当地旅游经济发展问题及对策研究——以恩施沐抚古镇为例[J].江苏经贸职业技术学院学报，2018，（6）：27-31.

的农业产业链体系①。王玮等（2018）总结出农业特色小镇依托农产品生产加工、发展农产品商贸销售、叠加旅游功能并注入文化创意元素的发展路径②。宋宏等（2019）研究乡村振兴背景下农业特色小镇可持续发展影响因素，据此提出相应发展对策③。刘馨秋（2019）结合具体案例总结了4种建设思路：结合政府政策、市场主导、特色产业和多方参与，比较全面总结了农业特色小镇的建设类型和发展出路④。除此之外，农业特色小镇的成功建设需要发挥农业的多功能性，使得农业特色小镇呈现出多种功能特征，应在注重维护农业环境的基础上，综合应用先进科技和科学管理方式，让农业特色小镇不仅具备特色农产品生产功能，还兼有农产品加工、休闲餐饮、观光体验和科普教育等功能。

四、农业特色小镇相关研究评述

通过对文献的梳理发现，国外小镇研究更加注重案例和实证研究，通过大量的案例对比提供了较为详尽的分析。纵观西方的新城镇运动，经过长期的探索和积累，已经形成了较为成功的特色小镇规模，在特色小镇的特色塑造和建设理论方面已经形成一定经验。无论是田园城市、新城镇还是卫星城市都是基于工业化进程中发生的诸多问题而衍生出来的城镇化发展模式，人们生活向郊区化发展成为重要趋势，更加宜居的生活环境和舒适的生态环境及充满活力的生产环境是小镇建设的主要目标。国外有很多特色小镇通过不同的发展路径形成了不同类型的特色小镇，而且对资源的挖掘不仅仅局限在产业、文化等方面。

国外特色小城镇建设理论研究开始较早，也给我国城镇化提供了许多有益借鉴。作为我国特有的面向新型城镇化建设和政府管理体制创新的一种融合创新平台，我国的特色小镇建设仍然处于起步阶段和摸索过程中，因此现有的研究仍然过多地集中在对理念和价值的解读。对于特色小镇的理论研究大多集中于休闲旅游以及现代信息、科技、高端制造等围绕战略性新兴产业建设起来的特色小镇，探讨了特色小镇的内涵特征、培育建设、产业设计、文化挖掘、生

---

① 李浩然．产业链视角下农业特色小镇的规划设计研究［D］．郑州大学，2018.

② 王玮，黄春晓．江苏省农业特色小镇建设现状与路径研究［J］．江苏农业，2018，46（12）：315-319.

③ 宋宏，顾海蔚．乡村振兴背景下农业特色小镇可持续发展影响因素研究［J］．东北农业科学，2019，44（2）：75-80.

④ 刘馨秋．农业特色小镇：如何定位与怎样建设［J］．中国农史，2019，38（3）：132-138+122.

态维护、治理体系和创新发展等领域，以及基于不同的特色小镇产业类型，围绕着某一特色小镇的建设进行描述性研究，对农业特色小镇的研究相对较少，并未形成相对完善的理论体系。由此可见，关于特色小镇需要进一步研究的内容仍较多，切入角度丰富，还需要依靠各地特色小镇建设和发展的实际情况，特别是在乡村振兴战略和生态环境保护理念下，深入探讨解析农业特色小镇的发展规律和路径。

第二节　农业特色小镇发展的主要特征

农业特色小镇并非传统意义上仅仅发展农业，它虽然以特色农业为产业主体，但是更强调多种产业融合发展，充分发挥地方各种要素禀赋、相关产业、民俗文化等资源，运用现代化全产业链发展理念健全大农业产业组织体系。

一、特色农业是小镇发展的产业基础

按照产业划分，农业主要包括种植业、畜牧业、林业、渔业及副业，各地围绕特色农业产业及独特的资源禀赋条件，融合相关上中下游相关产业，打造小镇大农业全产业链发展模式，是农业小镇发展的产业基础。国内外优秀的农业特色小镇通常都具有特色明显的农产品、优势突出的自然资源、传统深厚的历史文化等资源基础，这些有利条件成为小镇特有的资源优势和竞争优势。不论是法国格拉斯香水小镇、美国纳帕谷葡萄酒小镇、荷兰利瑟花卉小镇，还是我国的陕西杨凌五泉农业镇、浙江杭州龙坞茶镇、黑龙江五常田美小镇，这些小镇都是基于自身特定自然资源，十分重视独特个性的彰显，并在注意保护周围的环境的前提下，充分结合自身资源条件优势发展特色农业，建设不同面貌和农业产业体系的特色小镇。例如，法国格拉斯香水小镇，正是由于该地是花草优生的地带，形成了花草种植业的优良基础，通过对花草香料的深加工发展香水工业，创建出具有鲜明主题的产业体系，维护了自然大环境、强调可持续发展的理念。

在农业特色小镇的主导产业选择上，必须考虑自身的自然条件和资源禀赋，因地制宜，遵循自然规律，在不同的地区发展不同的农业产业，充分利用各地不同的资源条件，提高农业生产效率的同时还可实现可持续发展。比如，美国

农业区域环境复杂多样，美国政府依据不同地区的气候和资源条件在全国范围内进行了布局调整和优化，推动农业特色小镇的产生。荷兰的农业区域布局也较为合理，积极利用农业高科技发展优势花卉产业，荷兰成为欧洲最大的花卉出口国，其鲜花出口到世界各地，促使荷兰以花卉产业发展为主题的各类特色小镇应运而生。

农业特色小镇的形成和发展需要一定的产业基础和孕育过程，是在传统的农业产业发展到一定程度的基础上，在工业化、城市化、市场化的推动下逐步演变和发展起来的，要受到自然、区位、技术和市场等多种因素的制约。美国纳帕谷葡萄酒小镇的形成大约用了近两百年的时间，法国格拉斯香水小镇更是经历了三四百年的演变才发展成为目前的状况。目前我国农业经济的整体实力与西方发达国家的差距仍然较大，一些欠发达农区的交通设施、市场环境等客观基础条件还不太完善，农业区域布局、农业产业结构也需进一步调整优化。在乡村振兴战略和国家推进特色小镇建设的背景下，农业特色小镇得以快速发展，但必须充分依托地方特色农业产业特性，依靠小镇内企业之间、种养殖户与企业之间、企业与服务机构之间形成诚信合作、相互依赖、共同发展的良性关系，最终促进农业特色小镇高效发展。

二、维护生态环境是小镇发展的前提

农业特色小镇的发展的前提就是运用生态经济学原理和方法，寻求小镇内部农业与环境之间的最恰当关系，从而提高农业生产力与持续发展能力，达到整个小镇的农业系统整体优化、稳定持续和循环再生。把生态经济思想应用在实践中就是生态农业，目前采用的替代传统农业模式的方式就是生态农业发展模式。根据生态经济学理论，通过利用现代科技手段，协调生态环境与农业发展，形成农业经济与生态环境的良性循环，实现经济效益与生态维护相统一。

以维护生态环境为前提的农业特色小镇受到乡镇生态环保工程设施的投入使用情况的直接影响，如果缺少必要的生态环保工程设施则无法建设生态农业型小镇。目前，多数建成或在建的农业特色小镇均因地制宜地秉承与生态环境互利共生的发展理念，加大对生态环保工程设施的投入用以支撑小镇建设。充分利用各类生态环保工程设施，把生态保护理念融入农业特色小镇培育与发展的全过程，推动传统要素资源向生态、科技、创新驱动因素转变。提高农业科技、土地资源的利用效率，避免浪费耕地资源及过度房地产化，通过提升农业科技利用率，以实现节约土地资源、农业集约化的发展目标。由于生态环境是生态农业发展的基础，生态农业是一个系统的概念，各地均根据自身具体的环境资源特色，构建具有生态农业特色的农业特色小镇。如国家级特色小镇南阳西峡太平镇通过天然林保护工程、清洁小流域治理工程等加大生态环境投入力度，完善基础设施，获得河南省环境优美小城镇、河南省卫生镇、南阳市五星级小城镇等荣誉称号。

三、产业融合是小镇发展的加速器

农村产业融合通常是围绕某类特色农产品，形成产、供、销、工、商、贸为一体的全产业链合作发展模式。单纯的一个农业生产环节无法充分支撑特色农业小镇的发展壮大，唯有向产业两端延伸，构建全产业链才能把自己的特色优势做强做优。国内外发展较为成功的农业特色小镇均呈现出创新农业科技、增加农业附加值、延长农业产业链，在农业种养殖基础上、加深农产品加工业、拓展文旅等服务产业，形成多元化的产业发展业态，进而实现一二三产业深度融合发展。例如，法国格拉斯香水小镇，集花卉种植与加工、香水生产与运销、文化旅游产业为一体，将农业种植延伸到香水加工，使得农产品有了更多的附加值，创造出更多的经济效益。而且，国内外优秀的农业特色小镇十分注重挖掘本地的文化名人、乡土故事、文化传统、人文习俗，开展产业相关文化活动，塑造具有文化气息的品牌效应。小镇内一二三产业的有效融合，互相支撑，提高了小镇资源的利用率，加速了农业特色小镇的创建与发展，使其价值得到最大限度的体现。

农业特色小镇的特色农业，若只有特色农产品而缺乏创意产业和科技含量，小镇产业素质将陷于低端，将会逐渐丧失竞争优势。这就要求小镇发展过程中积极将本地特色农业与周边产业融合，积极融合"互联网+农业"、"大数据+农业"、智慧农业、设施农业等信息科技产业，将高新科技运用到农业生产加工运销等各个领域。在小镇农产品生产中实现全过程有效生态监控、质量监测、病虫防治等确保产品品质；在小镇农产品深加工过程中实现产业化、规模化、高效率；在小镇产品销售环节中运用互联网、大数据、营销策划、品牌推广思维，提升产品向小镇外配送的效率。同时，不能把农业小镇的功能只局限于农产品的生产及简单加工上，应把农业的生态效应、旅游效应、社会效益充分开发出来，借助与周边产业融合发展，拓展现代特色农业的多重功能性，因此其构成了影响农业特色小镇发展的核心因素。

农业特色小镇产业融合发展的具体方向有很多，现在多数农业小镇都在积极融合旅游功能，但容易造成千篇一律、简单模仿、重复建设的恶性竞争现象。因此，部分农业特色小镇将产业融合目标的选择定位为结合自身自然资源禀赋与产业特色，从地域特色实际出发，将地方历史悠久的农耕文化和民间习俗融入小镇产业规划框架中，对小镇进行有针对性的产业规划与布局定位，彰显小镇产业及空间规划的独特性、前瞻性和可行性。除此之外，部分农业特色小镇，在其产业融合发展规划中，首先强调生态优先、绿色发展理念，将有机绿色作为农业特色小镇产业引入及融合的红色底线，杜绝对其原生自然生态风貌的破坏。

农业特色小镇的多产业融合程度、丰富程度，直接决定着小镇发展实力水平，是影响小镇培育与发展的核心要素。例如，一些特色农业主题明显的特色小镇，按照乡村振兴战略及农业供给侧改革的目标要求，不断丰富化小镇产业结构，提高农产品、农业深加工产品及相关服务产品的供给质量和效率，加快一二三产业融合速度，增强小镇整体经济实力，以优质小麦种植、珍稀品种花卉培育、鲜果蔬菜采摘、有机养殖、中草药材生产等为特色农业开发重点，满足市场升级后的高端、小众需求。由此可见，凭借现代科技信息、延伸农业产业链、完善涉农服务业、开发多元农业业态，以提高小镇产品的科技含量、服务质量和附加值，将小镇内一二三产业深度融合，促进农业特色小镇创建与发展。

由于特色小镇内部产业融合发展才能具有经济发展活力，因此，农业特色小镇的运营主体通常是多样的，选择不同的运营主体也会影响小镇的发展状态。特色小镇运营主体通常是既包括地方政府、龙头企业、各类涉农企业，也包括金融机构、中介机构、个体工商户、农场主及普通农户。多元化参与经营、异质性经营主体是特色小镇运营主体的显著特色。因此，由于农业特色小镇建设主体具有多元性及异质性的特点，绝大多数特色小镇都在积极探索健全小镇建设参与主体间的协同共享利益机制，同时，还全方位吸纳社会化专家智囊团、科技专家、策划专家，建立成熟的小镇运营治理联盟。确保农业特色小镇运营主体间动态合作、利益共享、高效决策、有效运营，促使小镇健康发展。

农业特色小镇是一个复杂的系统，小镇内相关行动者相互依存、良性竞争、分工合作共同促进了整个特色小镇的协同发展。农业特色小镇内经营个体之间产品与资源形成优势互补，满足消费者的多种需求，农业产业链延长，促进了农村一、二、三产业融合。同时，农业特色小镇经营主体之间共享市场与产业信息，避免了不必要的利益竞争，在管理模式上，多数农业特色小镇是由管委会进行统分管理，既保证了小镇内部各经营主体的独立经营，又保证其在特色小镇的统辖范围。这种经营模式，将外部联结关系内部化，不同利益主体之间的利益联结和矛盾内部化于特色小镇中，从而将外部成本转换成内部成本，降低整个模式的生产和运作成本，提高产品的市场竞争力。

四、多方合作投资是小镇发展的物质基础

特色小镇建设与发展离不开资金投入，投资主体的构成情况直接影响着小镇资金的来源与使用，也影响着小镇建设与发展的质量。而特色小镇投资建设的资金需求量十分巨大，因此，通常是政府、龙头企业、本地农业经营者等各类主体共同参与投资。私人企业、民营资本与政府合作，共同参与小镇建设，成为农业特色小镇建设的重要特征之一。具体而言，地方政府通过财政资金的撬动作用，加强小镇基础设施建设和优质产业项目开发，以及通过购买服务的方式，引入第三方服务机构，采用"政府+服务机构+市场主体"的模式，政府发挥引导作用、第三方服务机构负责具体承办、市场主体广泛参与特色小镇建设。此外，各地政府还通过加大招商引资力度，引进各类龙头企业、平台企业、其他涉农企业或服务企业入驻农业特色小镇，发挥小镇产业集聚作用，引入更多的主体参与小镇投资。各类龙头企业往往具有资金雄厚、市场容量大、产品服务范围广等特点，其入住特色小镇，可充分发挥龙头企业的带动作用，吸引更多工商资本加入特色小镇各类项目的建设。

当前发展较好的农业特色小镇，各类社会力量在小镇建设、壮大、提升过程中均发挥着主导作用，带动了当地居民参与其中的积极性和主动性，为特色小镇建设及时补进资金缺口。然而，由于各类投资主体的利益诉求不同，只有根据具体情况妥善处理好政府、企业、商户、居民之间的利益平衡关系，促使各类投资主体各自找好角色定位，才能形成统一认识和合力，从而促使各方投资主体共同成为促进特色小镇建设的重要力量。

政府和社会资本合作的深度影响着小镇建设资金的获取额度，通过鼓励更多的社会资本参与特色小镇建设，采用灵活的多种形式参与特色小镇前期建设和后期运营，是特色小镇有效发展的关键。目前，PPP 模式在很多省市特色小

镇建设中都得到了应用，因其具有更高的经济效率和各投资主体利益共享、风险共担的优势，因此，许多农业特色小镇的创建过程中也引入 PPP 模式。PPP 模式不仅能够解决农业特色小镇培育发展过程中的资金不足问题，还可以缓解各级政府的财政压力，同时还能降低风险，平衡各方面长期利益，受到了广泛的推广和使用。

政府投入的力度则影响着特色小镇发展的速度，很多地方政府在建设农业特色小镇的过程中均设立了财政专项资金，用于特色小镇基础设施建设投入和对验收达标奖励补贴，帮助特色小镇在建设初期打破制约发展的瓶颈。一些地方政府还专门成立特色小镇建设委员会，积极组织相关企业定期参加银企合作洽谈会，邀请银行与特色小镇企业进行项目对接洽谈，通过政府协调，促成银企合作，解决企业急需融资的难题。同时，许多农区还在探索新的多方合作投资共建农业特色小镇的具体方式，例如，采取政府资源入股、投资者现金入股、居民以资产入股的三方入股经营模式，使居民参与特色小镇投资发展，分享特色小镇发展的利益。

第三节　农业特色小镇的构建与发展路径

农业特色小镇的形成和壮大需要一定的过程和基础，是在传统的农业发展到一定程度的基础上，在工业化、城市化、市场化的推动下逐步演变和发展起来的，要受到自然、区位、技术和市场等多种因素的制约。美国纳帕谷葡萄酒小镇的形成大约用了两百年的时间，法国格拉斯香水小镇更是经历了三四百年的演变才发展成为目前的状况。在乡村振兴战略和国家推进特色小镇建设的背景下，农业特色小镇得以快速发展，但必须充分依托地方根植性，依靠小镇内企业之间、种养殖户与企业之间、企业与服务机构之间形成诚信合作、相互依赖、共同发展的良性关系，最终促进农业特色小镇高效发展。

农业特色小镇的发展实质上是各类企业、个体工商户、农户、地方政府、科研机构、金融机构、中介服务机构等各类相关的利益主体共同建立起一个合作发展机制，以共同推进该区域生态农业发展为目的，形成合作联盟关系网络，即发展小镇的利益相关行动者网络，而这种合作关系网络健全与稳固的过程即为生态农业特色小镇发展路径。

一、构建农业特色小镇的利益相关者

农业特色小镇的形成过程就是小镇内部各农业经营主体之间寻求最恰当合作关系的过程，从而提高农业生产力与持续发展能力，达到整个小镇的农业系统整体优化、稳定持续和循环再生。农业特色小镇的培育与发展需要众多利益相关者共同推动，通过构建利益相关者网络形成小镇建设的利益合作联盟，进而实现特色小镇的创建与发展。特色小镇利益相关行动者网络是指在一定地域空间内，小镇各相关利益主体协同合作过程中，相互作用，彼此建立起各种相对稳定的、可推动小镇发展的、正式或非正式关系的总和。

构建农业特色小镇的利益相关行动者网络的基本构成要素，主要包括组成网络的结点、网络中各结点形成的关系链条、网络流动的生产要素及其他各类资源。构建特色小镇的利益相关行动者网络结点主要指各参与主体行动者，包括企业、个体工商户、农户、金融机构、科研机构、中介服务机构、政府及公共部门等，这些主体均能从发展特色小镇中获益。其中，各类企业、个体工商户和农户往往是特色小镇发展的主要受益人，因而也是特色小镇创建与发展的核心，金融机构和科研机构是推进特色小镇发展的重要辅助者，中介机构等服务机构是连接企业、个体工商户、农户及科研机构、金融机构和政府的纽带，政府在体系中发挥着调控作用。

1. 企业是投资及带动的主体

小镇内的企业既包括本土企业也包括外来企业，涵盖农产品加工商、流通商、原材料或半成品供应商、各种形式的企业服务商以及其他相关互补组织，企业的数量和规模无论大小、所有制性质如何，它们都是创建小镇的利益相关行动者网络中最重要的经济单元，是价值活动和经营活动最直接的行动者，是利益相关行动者网络分析的重要节点，以企业为中心节点，各种网络链接也是发展小镇的合作关系网络的出发点。

企业是农业特色小镇创建与发展的牵头带动者，主要致力于带动小镇形成规模化生产与经营，通过各种利益联结机制与众多农户和个体工商户建立联结关系，发现并满足市场需求，引领小镇的创建与发展方向。同时，各类企业通过推动小镇经营以获取更大的经济利益，也是小镇建设的主要受益主体。各类企业为了自身收益的不断提高，愿意为小镇建设提供资金、人力、物力等要素资源投入，并在小镇发展过程中收获由此带来的更高额收益。企业是小镇利益

相关行动者网络的核心节点，潜移默化地带动其他利益相关主体参与发展小镇的活动之中，而最终农业特色小镇产出的产品及提供的服务都要通过企业进行市场化的推广，满足顾客越来越多层次的市场需求，进而实现农业特色小镇的经济价值提升。另外，小镇利益相关行动者网络体系中的各类企业不仅包括小镇内具有规模化经营实力的生产类企业，也包括与其相关的上下游企业，如供应商、销售商、仓储物流商等，还包括提供文化、旅游、休闲等服务的第三产业类企业。各类企业相互合作，实现农业特色小镇内资源、知识、技术、信息的共享，进而推动小镇建设升级。

2. 农户及个体工商户是支持维护的主体

农业特色小镇是围绕农产品生产经营活动聚集而形成的以发展农业经济为主的多元化产业业态并存的空间载体，小镇核心产品是农产品，所以农户位于农业特色小镇的前端与基础位置。在农业特色小镇创建与发展的过程中，农户扮演着十分重要的角色。

农户和个体工商户是农业特色小镇利益相关行动者网络的基础节点，在农业产业链中处于关键位置，既是创建特色小镇的重要支撑者，还是保障特色小镇健康运营的维护者。随着农业特色小镇发展质量的不断提升，农户能够从农业特色小镇发展中获得更高的收益，因此，具有推动特色小镇发展的根本动力，以往农户间独立的利益关系随着小镇的发展变成了共同的利益关系，农户已经以一种自觉自愿的状态参与到特色小镇的创建与发展过程。

3. 科研机构是技术创新的主体

科研机构是农业特色小镇利益相关行动者网络中重要的创新结点，是驱动小镇不断创新而维系特色的主要行动者。随着科技创新在产业经济发展过程中的作用日益凸显，科研机构创新功能的发挥，对于农业特色小镇的构建与完善，乃至于整个区域竞争优势的提升十分重要。

科研机构作为农业特色小镇利益相关行动者网络构建中的重要主体，是创新知识和技术的提供者。科研机构不仅提供创新源泉，还是培育创新人才的地方，为农业特色小镇的构建提供科学技术创新，还可以弥补企业及农户创新能力不足、创新知识欠缺等问题。因此，处理好农户、企业与科研机构之间在小镇创建与发展过程中的分工协作与利益分配关系，对农业特色小镇利益相关行动者网络的构建具有重要意义，它是参与小镇发展的重要行动者。

4. 金融和中介机构是服务供给的主体

金融是现代经济的核心。金融机构包括在我国境内依法设立的各类中资金融机构和外资金融机构，除了这些正式的融资机构，还包括创业家的原始积累、民间借贷等非正式融资渠道。它们都有自己的目标和局限性、时间性和投资组合偏好。小镇的创建、发展与升级过程必须有各类资本的支持，各类金融机构构成了农业特色小镇创建与发展过程的金融服务支撑力，而且金融机构本身也是小镇发展过程中不可或缺的重要主体。

中介服务机构是农业特色小镇行动者网络的重要节点和组成部分。特色小镇的创建是各种行为主体围绕共同目标互动作用、协同合作的过程，各参与主体之间的协作需要相关机构和机制的沟通和协调。中介服务机构在市场经济条件下，为市场主体提供专业化服务，或者在市场主体之间、市场主体和市场之间发挥沟通协调功能，从而调整经济关系，维护市场秩序，整合市场体系功能，提高市场效率，使得市场体系运转顺畅的社会性经济组织。中介服务机构是随着市场经济发展从众多市场主体中分离出来的，是市场经济发展和社会分工深化的结果。中介服务机构包括区域内存在的各种行业协会、农业合作组织、商会、咨询机构、技术监测中心、技术转移中心、人力资源供给中介、创业服务中心等各类机构以及律师事务所、会计师事务所等各种组织形式。中介服务机构介于小镇利益相关行动者网络各主体之间，起到信息中转桥梁和基础研究与应用研究的连接桥梁作用，不仅为参与小镇创建主体提供专业化的服务、协调和规范企业的市场行为，而且促进了资源的有效配置和经营活动的开展与科技成果的产业转化。中介服务机构在小镇合作网络中发挥着协调作用。

5. 政府是制度供给和生态监管的主体

地方政府及公共部门不是农业特色小镇运营的直接参与主体，但在营造农业特色小镇发展环境、推动小镇利益相关行动者网络的形成与完善、有效规范区域市场行为以及深入挖掘小镇内潜在的各类资源方面，发挥着不可替代的作用。主要表现以下几个方面：第一，提供各种公共政策、法律制度，如税收减免、财政直补、贴息、专利制度等，这些因素可以影响小镇参与主体的积极性和经营效率；第二，提供硬件设施，如通信、交通设施，设立准公益性服务机构，如创新孵化平台、技术服务中心、生态监测中心；第三，政府也是一些要素资源的主要供应者，并利用财政资金为小镇发展提供财力、物力投入，政府部门能够协调与融合相关要素资源，而且政府通常还是各类小镇项目的发起者和协调组织者,如规划小镇实施各类特色产业项目等;第四,政府是市场经济的有益补充,通过规范市场经济秩序,为小镇发展提供制度保证,政府通过自身优势可在一定程度上调控各类市场经济资源的合理、高效配置,确保农业特色小镇利益相关行动者网络的有序运行。但是,如果政府的干预企业行为不当,会限制主体的积极性。

二、农业特色小镇内各主体间的经营网络链接

农业特色小镇利益相关行动者网络参与主体是复杂而多样的,具有异质性。通常涉及政府、企业、农户、科研机构、金融机构、中介机构及各类公共服务机构等不同领域的主体,农业特色小镇利益相关行动者网络的创建需要众多异质性主体的共同参与。随着小镇内部农业产业链健全和合作网络的不断发展,各类涉农服务产业进一步细化,特色小镇的建设已经演化成为各类异质性主体所共同参与的行动过程。尽管一些具体的小镇项目仍是由单一企业独立进行的,但是整个小镇的建设与经营维护活动已经演进成整个利益相关行动者网络共同支撑的整体性经济行为。小镇利益相关行动者网络中农业产业链上的横向相似性也使得许多创新成果可以在多个主体间引起连锁协同效应。而在农业产业链上的纵向关联性则表现为在特定程度上推动了创新成果在农业产业链上下游之间的扩散传播。随着特色小镇内各利益相关主体开展经营活动的目的与具体程度的不同,其参与小镇运营活动也是动态变化的。

农业特色小镇的发展具有网络特性,这种特性表现在小镇内部各行为主体之间因知识、人员、信息、产品、生产资料等各种要素的流动而形成的联系网络。农业特色小镇的空间结构包括政府机构、农业企业、科研机构等利益相关主体之间的合作网络,还包括农户、中介和金融服务机构等参与者,还需要农业市场、基础设施、公共服务机构等辅助支撑体系。农业特色小镇以产业集群为载体,其内部各利益相关主体之间的合作网络的特性体现在各行为主体之间通过不同职能的重叠而渗透,实现小镇内部利益相关主体之间的相互作用,进而促进各类经营活动的相互融合,推动新知识、新技术等创新资源要素之间的充分流动,从而形成合作关系网络结构(见图8-1)。

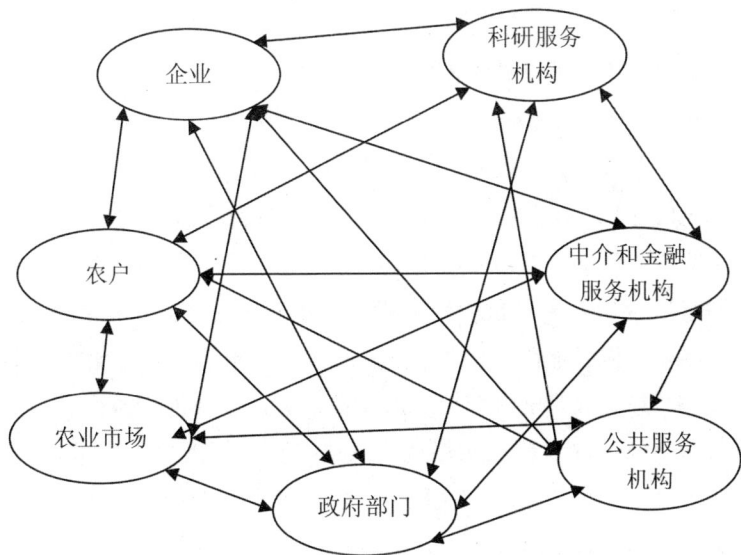

图 8-1 农业特色小镇合作关系网络链接图

在农业特色小镇的内部与外部，小镇内外的相关行动者之间均存在着各类资源要素的互动与交流需要，进而小镇内各类行动者之间维持链接关系。农业特色小镇的各类行动者在小镇内部承担的职责不同，扮演的角色也不同，对合作关系网络的贡献也有差异。通常而言，与农业特色小镇发展相关的社会经济网络可以从大的范围分为两个层次：一个是农业特色小镇的内部关系网络，即形成于农业特色小镇内部的所有行动者之间的网络，这种网络描述的重点是小镇内部。比如，农户、个体工商户、涉农企业、中介服务及公共服务机构等。这些小镇内行动者之间，通过合作互补，在资源、知识、技术、信息的传递与扩散过程中形成了小镇内部的社会经济网络的链接。另一个是农业特色小镇的外部网络空间，是指与农业产业发展密切相关，但处于农业特色小镇外部的各类行动者。主要包括一些小镇外围的辅助性、服务性、潜在业务关联性的行动者，这些小镇外部的行动者对于小镇的发展也起一定程度上的影响作用。比如，外部的新闻传媒机构、科研院校、金融机构、中介机构等。由于农业特色小镇内的各类行为主体可能存在某种不足，并无法通过小镇内部关系网络进行弥补，因此，产生了对外部网络行动者的辅助行为的需要，这就推动了小镇内部社会经济网络与外部社会经济网络之间的链接，从而实现借助外力加速农业特色小镇稳步发展的目的。

三、农业特色小镇外延式演化发展路径

为了避免"发展路径锁定"和资源有限性，农业特色小镇利益相关行动者网络必须是一个开放的系统，不断从外界获取信息、知识和资金的资源。尤其是随着全球化的深化，小镇内的产业集群生产链日益嵌入全球价值链中，信息、知识和资金等资源流动速度和流通广度加剧，小镇内各类经营主体与外界客户、供应商和科研机构的联系日益频繁和紧密。客户、供应商是重要的创新来源，小镇内相关经营主体必须在其发展过程中不断内化客户、供应商的知识和能力，提高创新效率和品质。对于内部科研机构缺乏的农业特色小镇可以采用请进来或走出去策略同外部的科研机构保持联系，如和外部机构联合建立试验中心、委派技术员工参加学术论坛等，这样可以及时捕捉到新知识、新技术，为及时的经营战略调整做准备。由此农业特色小镇融入了多种创新要素协同发展，并在农业龙头企业的带动下，小镇的一二三产业融合程度更为紧密，生产、生活、生态"三生"空间功能协调水平逐步提升，整个小镇得以不断演化，升级发展（见图8-2）。

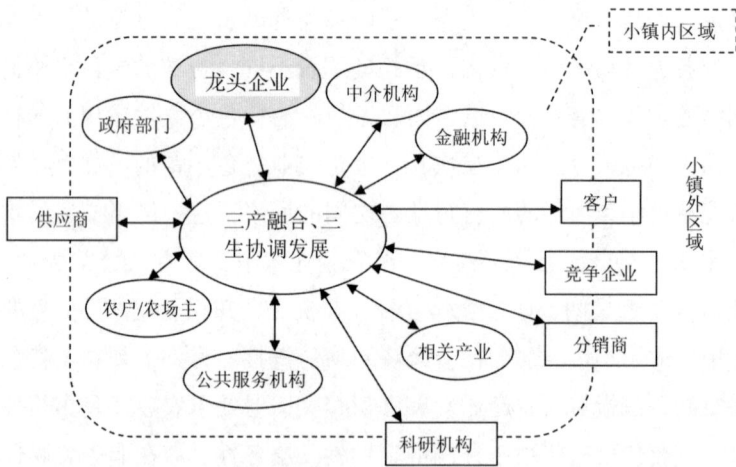

图8-2 农业特色小镇利益相关行动者网络外延式演化升级路径

图8-2表示了农业特色小镇利益相关行动者网络外延式演化升级路径。其中，农户、农资供应商、物流运输商、农产品经销商、第三产业服务商是农业特色小镇的内部核心行动者，这些行动者之间通过农业产业价值链、竞争合作关系网或其他内部联结模式进行资源、信息、技术交流与互动融合；而研究机

构、地方政府部门、各类中介服务机构等辅助行动者为农业特色小镇内部核心要素提供科技服务及各种创新资源要素和信息平台等服务、资源或基础设施，并通过创新合作关系与内部核心行动者进行各类要素资源的交流互动，从而建立起各种能够促进小镇创新又相对稳定的正式或非正式关系网络。其中，农业产业链上各类关联企业间的联系是基于价值链结成的生产合作网络关系，是一种强联系关系，而各类涉农企业与政府部门、科研机构以及中介服务机构等之间的连接关系相对较弱，是一种弱联系关系。这些强联系和弱联系之间的结合使得小镇内的各类行为主体突破了自身原有的创新水平、创新能力与创新资源的限制，把原本属于其他行动主体的创新资源也纳入自身创新活动之中，进而有利于整合小镇内的所有创新资源，提高小镇整体的创新能力。随着农业特色小镇内部行为主体之间合作交流的逐步加强与扩散，小镇内主体行动之间的合作创新网络范围还将突破小镇空间范围的界线，沿着价值链向小镇区域外部逐渐延伸。

除此之外，品牌运作处于全球价值链附加值最高的环节，是提升产品价值的无形资产。多数农业特色小镇受限于自身"小而弱"的特点，缺乏品牌意识，进入门槛低、产品质量差、市场竞争混乱等情况阻碍了小镇的发展步伐。而区域品牌的创建就是帮助农业特色小镇脱离低层次竞争并最终形成竞争力的重要途径。区域品牌一旦形成，小镇内经营主体生产的差异化产品将会满足更多消费群体，产品附加值的提升帮助小镇经营主体走出廉价同质竞争的低端层次，向产业链高端演进，实现价值链的功能升级。

四、农业特色小镇生命周期演化路径

从农业特色小镇内部视角出发寻找小镇创建与发展的规律来看，农业特色小镇发展的关键归根结底是小镇内部各类行动者的协同合作发展，应从小镇内部着手，充分利用内部联系，完善合作关系网络发育程度，激发网络内涉农企业持续创新以及积极与小镇其他利益相关者建立紧密的利益合作机制，因此强调健全利益联结机制和提升创新能力是农业特色小镇创建的基础，也是推动小镇发展的"原动力"。

农业特色小镇的发展通常经历萌芽、成长、成熟及衰退四个阶段，特别是到了成熟阶段后期时，农业特色小镇产业集聚发展带来的拥挤效应和扩张边界问题会导致小镇经济功能衰退，过度竞争会导致柠檬市场的出现，小镇有可能

走向衰落，但如果能在原有优势基础上，进行革命性变革和转型，小镇就会避免衰退，而进入创新发展期（见图8-3）。

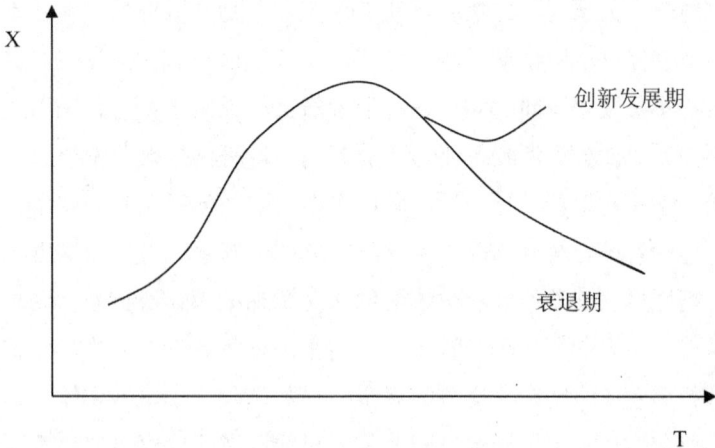

图中有坐标轴：纵轴标注 X，横轴标注 T。曲线上标注"创新发展期"和"衰退期"。

图8-3　农业特色小镇发展周期（图中 X 表示小镇竞争力，T 表示时间）

在农业特色小镇成熟阶段的后期，小镇产业集聚的负面效应不断增强，当表现出以下三大问题时，就可以判断小镇发展已经到了演化发展过程的第四个阶段。

一是农业特色小镇产值增长率的下降。一般来说，到了成熟期，小镇的产出增长率就很难保持成长期的水平，而到了第四阶段，小镇会处于低速运行状态，小镇整体产出有可能出现下降。

二是市场份额降低，小镇内相关产业发展能力不足。第四阶段的农业特色小镇提供的产品或服务能力在国内外市场的市场占有率往往呈下降态势，由于存在着退出障碍，在第四阶段的初期，特色小镇的总体规模可能并不会缩小，但小镇内一些经营主体会长时间经营能力不强。这并非产品市场出现了萎缩，而是小镇产品竞争力下滑所致。

三是利润率水平下降。利润率水平是衡量一个农业特色小镇兴衰程度的典型指标。处在第四阶段的小镇利润率无论是从时间上作纵向的比较，还是与其他地区同类小镇作横向的比较，都相对较低。面对农业特色小镇出现的发展困境，如果不实施战略调整，将会导致小镇内倒闭的经营主体数量增加，各类经营主体向外迁移的趋势增强，直至形成产业空洞，小镇彻底走向崩溃、消亡。但如果干预得当，农业特色小镇则有可能通过产业更替或升级，进入创新发展期。小镇产业更替是指根据市场的变化，促使原来小镇内的某类产业集群向另一类产业集群的转变。如法国格拉斯小镇，在公元6世纪主要发展皮革产业，但因该产业对环境污染严重、发展受到制约；到十六七世纪，开始转而生产更环保、附加值更高的以鲜花为原料的香精、香水及食品调味料，实现了产业的升级换代，并成功融入了全球产业链，提高了经营收益，改善了当地居民生活质量；如今格拉斯小镇又大力发展旅游业，使其成为该镇的主导产业之一，形成了以鲜花种植为基础、香水香精工业为主导、旅游服务业为支撑的综合体经济发展模式。由此实现了格拉斯小镇由产品低附加值、低科技含量的较低层次发展状态向产品高附加值、高科技含量的较高层次转变的过程，转变经济增长方式，重新获得竞争优势。

农业特色小镇出现衰退的原因是多方面的，可能是区域创新的速度与技术溢出的速度存在差距，使得小镇的优势无法保持，也有可能小镇内部竞争过度，整个产业生存环境恶劣，或区域经营环境遭到破坏。根据农业特色小镇出现衰退的原因不同，调整的策略也要有所差异，但主要可分为两个方面。

第一，调整产品结构。调整产品结构是指小镇内企业根据自身条件和外部环境，通过技术革新研发新产品，或实施有计划的市场撤让与转移，以横向、纵向一体化的方式进入新的产业。无论是开发原有市场还是开拓新市场，小镇都不能沿用原有的发展战略，而要对区域环境和市场环境重新识别，对自身内部资源和能力重新评估，在此基础上，制定科学合理的小镇发展战略、竞争战略等，确保小镇战略转移成功。

第二，调整技术结构。小镇的技术结构是指小镇中按一定的标准进行分类的各层次技术的构成、组合和配置状态的总和。调整技术结构既可以是对技术存量的整合，对现有技术使用状况的改进，也可以是对潜在可用技术的开发、吸收与引进。单个企业产品结构或技术结构的转变无法扭转整个农业特色小镇的走向，因此政府的责任在于营造出适合企业进行产品结构和技术结构调整的环境和氛围，并采取倾斜性的支持政策首先促使小镇内龙头企业完成转变，进而带动整个小镇进入创新发展期。

第四节　农业特色小镇的实证研究

通过对已有的特色小镇发展模式进行分析，可以看出，浙江、江苏等沿海地区的特色小镇以"非镇非区"的发展空间平台为主，云南、陕西等内陆省份以行政单位建制镇为主。

一、陕西杨凌五泉镇——现代农业特色小镇

1. 五泉镇农业产业化经营概况

五泉镇位于陕西省杨陵区西部，镇区面积 32.2 平方公里，耕地面积 21.75 平方公里，农业特征明显，是自然资源禀赋型农业小镇。这样的特色小镇在发展过程中更多依靠本地资源，镇域内气候温和，土地肥沃，土地较为规整平坦，灌溉条件良好，土地资源较为充足，质量较高，是我国农耕文化的重要发祥地之一，也是杨凌重要的农业生产和实验基地。五泉镇是以建制镇为单位建立的农业特色小镇，根植于传统优势农业资源，同时借助示范区内优势明显的科研力量，发展现代农业，2016 年被国家发展改革委、财政部以及住建部共同认定为第一批中国特色小镇。五泉镇已形成了现代化农业、农产品加工业、乡村旅游业及商贸服务业等涉农相关特色支柱产业。

五泉镇以地方资源禀赋为依托，将地方农业传统资源与现代农业科技资源相结合，充分借助杨凌现代农业发展的优势，形成了以农业为特色的产业形态，极大促进了镇域经济的发展。2017 年，五泉镇实现生产总值 7.85 亿元，其中农业增加值 5.63 亿元，三次产业结构比例为 42∶38∶20，农业是五泉镇的支柱产业①。五泉镇以现代农业发展作为地区主导产业，主导产业产值在省、市、县同类乡镇中排名第一。该镇积极推动农业产学研相互融合及种养、加工、销售协同共进的发展模式，注重突出现代农业科技优势，已经逐步形成现代科技农业与二、三产业融合发展的特色产业化经营体系。

2. 五泉镇现代农业特色小镇建设模式

五泉镇建设农业特色小镇的主要推动主体及原始投入资金主要来自政府部门，小镇内绝大部分的建设项目也均是由政府主持开发的。关于建设模式，五泉镇采用的是"建制镇+现代农业"，在这种模式下，不同于"非镇非区"的特点，五泉镇的特色小镇建设是在原有的行政区域划分上进行的，由镇政府领导和带动，继续利用和发展优势农业，促进产业融合，推进新型城镇化的发展，缩小城乡差距。这类农业特色小镇的建设主要靠政府牵头，引进项目。五泉镇

---

① 赵潇. 农业型小城镇产业发展与城镇空间的耦合关系研究 [D]. 西安建筑科技大学，2020.

的农业特色小镇建设主要是政府项目,在延续当地特色农业产业的基础上,发展现代农业,提高农民收入。作为政府主导项目的五泉农业特色小镇建设,政府部门主要负责招商引资、项目开发及各项服务工作,小镇已成为当地经济的新增长极,拉动了区域经济的发展,政府部门在推动特色小镇建设的同时,又制定相关规划及政策,能够更好地保障当地居民的权益,加快实现城乡一体化发展①。

政府项目是推动镇区建设的主要方法,小镇建设的主体资金均来自政府,主要的建设项目也是由政府开发主持的,政府在这个过程中发挥的是主体作用,承担了多方面的工作和服务。五泉镇在国家农业发展政策和区域政策的指引下,借助省级小城镇建设示范镇、全国重点建设小城镇、特色小镇等称号,使得大量政策及资金支持向其倾斜,促进了以现代农业为主导产业的经济产业体系不断发展壮大,产业与空间的协调发展,城镇得以快速建设。伴随着农业商品化的发展,五泉镇成为农用物资、农产品流通的集散地,这使得五泉镇基础设施、公共服务设施的建设需求不断加大,促进了城镇空间结构和功能的完善。

3. 五泉镇特色农业产业经营演化发展路径

作为自然资源禀赋型农业特色小镇的五泉镇,在其建设与发展过程中主要还是借助地方自然资源优势,将自然资源优势转化为经济优势。农业特色小镇的建设,不能只强调发展原有农业,更要突出农业科技优势,以农业发展推动三产融合,依靠示范区的科研优势,打造现代农业产业化发展模式。杨凌示范区区内有两大高校,为五泉镇提供科研技术支持,通过积极利用杨凌示范区的科研技术力量,该镇不仅建成有乡镇基层农技服务机构、农业技术综合服务站以及农产品质量监测中心等公共服务机构,还专门设置了试验基地、专家楼及成立了各类农民专业合作社,推进科技创新和推广,运用科技成果加速产品升级并运用,五泉镇已成为杨凌现代农业的重点推广基地。该镇立足于自身资源和发展基础,凭借高新科技力量,科研成果转化为生产力的时间大大缩短,农村产业结构得以不断调整,现代农业有了长足发展。同时,五泉镇通过采取"龙头企业+现代农庄+合作社+家庭农场"的发展模式,带动农户"组团"发展现代农业,不断推进新型农业产业化经营体系建设。

五泉镇目前还在积极探索更多形式的农业产业化发展思路,在培育优质小

① 程昱. 农业特色小镇建设中居民参与意愿研究——以杨凌区五泉镇为例 [D]. 西北农林科技大学,2019.

麦品种、种植经济林果、畜牧养殖、栽培蔬菜花卉苗木等基础上，注重发挥当地"农科"优势以及大力培育农业产业化企业，支持企业、农庄及合作社品牌化发展。该镇围绕建设新型产业示范基地，建成了约23平方公里的现代农业示范园区，由此来引导各类企业向园区集中，截至2018年，镇内有47家农业产业化企业①。地方政府还采取措施鼓励当地中小企业不断朝着科技型、专业型方向发展，同时积极培育及引进更多新型农业经营主体，加快小镇现代化农业的发展。

五泉镇以农业发展推动一、二、三产业融合发展，以龙头企业、合作社、家庭农场等新型农业经营主体为引领，依靠示范区的科研优势，探索发展与现代农业相关的新品种、新技术、新模式。通过不断拓展特色农业产业链，形成了现代农业与二、三产业交叉融合的特色产业体系，延长农业全产业链，使得农副产品加工、技术培训、农用机械制造、农业休闲旅游等产业综合发展。正逐步建设以关中民居民俗文化、特色美食、农业展览、休闲旅游等为特色的三产融合发展综合体，且已建成了一批兼具休闲、采摘、文娱功能的特色庄园。五泉镇不断借助杨凌农业科技优势，围绕良种、果品、畜禽及蔬菜等重点农业项目，建成良种培育、杂果花木、畜牧养殖、设施农业等生产基地，形成以特色农业为主的小镇主导产业，同时加速融合发展乡村休闲旅游产业和相关配套产业，全镇经济进入稳步快速发展新时期，已逐步建设成为全国具有代表性的农业科技特色小镇。

二、浙江杭州龙坞茶镇——茶产业特色小镇

1. 龙坞茶镇茶产业化经营概况

龙坞茶镇位于浙江省杭州市主城区西南侧，隶属于西湖区。2007年依据有关规定撤销转塘镇、龙坞镇建制，合并设立转塘街道办事处。2017年西湖区政府引进知名企业签订PPP合作协议共同打造龙坞茶镇3.2平方公里核心区，2019年特色小镇正式挂牌，建成了茶主题产业园。2019年龙坞茶镇成功创建国家4A级景区，成为全省首个获评4A景区的历史经典类特色小镇，成为杭州城市新名片。

龙坞茶镇内部山地丘陵地形丰富，环境优美静雅，四周群山环绕，独特自

---

① 程昱. 农业特色小镇建设中居民参与意愿研究——以杨凌区五泉镇为例 [D]. 西北农林科技大学，2019.

然环境加上特殊气候特点，为龙坞茶镇的茶种植得天独厚的条件，大部分山体均为茶种植基地，茶园茶山连绵起伏，具有独特的山体茶园景观，是西湖龙井最大原产地保护区和最大产区，境内有山林 9.76 平方公里，茶园 3.39 平方公里，占西湖龙井茶总产量的 60%，素有"万担茶乡"之称。龙坞茶镇注重生态环境保护，积极打造集生态性、观赏性于一体的西湖龙井茶种植基地，着力促使"茶产业+旅游业"融合发展。2015 年，龙坞茶镇成为浙江省首批建设的 37 个特色小镇之一，是唯一以茶产业为特色产业的小镇，也是浙江省首个以农业为主题的特色小镇。龙坞茶镇 2019 年成功入选浙江省省级特色小镇。龙坞茶镇为以茶产业为主题，茶产业成为小镇主要经济支柱产业，小镇内部的个体农户、中小企业多数是以茶加工、茶产品销售为主营业务。龙坞茶镇已成为集茶的生产、加工、展示、体验、商贸、文化等为一体的茶产业集聚区，汇聚了茶叶科研、茶树种植、茶叶加工、茶交易、茶制作体验、茶道研习、茶酒店等业态，初步形成了以茶产业经营、社区居住、文化旅游等一、二、三产业深入融合的农业特色小镇。

2. 龙坞茶镇茶产业特色小镇建设模式

由于传统茶产业自我发展能力有限、茶产业培育期较长，需要以科技、文化重构龙井茶产业链，且依靠持续的资金投入。与我国其他农业特色小镇的建设路径相同，龙坞茶镇建设的前期投入主要来自政府财政，重点用于完善各类基础设施，建设后期则积极采用 PPP 融资模式，所谓 PPP 模式就是引入社会力量与政府共同开发建设。2017 年与绿城集团、蓝城集团等合作，总投资约 51 亿元，成为杭州首例农业 PPP 项目。该模式以企业为主体，市场化运作，依托社会名企专业化优势，打造独特的茶产业小镇。

在 PPP 项目的推动下，龙坞茶镇实施全域规划，发展以"茶旅文化"为主题的各类与茶相关产业，如茶会展、茶科技、茶文化、茶旅游等产业，促使一、二、三产业有机融合。近年来，龙坞茶镇连年被消费者评为中国最受欢迎的十大金牌茶旅路线之一，2020 年荣获了浙江省首批"新时代美丽城镇建设省级样板"称号。

3. 龙坞茶镇产业化经营演化发展路径

龙坞茶镇在发展过程中特别注重依靠茶产业优势而发展茶特色旅游业，根据部分茶田的实际情况对其进行适当的旅游景观开发，增加茶田的观赏层次感，并专门设立茶采摘、茶加工、茶品尝等游客体验区，促使小镇内茶旅产业更为有机的融合，进而增加龙坞茶镇茶旅产业综合经济效益。在茶旅产业融合过程中，充分挖掘茶文化特色，借助开展茶文化节庆活动提升茶特色文化内涵，如龙坞茶镇每年春季举办的西湖龙井"开茶节"，每次"开茶节"都会围绕茶文化、茶产业、茶体验等有关内容在天然大茶园中隆重举行，形成龙坞茶镇特殊的"茶园景观"，吸引国内外大量游客前来小镇进行茶文化相关体验游。以茶事活动为媒介，龙坞茶镇国内外知名度、影响力显著提升。通过承办"第二届国际茶博会"、主办"第五届中华茶奥会"等活动，打造中国与世界交流的重要茶文化平台。中国国际茶叶博览会、中华茶奥会两大具有影响力的茶事盛会落户该镇，龙坞茶镇国际影响力逐步显现。

经过近几年的快速发展，龙坞茶镇内聚集了中国茶产业联盟、中国浙大茶研所科技转化中心、农夫山泉总部等150余家企业机构，形成了初具规模的茶产业集聚区。为了提升龙坞茶镇的知名度及聚集消费人气，小镇每年都定期举办中国国际茶博会、中国茶产业T20峰会、西湖龙井开茶节等众多大型茶产业会议与活动。在乡村振兴战略引领下，龙坞茶镇切实践行"两山理论"，加大对小镇品牌宣传及推广力度，积极运用各种新媒体手段，增强龙坞茶镇品牌国际影响力。龙坞茶镇形成了以品牌龙井茶叶产销为龙头，带动"旅游休闲+文化创意"两翼齐飞的特色产业经济。

龙坞茶镇的发展目标是建成国际知名、中国第一、风景优美的茶产业特色小镇。因此，龙坞茶镇开发建设过程，在充分保护现有林木、山川等自然资源的基础上，优化第一产业茶树种植业、延长第二产业茶加工业、壮大第三产业茶服务业，实现一、二、三产业联动创新、融合发展，从保证茶树种植质量、到完善茶叶精深加工、再到拓展以茶叶茶园为主题的"茶+第三产业"[①]。龙坞茶镇以市场需求为导向，结合茶产业特征，开发养生养老、文化旅游、体育运动等产业，不断延伸与茶相关的全产业链，丰富龙坞茶镇产业结构，增强经济实力。

三、河南西峡太平镇——中药材特色小镇

1. 太平镇中药材产业化经营概况

太平镇是南阳市西峡县辖镇，位于西峡县北部山区，地处伏牛山主脉——老界岭腹地，森林覆盖率达92%，气候宜人，境内物产丰富，珍稀野生物种繁

---

① 陈玲．苏南地区休闲农业特色小镇规划策略研究［D］．苏州科技大学，2018.

多，野生药材 1000 余种，盛产山茱萸、天麻、杜仲、柴胡、连翘、五味子等中药材，其中山茱萸的产量和质量稳居全国第一，被称之为"山茱萸之乡""天然药库"①。太平镇山茱萸被评为"国家地理标志产品""道地药材"等称号。2016 年，太平镇入选第一批中国特色小镇，2020 入选中国特色小城镇品牌传播百强榜。

太平镇的开发与建设是与知名中药企业宛西制药合作进行的，宛西制药通过"公司+基地+农户"模式与太平镇中药材种植户紧密联结起来，将中药材种植、加工、销售、服务等环节联结起来，打造中药材全产业链②。目前，太平镇拥有国家级中药材示范基地 5 处，县级标准化生产基地 3 处，其中中药材山茱萸种植面积达到 1.2 万亩，采用 GAP 标准化生产的规模达到 95% 以上，山茱萸标准化种植绵延百公里，全镇已累计种植山茱萸 80 万株③。太平镇已发展成为以山茱萸等中药材种植、加工、服务为主的农业特色小镇。

2. 太平镇中药材特色小镇建设模式

太平镇政府强有力的支持政策为太平镇的特色小镇构建发挥了重要的推动作用，镇政府根据当地具体发展情况和资源条件进行了各种行之有效的引导支持，在基础设施、村镇建设、文化传播上给予财政扶持，促进了特色小镇的创建。西峡县政府还专门成立了特色小镇建设工作领导小组，多部门协调共同推进太平镇特色小镇的建设。太平镇政府积极主导招商引资，并通过加快特色产业建设以吸引外资及民间投资，合理引导各类本地企业朝着更加现代化的方向发展。

太平镇政府在特色小镇建设过程中加强对村镇建设进行总体规划，并严格实施，使得特色小镇的各项建设发展更具科学性和规范性，同时更加注重对生态环境保护以及人与自然的和谐统一，使得太平镇更加具有现代化特色，更加宜居宜游。政府加大了对公共设施建设的投资，实现了道路硬化、街面绿化、夜晚亮化等设施功能的完善。

太平镇政府积极引导中药材产业与旅游产业融合发展，深入探索本地的中药材产品、地质生态环境、民俗文化等资源，促使中药材产业、生态环保、康

---

① 李观虎. 河南省特色小镇建设研究[J]. 创新科技，2018，18（10）：25-27.

② 董建蓉. 乡村振兴战略背景下西峡县太平镇乡村旅游发展策略[J]. 乡村科技，2020，（5）：28-29+32.

③ 庞静洋. 西峡县太平镇：以山茱萸产业助推乡村振兴［EB/OL］. http：//www. hnsjjxw. com/index. php？m=content&c=index&a=show&catid=9&id=11932.

养旅游建设结合起来。不断规范全镇农家宾馆的经营管理，在为农家乐、农家宾馆的发展提供了良好政策的同时，修订并完善了各项村规民约，并调动各方积极遵守民约，为特色小镇健康养生旅游业发展提供基本保障。

3. 太平镇产业化经营演化发展路径

近年来，太平镇积极转变产业化经营方式，由粗放式发展走向集约化生产经营，逐步实现了"山上生态林，山下经济林，林下套种中药材"的生态立体农业模式。太平镇积极采取多种措施吸引外地经销商前来本地收购中药材，以解决中药材销售问题，提升中药材种植户收入；与外地中药材研发机构合作开发名贵药材品种，推广种植金钗石斛等高端养生保健产品，不断提升中药材产品的品质和创新中药材加工工艺；引进山茱萸及其果核精深加工技术及设备，将山茱萸加工成果汁、果酒等新型深加工农产品①。

太平镇山茱萸产业化经营组织模式从"公司+基地+农户"，转变到"公司+基地+合作社+农户"及"党支部+基地+农户"等新型产业化经营组织模式，拥有山茱萸种植类专业合作社 7 家，山茱萸种植专业大户达到 360 户，中药材经纪人 70 余人，已建成全国最大的山茱萸交易中心——太平镇中药材交易专业市场，年交易额达 8000 余万元②。太平镇通过与宛西制药企业的广泛合作，全镇中药材种植技术服务体系得以不断健全，已形成了每个村庄均有技术指导员、每个基地都有技术骨干的科技服务网络，宛西制药企业还与当地中药材种植户签订了 30 年不变的订单收购合作协议，约定以保护价收购基地中药材种植户生产的山茱萸，以解决农户的后顾之忧。在地方龙头企业宛西制药的带动下，太平镇山茱萸产业链条被不断延伸，深加工程度不断增强，山茱萸产品附加值不断提高，山茱萸产业收入得以增加。

在发展中药材产业的同时，太平镇还依托老界岭风景区，积极推动农旅产业融合发展，结合本地区底蕴深厚、基础良好的中医药产业、山地生态资源与养生文化，每年举行山茱萸采摘节等现代节庆活动，开发山茱萸养生体验旅游特色产业。太平镇科学规划与管理山茱萸种植规模，加强景区基础设施建设和旅游配套设施建设，并积极引进企业投资本地旅游景区项目建设，如老界岭名企会所、红豆杉庄园等综合项目，丰富化本地旅游服务项目、优化服务质量、

① 张少允. 西峡县太平镇特色小镇建设研究［D］. 河南工业大学，2018.
② 庞静洋. 西峡县太平镇：以山茱萸产业助推乡村振兴［EB/OL］. http：//www. hnsjjxw. com/index. php？m=content&c=index&a=show&catid=9&id=11932.

提高服务档次。与此同时，伴随近年来康养产业的快速崛起，太平镇积极与外部企业合作，开发高端中药材保健品及康养旅游业，通过借助区域地理与生态资源优势、中药材产业发展前景优势以及康养旅游新趋势的机遇优势，太平镇不断完善对外开放共享平台及公共服务体系的建设，推进产业融合互补与协调发展，太平镇中药材特色农业小镇得以不断演化升级发展。

第九章

田园综合体

田园综合体是在生态农业、农业产业园区、乡村休闲旅游等基础上延伸发展而来的。2012 年无锡市"田园东方"项目筹建，代表着我国第一个田园综合体项目进入探索实践阶段。2017 年，田园综合体这一新概念首次写入中央一号文件，被认为是乡村产业发展的新亮点和新业态。田园综合体建设模式成为承继美丽乡村建设、特色小镇建设、发展现代农业等部署之后，新一项促进我国农业农村发展的措施。随后，财政部设立了河南、江苏、浙江等 18 个省份作为田园综合体建设的试点地区，并逐步开始推广其开发与建设。

在乡村振兴战略实施的过程中，需要不断探索乡村经济社会发展新业态，促进农业与资源环境、居民生活的协调发展，是我国乡村发展的关键。近年来我国一些欠发达农区的农业生产方式落后、各类自然资源损耗严重、环境保护意识不强，致使农产品市场竞争乏力，乡村社会经济发展整体滞后，农业生产与生态环境之间的矛盾严重等问题。发展田园综合体能够拓展并提升农业的多功能性和产业发展的综合性，增加农业产业链的整体效益、拓宽农民收入来源，进而实现乡村振兴。

田园综合体的概念是在"休闲观光农业"、"农业综合体"、"旅游综合体"、"城市综合体"等概念基础上演变而来的，是集现代农业、农业旅游、创意农业、生态农业、产业融合、田园社区为一体的乡村综合发展模式和农业产业组织模式，也是实现乡村振兴战略的重要组织载体之一。田园综合体以农业产业发展为核心，而"产业兴旺"是乡村振兴的首要前提，以增强产业综合发展能力为目标建设田园综合体，是解决我国农业产业落后、农村社区建设不足、农民收入较低等问题的有效途径。田园综合体作为新时期新业态，其涵盖了循环农业、生态农业、创意农业、现代农业、休闲康养、互联网+农业等产业内容，是一种创新发展模式，同时其更强调农村的综合性开发，营造优美的生态环境和独特的田园社区。田园综合体本身就是农业和农村转变传统发展理念，走向开放、融合、综合发展的方向，蕴含了创新、协调、绿色、共享等新发展理念。

我国许多农村地区产业经济发展及乡村社区建设相对滞后，实现乡村振兴战略的任务较为艰巨。田园综合体作为一项推动乡村振兴、产业结构升级、乡村社区建设的重要措施，对于推动我国乡村高质量发展具有重要的实践价值。而当前田园综合体的实践活动和理论研究均刚刚起步，各地田园综合体的具体建设与发展模式还在探索阶段，理论研究还需要更为深入的思考与研究。

第一节　田园综合体的相关研究

一、田园综合体研究现状

国内外学者对田园综合体的相关研究是随着农业生产力及社会经济不断发展而逐步演化的。田园综合体作为我国特有的乡村新型产业经济发展模式，国外学者虽很少对其进行专门的研究，但国外有关农业综合体、城市综合体、旅游综合体、休闲农庄等相关的研究成果则具有较大的借鉴价值。

田园综合体作为我国农村新型产业业态，国内学者对其的研究也只是处于起步阶段。在2017年中央一号文件正式提及田园综合体概念之前，国内学术界对其相关研究非常少，且多为各地实践活动案例的归纳总结及概念阐述。随着2017年中央一号文件明确提出对田园综合体发展的支持和乡村振兴战略具体实施的推动，田园综合体的理论研究越来越受到关注，研究成果也逐渐丰富起来，研究重点主要集中在田园综合体概念、建设内容及发展策略等方面。

在田园综合体概念解读方面，多数学者认为田园综合体与休闲农业、农业园区、特色小镇、农业综合体等概念有着千丝万缕的联系，并不完全是一个新生事物，但有所不同。作为综合体发展模式，需要在特定空间范围内多种相关产业及配套设施的综合发展且同时强调田园社区的综合建设，而以往的休闲农业、农业园区、特色小镇等发展模式，则综合性明显不足。田园综合体的概念和农业综合体的概念十分相似，但也有所不同，田园综合体不仅属于产业发展概念，还属于地域空间概念，而农业综合体仅属于产业发展概念，田园综合体包含了对田园社区的规划建设，强调为乡村居民提供更好的社区生活居住环境，而农业综合体则忽略了这一方面。梁晓涵等（2018）提出田园综合体是以农业为主导，集现代农业、休闲旅游业、田园社区等于一体，创新性利用农村资产的新型产业发展模式①。庞庆华等（2019）指出田园综合体是在农业现代化、城乡一体化、新型城镇化等背景下，以农村合作社为载体，集循环农业、创意农业、农事体验于一体，实现乡村现代化和新型城镇化联动发展的新模式②。杨爱君等（2020）提出田园综合体是综合开发农事体验、文化创意、休闲旅游等新型产业，拓展农业产业链及价值链，实现社会经济全面发展的一种可持续性模式③。夏君等（2021）认为田园综合体是我国在推进美丽乡村、农业产业园、特色小镇等建设之后的农村发展更高阶段产物，是集现代农业、休闲旅游、田园社区融合发展的乡村综合发展模式④。

在田园综合体的建设内容与策略方面，卢贵敏（2017）认为应重点抓好田园综合体的生产体系、生态体系、运行体系、产业体系、经营体系、服务体系等六大支撑体系建设⑤。林向阳等（2017）认为田园综合体的建设要将绿色、生态的科学理念运用到实处，高质量地进行保护性的开发建设⑥。刘竟文（2018）提出田园综合体在建设内容上，通过搭建发展平台和培育新型农业经营主体，进行重点推进一二三产业融合与生产、生活、生态同步发展⑦。张娜等（2019）从复合治理理论视角出发，认为田园综合体的生态培育路径是在多元主体协商共治机制下，整合多源流产业共生链，发展创意农业综合旅游业⑧。向梦杰等（2019）通过以溧阳市田园综合体为例，从产业发展、生活改善、生态

---

① 梁晓涵，操小晋．田园综合体缘起、发展模式及策略探究[J]．中外建筑，2018，(11)：38-40．

② 庞庆华，杨晓卉，姜明栋．田园综合体的 PPP 融资模式[J]．江苏农业科学，2019，47 (15)：34-38．

③ 杨爱君，杨异．田园综合体：新型城镇化与扶贫减贫联动发展新路径[J]．甘肃社会科学，2020，(2)：143-150．

④ 夏君，邰鹏飞．田园综合体旅游功能的表达路径研究——以东营市田园综合体规划为例[J]．山东农业科学，2021，53 (1)：150-156．

⑤ 卢贵敏．以农业综合开发为平台 综合施策建设田园综合体试点[J]．中国财政，2017，(15)：20-23．

⑥ 林向阳，廖中武．特色小镇田园综合体的定位与规划[J]．城乡建设，2017，(20)：35-36．

⑦ 刘竟文．绿色发展与田园综合体建设：模式经验与路径[J]．世界农业，2018，(2)：35-41．

⑧ 张娜，原珂．乡村振兴视域下田园综合体生态复合发展路径探析[J]．学习论坛，2019，(10)：84-90．

维育三方面阐述其建设策略①。张敬沙等（2021）从融合发展角度，提出田园综合体建设应合理生态布局、实行产业生态化和加强生态环境维护等②。张颖等（2021）提出田园综合体建设路径包括拓宽市场范围、良性沟通与互动、扩展农村空间区域、建设良好生态环境、加强乡村公共服务建设等③。郑健壮（2020）从"三农"整体发展的视角出发，认为田园综合体的建设内容包括规划设计、资源利用、特色挖掘、运行管理、利益机制和效果评价④。吴振方（2021）通过研究山东西部田园综合体，提出其建设路径应以农为本、因地制宜、科学规划、突出特色、梯次建设⑤。

二、田园综合体研究述评

我国是传统农业大国，与城市发展相比，农村转型发展起步相对较晚，而且农村的土地制度、经营制度、管理制度等方面与其他国家相比具有独特性，由于不同国家政治、经济、社会环境等方面存在的差异性，导致国内外田园综合体发展规律和研究视角也有很大差异，虽然国外研究成果对我国田园综合体理论研究有一定的借鉴价值，但并不能完全适应我国乡村田园发展的实际情况。而我国田园综合体是近年来才发展起来的新型农村经营组织模式，自 2017 年中央一号文件正式提出发展田园综合体之后，才引起国内各界人士的广泛关注，部分学者从政策解读、意义价值、建设前景、实践经验等多方面进行了多角度的研究。这些相关文献成果对田园综合体问题的研究总体上呈现出逐步细化和深化的趋势，学者们普遍认为田园综合体的建设在更大范围有相互借鉴和复制的可能性，对我国乡村建设、农业发展、农民增收以及乡村振兴战略实施具有重要实践价值。而且这些理论成果对国家发改委和财政部、农业农村部、各省市等政府部门指导田园综合体实践活动起到了一定的积极作用。

但是，总体而言，我国田园综合体发展的实践活动整体上仍属于刚刚起步，

---

① 　向梦杰，方斌，胡晓亮 . 县域田园综合体选址评价与建设路径分析[J] . 中国农业资源与区划，2019，（12）：161-170.

② 　张敬沙，方海兰，金一鸣，周建强，蒋琳琳 . 基于生态融合发展理念的田园综合体发展探析[J] . 环境保护，2020，（8）：59-63.

③ 　张颖，王月，刘峰 . 乡村振兴背景下辽宁省田园综合体发展路径研究[J] . 山西农经，2021，（6）：38-39.

④ 　郑健壮 . 田园综合体：基本内涵、主要类型及建设内容[J] . 中国农业资源与区划，2020，（8）：205-212.

⑤ 　吴振方 . 山东西部田园综合体建设路径研究[J] . 经济论坛，2021，（1）：48-55.

因此其理论研究也仅处于初始阶段，缺少系统、全面、深入的研究，从研究内容和研究方法上，均存在需要进一步完善之处。从研究内容上，国内外学者对田园综合体只集中于内涵、特点、作用、必要性的阐述，相关研究仍处于起步阶段，较为薄弱。从研究方法上，主要以定性描述研究为主，定量研究较少，案例研究也较少，越来越多的学者开始尝试通过案例实证研究的方式定量分析田园综合体的相关问题。

第二节　田园综合体的主要特征

一、以田园"三生"有机共融为发展方向

田园综合体以乡村生产、生活、生态"三生"的有机结合发展为建设目标，强调推进集循环农业、创意农业、农事体验于一体的农业绿色生产，实现田园乡村的生产宜业、生活宜居、生态宜游。田园综合体的生产属性主要体现为综合体内现代化农业产业化发展以及农业与二、三产业融合发展，提升农业经营整体效益；生活属性体现为综合体内各项社区生活设施更为齐备，社区居住环境得以改善，更适合原住居民及新居民生活居住；生态属性体现为在建设综合体时更要彰显综合体的生态田园风光特性，注重生态环境保护，营造自然田园风貌。田园综合体与特色小镇、农业产业集群、农业产业园相比的优势在于综合性，表现为多产业业态的综合性，即以特色农业为产业基础，将创意农业、文化旅游、商业休闲、田园社区等在特定空间范围内综合发展，更有效地发挥农业多功能性，提升农业价值和改善农村风貌。田园综合体不再是"脏、乱、差"的乡村，而是与城市风格截然不同的人居形态，有效改善农村居民现有的生活居住环境。田园综合体在规划和建设过程中还深度挖掘农业生态价值，运用农业生态环保生产新技术等，大力发展循环农业，实现生态农业的高效化。

乡村田园最大的发展优势在于良好的生态环境，营造优美独特的田园、山水、农耕文化景观，可将结构单一的农业生产活动向生态农业综合发展方向转变，确保为消费者提供真正的绿色生态农产品。田园综合体在开发过程中，更加强调生态田园环境的利用与维护，在保持田园本色的基础上，打造自然生态景观、发展循环经济、建设美丽乡村社区，真正实现乡村生态、生产、生活有

机融合。例如，"田园东方"田园综合体项目的核心区内以大片的秋葵和紫苏为景观，创新综合体内河塘循环系统、雨水收集系统、水体净化系统等生态水循环系统；建设水蜜桃生产、有机农场、果品栽培、蔬菜水产种养示范区，在此基础上，开发果品加工、农业观光、种苗培育等产业；在社区居住环境设计方面，打造新田园主义居住空间，配套建设商业、教育、医疗、金融等公共服务设施。

田园综合体在乡村生态环境的保护与利用的基础上，将田园自然景观、村庄文化与现代产业相融合，使乡村生态环境与产业相互促进、协调发展，让农村不仅成为良好生态的涵养地与保护区，还能成为农民财富的动力和源泉。

二、以田园休闲旅游为主要运营内容

乡村休闲旅游作为新兴产业，已展现出巨大的生命力，成为农业发展的新趋势。田园综合体通过规模化发展，重塑乡村美丽风光，与当前人们想要回归田园的心态相契合，乡村休闲旅游也逐渐成为其重点发展的方向。就现有的田园综合体建设模式来看，尽管在内容上各有特色与侧重，但其中大多数田园综合体将乡村休闲旅游作为主要运营项目，通过田园生产、田园体验，依托自然村落和生态环境，开展乡村观光、农耕体验、民宿体验、农家餐饮与田园游憩等乡村旅居休闲活动，借助特色文化打造田园景观，着眼于创意农业的发展，深入挖掘乡村所蕴藏的历史文化特色，秉持绿色发展的理念，以特色化、创意化的农业发展新思路引领当前农业农村的发展，进而在吸引用户资源基础上构建乡村休闲旅游聚集的平台，使其成为田园综合体发展的亮点。例如，长葛市九如长春田园综合体，通过"共享菜园"项目，让消费者可以在综合体内认领土地，消费者可以体验农产品种植全过程，也可以交由农民代管土地，然后通过手机 App 软件实时查看农产品生长情况，实现了互联网+农业体验休闲旅游的充分融合①。

当前，我国已建成且开始运营的田园综合体基本上都以农业观光旅游为主题，通过开展农业观光、果蔬采摘、生态养生、农家餐饮、民宿客栈、农耕教育等项目，吸引外部游客进行旅游消费。同时，已建成的田园综合体在运营过程中基本上均在充分挖掘乡土特色的基础上，积极发挥民俗文化和特色农业在

---

① 罗小鹏.基于"互联网"的田园综合体发展模式研究［J］.河南建材，2018，（12）：368-370.

旅游中的主导作用，注重生态保护，推动乡村休闲旅游的可持续性发展。例如，孟津凤凰山田园综合体项目内容主要包括特色农产品采摘及销售、农家乐活动及园林景观观光游等。各类乡村旅游项目已成为目前已建成田园综合体的主要经营业务。

此外，田园综合体均积极开发特色民宿项目，以驿站、客栈为主要形式对居民搬迁废弃空置老房屋进行修复利用，提炼生态文化元素、建筑元素，打造田园主题、亲水主题、养生主题等特色主题民宿。通过企业租赁农民房屋进行民宿和庭院景观功能改造，打造特色民宿，农民享受保底租金和经营分红。例如，商城县大别明珠田园综合体大力改造一批特色民宿客栈，提升民宿环境条件和增强特色性，提高了服务水平，满足了旅游者多样化的需求。经营风格突出地方乡村特色，开发可参与互动的特色娱乐产品，营造"家园"氛围。在住宿装修上，体现了商城民居特色，追求"外部民俗古朴、内部装修时尚"，融入大别山民居特色元素进行设计。在管理上强调标准化，以"卫生、安全、舒适"为目标。在保持原始的整体建筑风格进行外立面改造、主题雕塑小品、生态景观建设。以驿站、客栈为主要形式对居民搬迁废弃空置老房屋进行修复利用，提炼生态文化元素、建筑元素，打造生态主题、亲子主题、康养主题等特色主题民宿。依托自然村落和生态环境，开展乡村观光、农耕体验、民宿体验、农家餐饮与田园游憩等乡村旅居休闲活动[①]。

三、以都市近郊型乡村为主要空间载体

田园综合体是依托乡村特有资源为基础而兴建的，根据其具体区位特点和拥有资源的不同，可分为都市近郊型、偏远地区型、景观周边型[②]。由于我国大多数偏远农区也存在基础设施建设相对滞后的现实状况，如乡村周边道路交通等基础设施及配套服务设施较为落后，停车场、卫生设施、垃圾污水处理等基础服务设施建设薄弱，这些成为偏远落后农区发展田园综合体的短板。因此，偏远乡村虽有优美田园自然风光，但普遍基础设施较为落后且道路出行不便，故偏远地区型田园综合体现阶段在我国发展较为缓慢，而景观周边型田园综合体受到景区发展的相关限制，在其周边开发新的田园综合体项目也受到较大的

---

① 王宁. 信阳市 D 田园综合体发展研究［D］. 信阳师范学院，2020.

② 卢贵敏. 田园综合体试点：理念、模式与推进思路[J]. 地方财政研究，2017，（7）：8-13.

制约。

都市近郊型乡村通常交通便利，区位优势明显，基础设施较好，具备发展田园综合体的基础条件，而且客源较为丰富，能够便于田园综合体拓展消费者市场。所以，当前田园综合体项目开发和建设多以都市近郊型为主，运营效果较好的田园综合体也多数是距离主城区较近的项目。如开封市西姜寨田园综合体、洛阳孟津凤凰山田园综合体、鹤壁浚县醉美麦香田园综合体等。其中，西姜寨田园综合体距离开封市区不到 20 公里且距离郑州市区不到 40 公里；凤凰山田园综合体距离洛阳市区不到 30 公里；醉美麦香田园综合体距离鹤壁市区不到 40 公里。

第三节　田园综合体的构建路径

在田园综合体的构建过程中，利益相关群体的支持及政府领导作用的发挥必不可少。成功的田园综合体构建，需要各个利益主体充分发挥各自的功能，政府、企业、农业中介组织、广大农户等主体均应为建设田园综合体贡献力量。各利益主体都有自己独立的经营内容和目标，这些可能与田园综合体发展目标不完全相同，这就要求在田园综合体建设中众多利益相关者在每一次行动时都要传达相对一致的信息，以支持田园综合体发展的共同愿景，因此，协调利益相关者群体是田园综合体构建中要解决的重大现实问题。

一、构建田园综合体的利益相关者

在建设田园综合体的众多利益相关者中，工商企业、地方政府、农民专业合作社、本地农民、金融及科技机构等主体是关键的利益相关者。

1. 工商企业

各类工商企业是田园综合体建设的重要参与者和牵头者。田园综合体作为一个产业融合的平台，需要众多经营主体参与其中，特别是各类工商企业，其能够整合资金、技术、人力等生产要素，从事农业规模化种植、农业加工、休闲旅游、文化创意、生态环保等各类产业，实现田园综合体各类产业的综合性发展，进而提升综合体社会经济价值。同时，各类工商企业能够通过对田园综合体建设的资金投入和管理运营，获取相应的经营利润回报。工商企业资本引入农村发展符合市场经济的特点，政府需要建立一套完整的针对企业之间合作的体系，在经过合理的评估程序之后，提高企业合作的可行性并降低风险，确保企业从合理的商业发展中获益。

2. 地方政府

政府是田园综合体建设的主要引导者和监管者，也从田园综合体推动地区经济增长、提升财政税收、增加农民收入等方面获得政府政绩。政府不仅是利益主体之一，也是处理各方利益联结的协调者与平衡者。政府主要是通过政策引导、用地保障、扶持补贴、完善基础设施与公共服务设施建设等，以发挥田园综合体的社会效益（实现城乡融合、建设美丽乡村、改善乡村治理等）、经济效益（带动地方经济增长、增加税收收入、提升农民收益等）、环境效益（保护地方生态环境）①。

3. 农民中介组织

农民中介组织联合众多小农户共同参与田园综合体建设，起着中介桥梁的作用，将人（产业服务人员及分散生产经营农产品的农户）、地（农村土地）、钱（农户自有资金）、市场（消费者）、信息（供需及政策）和技术（农业科技和加工技术等）要素资源聚合起来，其是核心参与者②。农民中介组织能够带动农户参与并确保其广泛受益，防止处于弱势地位的小农户利益被侵占，增强小农户在利益分配时的谈判能力。

4. 本地农民

本地农民是田园综合体的主要参与者、建设者和受益者。一方面，通过参与股份合作、流转农地经营权、利用民房自主经营、转让或出租宅基地以及其他资源，获得相应的收益③。另一方面，通过参与田园综合体相关项目，成为独立经营者、服务管理者、职业农民、企业员工等，或从事专业化农业生产劳动及其他相关涉农产业工作等方式获取收益，实现再就业或兼业经营，共建共享，从而进一步增收。

---

① 刘超，冯春林. 田园综合体的多元利益主体和谐共生机制研究——基于共生理论视角 [J]. 铜仁学院学报，2019，(3)：120-127.

② 吴少英，杨柳. 乡村规划3.0时代的田园综合体规——以《唐河县桐寨铺镇福星田园综合体总体规划》为例[J]. 规划师，2018，(8)：29-35.

③ 王钊，刘晓冰. 乡村振兴战略下的田园综合体优化策略探究[J]. 中国工程咨询，2019，(7)：33-36.

5. 金融及科技机构

各类金融及科技服务机构为田园综合体顺利建设与运营提供资金和技术保障。金融机构在田园综合体项目建设过程中拓展了自身金融业务范围；科技服务机构借助综合体现代农业、创意产业、智慧田园、产品精深加工等科技相关项目的建设，提高了科技成果的转化率。因此，金融及科技机构也是构建田园综合体的主要利益相关者。

6. 游客、创业者、新居民

田园综合体能够为市民游客、创业者、新居民提供了休闲旅游、创业就业、生活居住的新空间，因此，建设田园综合体的参与者还应包括外地游客、创业者和新居民。如果没有游客、创业者和新居民参与到田园综合体运营之中，综合体发展将最终失去生命力。休闲旅游项目是当前田园综合体运营的重要内容，外地游客是主要消费者，通过付费采摘农产品、品尝农家饭、欣赏田园观光、体验农事活动等参与到田园综合体发展之中，获得消费满足感。在田园综合体各类产业项目蓬勃开展的同时，将吸引更多的创业者、新居民参与其中，而这些外部参与者也将从中获取所需的经营收入或价值体验。因此，各类游客、创业者和新居民也是重要的利益相关者。

二、田园综合体利益相关者间的网络联结层次

田园综合体在构建过程中，龙头企业、其他各类企业、服务机构、种养殖农户等经营主体，相互协作，共同促进综合体的形成。田园综合体作为以农业为基础的，各相关产业及经营主体多元共生的高综合性、强关联性、多融合性的产业组织体系，所涉及的利益相关主体众多，这些利益相关者均在田园综合体构建过程中发挥着不同的作用。如龙头企业、农户、中介组织、科研机构、金融机构、商业机构、政府机构，以及通信技术、移动互联网、物流运输、广告媒体等服务商，还有消费者、潜在新居民和其他潜在利益相关者等。各类异质性的利益相者在田园综合体构建中的作用程度不同，属于不同维度层次的利益相关者，这些层次不是孤立的存在，而是互相关联，密切联系在一起的，相互影响与制约，共同促进田园综合体的形成。可以以相关程度为标准，将田园综合体利益相关行动者网络运行中的利益相关者划分为四大类别，即核心层、支持层、媒介层、蛰伏层。其中核心层利益相关者包括龙头企业、各类中介服务组织以及家庭农场、专业大户、普通农户等各类农户；支持层利益相关者主

要包括政府、金融、科研、商业等机构部门，为田园综合体发展提供各种支撑服务；媒介层利益相关者包括广告媒体、通信技术、移动互联网、物流运输等相关服务的提供者；蛰伏层利益相关者主要有消费者、潜在新居民及其他潜在利益相关者等（见图9-1）。

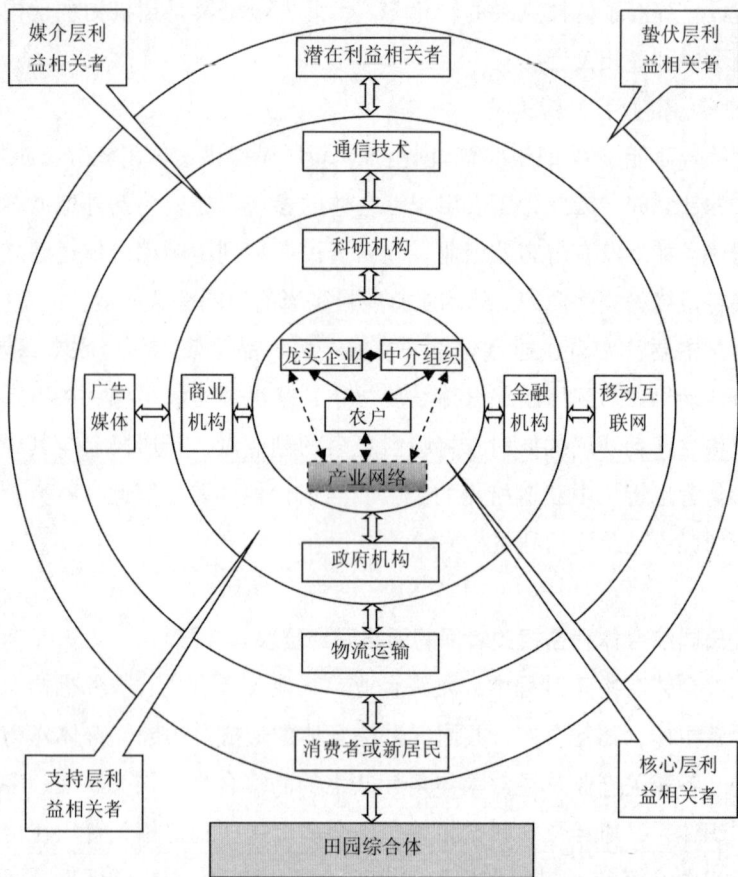

图 9-1　构建田园综合体利益相关行动者网络的层次

田园综合体的利益相关行动者相互作用、共同促进了田园综合体的创建与发展，在其运营过程中以农业为基础，形成了四个层次的综合产业群，即核心产业群、支持产业群、配套产业群、衍生产业群。核心产业是以特色农业为基础而展开的各项农业活动，这是田园综合体产业可持续发展的核心驱动力。支持产业是指直接支持核心产业顺利发展的研发、加工、展示、销售的企业集群，以及为核心产业服务的金融、电商、互联网平台、物流、教育、培训、媒体、信息中介等企业，这些工商企业围绕农业进行全方位的产业深度融合和产业链横向与纵向拓展。配套产业是指围绕核心产业和支持产业，提供各项社区配套设施和旅居环境配套项目，如旅游、餐饮、娱乐、民宿、商业等，拓展田园社区服务功能，提升乡村社区休闲度假和生活居住功能。衍生产业是利用农业资源和文化创意进一步拓展农业多功能，改进传统农业，将科技和创意等融入综合体各类产业发展之中，衍生出创意产业、智慧农业等新产业业态，推动田园综合体不断升级①。

田园综合体是乡村农业发展新模式，获得本地农民的支持是不可或缺的，但当前多数田园综合体吸纳当地农民及合作社参与其建设的项目不多，农民参与积极性总体不是很高。田园综合体的主体是农民，我国农户多数拥有的土地面积较小且十分碎化，可用于经营的土地较少，多为一家一户小规模经营，土地不能形成规模，而土地直接决定着农民与农业的发展状况，农民以土地流转或土地入股方式参与田园综合体经营的获利不高，导致参与热情不高，而土地有效供给不足也成为当前田园综合体建设的首要难题。因此，大多数田园综合体所在地的农民通常只通过打工方式参与田园综合体建设，由于农民的资金及话语权缺失或非对称，使其在综合体建设和运营中十分边缘化，当地农民参与积极性不高，导致了田园综合体发展总体上内生动力不足。

参与田园综合体建设与经营的主体涵盖农户、合作社、地方政府、工商企业等各类异质性主体，这些主体均有各自的利益诉求，因此，在田园综合体的构建与运营过程中要建立稳固的利益联结机制才能保证其可持续发展。但目前多数田园综合体利益联结机制尚不健全。农民不能成为田园综合体发展的真正参与者和受益人；村集体资源和土地不能被有效利用，并从中获得相应的利益；工商企业合理的利益诉求不能得以满足，参与动力不足，极大地增加了田园综合体运营的风险。利益主体纷繁复杂，如若没有健全的利益联结机制，各参与主体则不能形成统一意见，整个田园综合体的建设将会受到不利影响。例如，商城县大别明珠田园综合体建设中，当地农民因受益不明显而参与率不高，对周边农业、相关产业主导也有限。田园综合体相应的管理、开发等职能都由大别明珠旅游综合开发有限公司的职员承担，乡村干部对田园综合体的发展予以适时指导，而村民参与度不高，将十分不利于田园综合体的可持续发展。

---

① 唐礼武．田园综合体建设背景下城郊乡村社区营造策略研究［D］．湖南大学，2019.

三、基于利益相关者网络构建的田园综合体形成路径

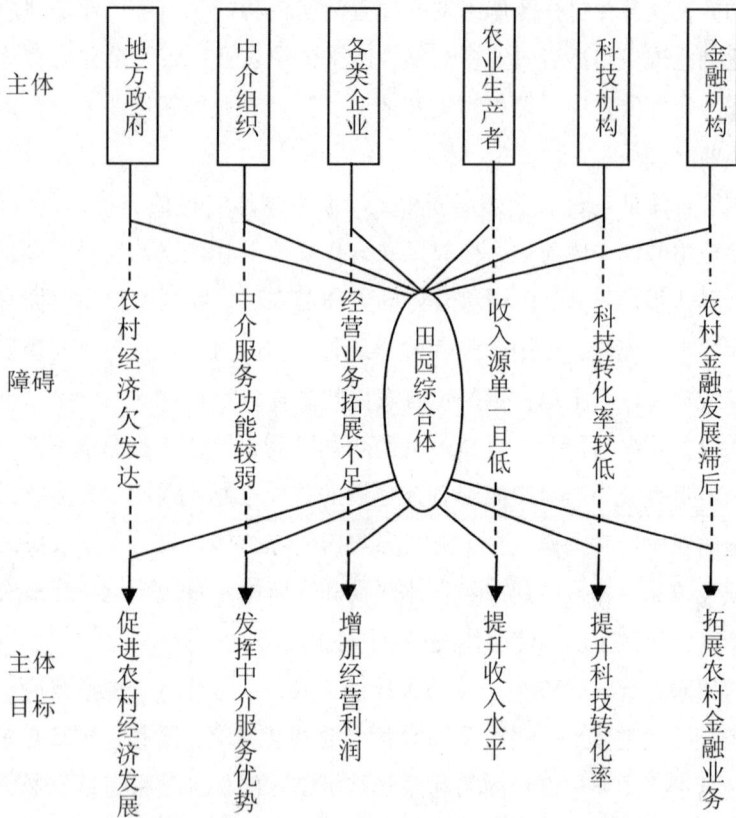

主体

障碍

主体目标

| 地方政府 | 中介组织 | 各类企业 | 农业生产者 | 科技机构 | 金融机构 |

农村经济欠发达 | 中介服务功能较弱 | 经营业务拓展不足 | 田园综合体 | 收入源单一且低 | 科技转化率较低 | 农村金融发展滞后

促进农村经济发展 | 发挥中介服务优势 | 增加经营利润 | 提升收入水平 | 提升科技转化率 | 拓展农村金融业务

图 9-2　构建田园综合体的相关主体与必须通行点

推动田园综合体建设的各类主体主要包括各类企业、专业大户、农场主、普通农户、各类中介组织、政府部门、科技机构、金融机构等。这些主体均是促进田园综合体构建的异质性利益相关者，也是构成田园综合体建设合作联盟网络的行动者，其产生合作行为的出发点是相信通过田园综合体的构建与运营能够使各自获得更高的利益。其中各类工商企业希望借助综合体建设与运营，开拓其新的盈利点，获得更高的利润；农户、农场主、专业大户等各类农业生产供给者希望借助综合体发展拓展农产品销路、增加农产品附加值、改善乡村风貌，提升家庭收入水平和居住空间条件；地方政府希望通过综合体发展推动

农村经济转型发展，提升地区经济发展水平以获得政绩，实现乡村振兴的目标；各类中介服务组织希望能在综合体建设中体现中介服务组织的优势，提升组织自身的价值，获得更大的组织发展空间，为成员带来更多的利益；科技机构希望借助综合体各类项目的实施，加速科技成果的转化效率，变现科技的价值，提高投资回报率；金融机构希望借助发展综合体的组织制度创新而不断开发出新的金融服务模式，拓展农村金融服务的领域，创新金融产品，获得新的业务增长点。依照行动者网络理论，构建田园综合体的各类行动主体和必须通行点，以及为了达到获取各自利益的目标而必须突破的障碍（见图9-2）。

　　各类行动主体出于突破自身遇到的困境和实现各自利益诉求的目的，相互协作而形成合作联盟网络，该合作网络促进了田园综合体的构建。依照行动者网络理论，田园综合体的构建是基于利益相关行为主体间形成合作联盟关系网络，该合作网络将相关行为主体纳入网络之中，形成相互作用关系，共同完成田园综合体的构建（见图9-3）。其中各类工商企业是田园综合体建设的重要推动者和牵头者，工商企业通过创意开发土地资源、开展农产品深加工业务、拓展农业旅游项目等，获得土地开发收益、农产品深加工收益、旅游项目收益以及其他运营收益等；农户、农场主等农业生产、土地等要素资源的供给者，是主要参与者，其提供的农产品是田园综合体发展的物质基础，在综合体构建过程中完成从单一农产品生产者变成综合体的服务者、职业农民等身份的转换，农户家庭收入来源从单一较低的农产品销售收入变成土地分红收入、高附加值农产品收入、职工工资收入等多来源收入；各类中介服务组织为农户及工商企业提供各类服务，也起到桥梁连接作用，是综合体合作关系网络的重要联结点；地方政府是制度安排的供给者及区域发展的推动者，因而在综合体建设过程中具有相对较强的权力力量，主要是通过相关政策制度进行宏观调控及统筹管理，借助田园综合体的良好运营，政府既能发展乡村，又能获得更高的税收收入；科技机构为田园综合体发展提供了科技支撑，金融机构提供了资金信贷等方面的支持，他们共同成为田园综合体建设所必不可少的组成部分。

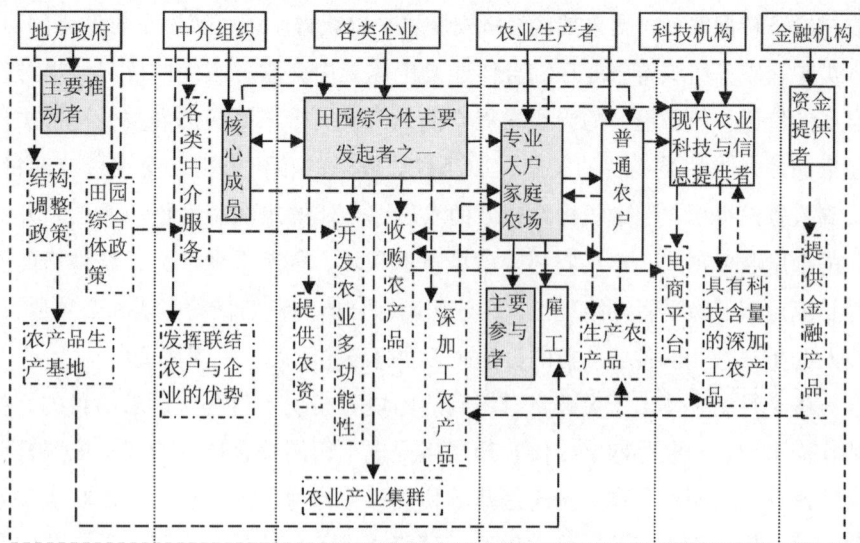

图例　▭ ：网络范围　▭ ：被赋予的任务　▣ ：相对有力的主体　▢ ：一般参与主体
　　　➤ ：身份转换　⇢ ：征召与动员　⋯⋯ ：主体区域

图9-3　田园综合体构建路径图（即相关行动者合作联盟网络构建图）

第四节　田园综合体的实证研究

孟津县凤凰山多彩长廊田园综合体是河南省首个建设并运营的田园综合体，也是河南省首批国家级试点田园综合体，通过对其具体构建路径进行实证研究，能够为我国田园综合体建设与发展提供借鉴。

一、多彩长廊田园综合体的发展概况

孟津县凤凰山多彩长廊田园综合体位于河南省孟津县平乐镇，平乐镇气候温润、四季分明、雨量充沛，生态环境优美，地域文化特色突出，主要农作物有水稻、小麦、水果、蔬菜、慈竹、茶叶等。从2013年开始，在当地政府的大力支持下，探索集生态农业、休闲旅游、田园风光为一体的农业综合开发模式。多彩长廊田园综合体是由孟津县凤凰山田园综合体有限公司负责开发的，已开发生态林200公顷、经济林100公顷、药用牡丹100公顷、花卉苗木30余公顷等，逐步成为集农林种植业、休闲旅游业、中医药加工业、康养服务业于一体的多元化经营产业综合体。

1. 孕育期——政府引导

由于田园综合体属于地域生产、生活、生态综合性发展模式，涵盖的产业内容丰富且涉及乡村社区环境的建设，需要投入的资金、土地、人力等要素资源较多，因此在其孕育初期，主要由地方政府部门进行统筹规划发展，聚集相关产业为综合体发展提供基础条件。在整个孕育期内，田园综合体还未正式形成，相关建设主体数量较少且利益联合关系不够紧密，对田园综合体这一新兴事物认识不足，需要政府相关部门积极宣传与引导。孟津县凤凰山多彩长廊田园综合体由2013年开始在政府引导支持下进行建设，初步形成了集高效农业、循环农业、农事体验为一体的综合性休闲园区运营模式。

2. 发展期——龙头企业推进

在经过形成期的初步发展之后，田园综合体初具规模，知名度和美誉度有所提高。在产业龙头企业的带动下，相关产业得以快速在综合体内发展，其参与主体不断增加，综合体内各类项目综合价值不断提升，消费群体规模也随之扩大。孟津县凤凰山多彩长廊田园综合体在该阶段主要依靠当地农业龙头企业——洛阳凤凰山集团公司的带动与推进，该公司总投资达到3.6亿元建成了现代农业、休闲娱乐、餐饮购物、农产品加工等多种项目设施。在此基础上并受到2017年相关政策的支持，该集团公司注册成立了河南省首家田园综合体，并使其进入了快速发展时期。

3. 成熟期——引导各类主体协同参与

进入成熟期，田园综合体规模不断扩大，经营项目种类逐渐多样化，通过规模化协同发展，吸引了更多不同类别的利益相关主体参与其建设与经营，多方利益主体形成了协同合作的关系。该阶段多彩长廊田园综合体鼓励和引导各类经营主体在综合体内进行创新创业活动，综合体内拥有了高度活跃的创新创业氛围，综合体还积极探索和培育农业产业的新业态、新模式、新动能，促进乡村经济的发展。多彩长廊田园综合体加强品牌塑造与推广，综合体品牌知名度不断提升。综合体已形成以农业休闲旅游项目为主导，特色林果种植及加工等为支撑的生态农业产业体系。同时，综合体的发展也带动了周边农户种植林果业的积极性，真正成为推动乡村经济发展、实现乡村振兴的重要载体。

二、多彩长廊田园综合体的经营内容

孟津凤凰山多彩长廊田园综合体经过多年发展，凭借凤凰山自然生态环境，依托当地特有的生态林木、瓜果品种、园林景观、苗木花卉、观赏性农业等特色农业产品，建成了休闲旅游项目、亲子游乐场设施、农家饭庄宾馆等配套设施，吸引了各地游客前来感受现代农业和田园风光的独特体验。

在产业发展方面，强调以农业为主体，以土地为根基，突出田园特色，充分利用凤凰山上特有的园林花卉资源和瓜果蔬菜品种，以增强消费者体验为出发点，建成"我的农庄""我的牧场""我的果园""我的菜园"等农业种植体验项目，以出租的方式让游客租种，并提供相关农业技术指导。分区建成了紫薇苑、牡丹苑、樱花苑、核桃苑等观赏苗木区和农业科技园，增强了项目的观赏性和教育性。同时扶持当地农户建设各类瓜果蔬菜等农产品采摘园，以满足消费者多样化的体验需求。

在餐饮住宿方面，建成完善了游客服务中心、卫生配套设施、特色民宿、露营基地、青年旅馆等餐饮住宿设施，为游客提供石屋、窑洞、茅草屋、帐篷、鸟巢屋等更具鲜明特色的住宿场所①。为了满足游客的餐饮需求，建成了自助烧烤区、宾馆餐馆和农家菜等特色餐饮，可提供生日聚会、草坪婚礼、会议聚餐等个性化主体餐饮体验。

在文化创意方面，孟津县多彩长廊田园综合体的整体规划建设始终以文化为灵魂，不断深入挖掘当地乡村民俗文化，结合孟津当地历史文化传统和现代文化创意理念，开发建设了游王观景台、牛家古寨、洋丰生态园等项目，充分展现了当地的乡土文化，增强了综合体的文化底蕴②。

三、多彩长廊田园综合体的构建路径

构建孟津多彩长廊田园综合体的参与主体主要包括洛阳凤凰山集团公司、县政府、农民合作社、农场主、专业大户、普通农户、贫困户等，拥有众多各类农民合作社及相关工商企业。这些主体均是促进孟津多彩长廊田园综合体构建的异质性利益相关者，也是构成综合体建设合作联盟网络的行动者，其产生

---

① 谭亚萍. 河南省田园综合体发展研究[J]. 乡村科技，2019，(7)：27-29.
② 孙松松. 供给侧改革背景下的河南田园综合体建设研究[J]. 安徽农学通报，2019，(1)：7-9+77.

合作行为的出发点是相信通过建设孟津多彩长廊田园综合体能够促进整个地区经济发展，并获得各自的利益。其中，农户等农产品供给者通过综合体发展提高劳动收入；合作社联合众多农户、贫困户发挥中介服务组织的优势，获得更大的发展空间；龙头企业洛阳凤凰山集团公司及其他各类涉农企业借助综合体建设与运营，开拓其新的盈利点；孟津县政府通过综合体建设推动当地经济转型发展；科技及金融服务机构分别获得更高的科技成果转换率及新业务增长点。参与孟津多彩长廊田园综合体构建的主体与必须通行点，以及各类主体为了达到各自的利益目标，而必须排除的困难或障碍（见图9-4）。

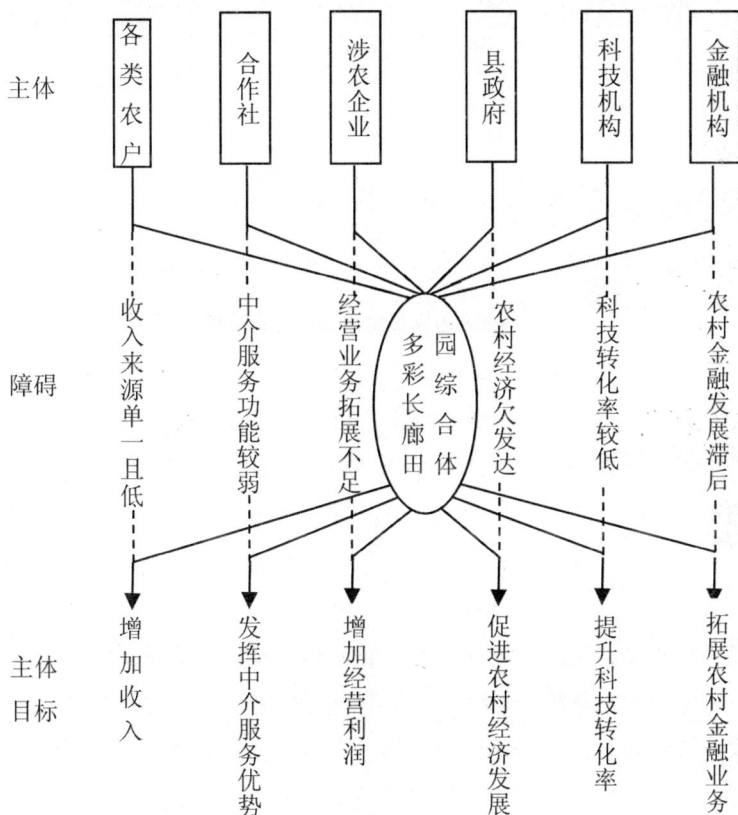

图9-4 构建孟津多彩长廊田园综合体的相关主体与必须通行点

孟津多彩长廊田园综合体的构建路径可透过相关利益主体的合作联盟网络构建予以分析说明（见图9-5）：

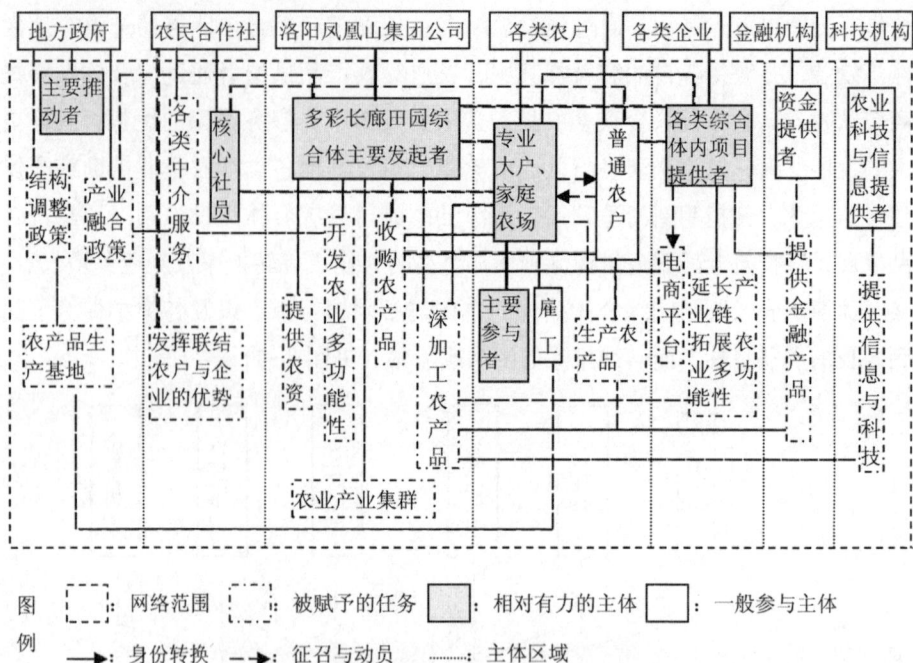

图 9-5　孟津多彩长廊田园综合体构建路径

农业龙头企业——洛阳凤凰山集团公司是多彩长廊田园综合体主要发起者，通过对综合体内项目投资建设与运营获得经营利润，包括农业休闲旅游收益、农产品加工收益以及其他运营收益；各类农户是农业生产、土地等要素资源的供给者，是主要参与者，其提供的农产品是多彩长廊田园综合体发展的物质基础，在综合体创建过程中完成身份转换，从普通农户转变为田园综合体的经营者，扩展了收入来源渠道，增加了收入；其他工商企业是多彩长廊田园综合体建设的重要参与者，通过参与综合体各类项目的建设与运营拓展经营业务范围；农民合作社等中介服务组织是合作网络的关键节点，成为连接综合体内农户和企业的重要桥梁；地方政府在推动多彩长廊田园综合体建设的权力力量相对较强，主要是通过相关农业政策进行宏观统管，对综合体发展具有重要的引领指导作用，是主要推动者；科技机构为田园综合体发展提供了科技支撑，金融机构提供了金融支持，他们共同成为多彩长廊田园综合体建设所必不可少的组成部分。

第十章

农业产业化联合体

　　自 2012 年以来，安徽宿州开始探索建立区别于之前农业产业化简单联合的新型联合体，这种联合体以"龙头企业+合作社+家庭农场或专业种养大户"为农业产业化组织模式，实施农业规模化经营，建立利益联结机制，形成一体化的农业经营组织联盟，即农业产业化联合体。该模式将龙头企业、合作社与家庭农场紧密联结在一起，进行农业纵向一化经营活动，合理配置要素资源，提高农业生产经营效率，更符合农业现代化、市场化、产业化的要求。2017 年，农业部等多部门联合印发了《关于促进农业产业化联合体发展的指导意见》，对农业产业化联合体建设加以规范和指导。联合体通过建立组织管理制度，规范其成员行为和经营流程，以达到降低生产成本、提升经营效率的目的。2018 年中央一号文件首次提出要培育农业产业化联合体，之后，农业产业化联合体在全国范围内快速发展起来。

　　农业产业化联合体的产生创新了农业产业化的组织模式，是在农民专业合作社基础上的又一次组织形式创新。农业产业化联合体以紧密的利益联结为纽带，将农业龙头企业、农民专业合作社、家庭农场和专业大户联结起来，加强各经营主体之间的劳动分工与协作，提升各经营主体的经营效率，进而增加联合体整体效益。农业产业化联合体以龙头企业为核心带动农业全产业链的构建，在联合体内部进行合理的分工，由家庭农场或专业种养大户专注农业生产，合作社将众多小农户联合起来对接龙头企业，并为农户提供各种社会化服务，龙头企业从事农产品加工、存储、销售等经营活动，再依靠相互间的协助，从而形成完整的产业链条，既能降低各经营主体的农业生产成本和违约风险，提升竞争力，又有助于农民增加收益，满足消费者对农产品品质的需求。农业产业化联合体实现农业生产、加工、销售等一体化经营，最大限度地激活龙头企业、合作社、家庭农场各自的经营优势，极大地促使农产品生产、经营、加工过程紧密联结，降低成本、提高质量。

在农业经济快速发展、对外开放不断深入、农产品市场竞争愈加激烈的背景下，我国现代农业产业化联合体得到了快速的发展，展现出巨大的发展潜能。产业化联合体发展的关键是协调各方利益，探索有效的联合模式及实现路径，确保农民生产农产品的合理利润，从根本上保护农民务农积极性，使农民真正与龙头企业等经营主体形成利益共同体，从而促进联合体持续高效发展。

第一节　农业产业化联合体的相关研究

一、农业产业化联合体研究现状

农业产业化联合体作为我国农业组织形式创新而形成的农业经营组织联盟，具有明显的中国特色，且正式产生的时间距今也还不足 10 年，属于新兴事物，因而国内外相关的研究成果均较少，特别是针对性强且高质量的研究成果则更少。自我国相关政府部门开始重视农业产业化联合体的发展，并采取一系列措施鼓励其建设之后，实践领域的联合体经营活动越来越繁荣，联合体经营模式对农业产业化及农业经济发展的带动作用也越来越显著，因而社会各界对农业产业化联合体逐渐关注起来。

由于农业产业化联合体是我国特有的、新兴的农业组织形式，因而国外学者并没有对其进行专门化的理论研究，但国外学者对农业一体化经营的相关研究成果较多，可以作为一定的理论借鉴。由于国外农业体制和经营机制与我国存在较大的差异，因此国内学者的相关研究更具有指导价值。近年来，国内学者对农业产业化联合体的研究越来越多，分别从理论分析和实践探讨两个角度进行论述，其主要围绕联合体的发展背景、产生机制、概念界定、意义作用、案例分析、绩效评价等方面展开研究。学者郑定荣（2003）首次提出"农业产业化联合体"这一新名词，认为这是一种新的经营机构设置，具有新的经营管理机制①。孙正东（2015）指出现代农业产业化联合体是农业经营组织的创新，通过形成要素流动、产业链接、利益共赢的组织内在链接机制，成为风险共担、

---

① 郑定荣. 重新构建农村经营新体制——农业产业化联合体问题探讨[J]. 广东经济，2003，（10）：26-28.

利益共享的共同体①。陈定洋（2016）认为传统的"公司+农户""公司+租赁农场""公司+合作社+农户"这些组织结构形式较为松散，存在搭便车、契约不完善、侵害农民利益等各种问题，因而诱发农业产业化联合体的产生与发展②。芦千文（2017）通过实证分析，得出农业产业化联合体的经营模式和组织架构，分析了联合体的创建动因、成长路径和内生发展机制③。刘景景（2017）认为联合体是新型农业经营主体的融合模式之一，其核心要义是共融和联合，是新型农业经营主体"强强联合"的需求体现④。张琴等（2017）通过对宿州农业产业化联合体的实证研究，得出联合体的成果贡献体现在产业链整合、供应链金融服务、成员间互利共生等制度创新⑤。曹方超（2018）提出农业产业化联合体的主要特征是利益联结更为紧密，这是确保成员间合作关系稳定的关键，只有联合体内部具有紧密的利益联结机制，才能成为真正有效的联合体⑥。郑媛榕（2018）认为农业产业化联合体之所以能够避免成为一时兴起的农业经营组织创新，则是因为其利益联结规范化、合作关系制度化、多方共赢常态化，制定了一套能够使参与主体共同达到组织既定目标的经济机制⑦。陈华彬（2019）提出农业产业化联合体的运营需要完善利益共享机制、确立分工协作机制、健全资源要素共享机制，而政策保障、顶层设计和基层实践是其产生的制度环境，各经营主体的联盟需求是其形成的诱因⑧。周艳丽（2019）从分析农业产业化联合体发展中的特征、问题和其原因入手，提出培育联合体的主要路径⑨。周昊天（2019）认为通过构建农业产业化联合体，可以将各类

① 孙正东. 论现代农业产业化的联合机制[J]. 学术界，2015，（7）：153-160.
② 陈定洋. 供给侧改革视域下现代农业产业化联合体研究——产生机理、运行机制与实证分析[J]. 科技进步与对策，2016，（7）：78-83.
③ 芦千文. 现代农业产业化联合体：组织创新逻辑与融合机制设计[J]. 当代经济管理，2017，（7）：38-44.
④ 刘景景. 现代农业产业化组织模式创新——安徽宿州的经验做法[J]. 山西农业大学学报（社会科学版），2017，（5）：28-32+42.
⑤ 张琴，郭红东. 农业产业化联合体：现代农业经营体系的创新——基于安徽宿州的调查[J]. 新疆农垦经济，2017，（1）：1-8.
⑥ 曹方超. 联合体促进现代农业融合发展[N]. 中国经济时报，2018-03-14（A06）.
⑦ 郑媛榕. 农业产业化联合体及其与农村产业融合发展的互动研究[J]. 宁德师范学院学报（哲学社会科学版），2018，（4）：23-28.
⑧ 陈华彬. 乡村振兴视阈下农业产业化联合体研究——产生机理、运营机制和实证分析[J]. 重庆理工大学学报（社会科学），2019，（3）：36-45.
⑨ 周艳丽. 乡村振兴战略下农业产业化联合体的培育发展研究[J]. 农业经济，2019，（4）：27-28.

农业经营主体连接起来，有效地将农业产前、产中、产后各个环节有机地串联起来，实现了全产业链的上、下游相互配套衔接①。周勋章等（2019）认为农业产业化联合体发展的关键是农民专业合作社与家庭农场的有效融合②。蔡海龙等（2019）提出农业产业化联合体是带动农户进行现代化农业的有效组织载体，而且联合体在推动产业融合和适度规模经营均具有积极作用③。杨孝伟等（2019）指出农业产业化联合体加强了农业产业链上各环节经营主体的长期合作关系，稳定了经营主体的经验预期，降低了交易成本和违约风险④。王志刚等（2019）提出农业产业化联合体是农业产业融合的最新组织形式，其运行规范、结构成熟，成为经营主体联合发展的主流化方向⑤。刘威等（2020）认为农业产业化联合体是小农户与现代农业经营主体组成的共生系统，并提出要充分发挥联合体的要素聚合作用，创新联合体利益联结方式等建议⑥。张笑寒等（2021）基于农业产业化联合体各参与主体的绿色生产行为机理分析，构建了龙头企业、家庭农场、农民专业合作社三方演化博弈模型⑦。

二、农业产业化联合体研究述评

农业产业化联合体是我国农业生产经营实践中独特称谓，国外称之为合作农业经济或农工综合体，其本质上具有相似性。以往的研究更多集中在农业产业化联合体的产生背景、政策讨论、意义作用、运作方式以及个案介绍等方面，以宏观描述为主。

综观已有文献，国内外众多学者基于合作经济、产业组织、农业经营主体

① 周昊天. 乡村振兴战略下农业产业化联合体创新发展研究——运营特征、发展困境和路径分析[J]. 江苏农业科学, 2019, (17)：32-35.
② 周勋章, 郗悦平, 路剑. 现代农业产业化联合体培育实证研究——基于家庭农场与农民专业合作社融合视角[J]. 安徽农业科学, 2019, (15)：224-228.
③ 蔡海龙, 炎天尧. 正确认识农业产业化联合体：本质特征与理论依据[J]. 中国农民合作社, 2019, (7)：8-10.
④ 杨孝伟, 张秀丽. 农业产业化联合体创新发展研究——基于乡村振兴战略[J]. 江苏农业科学, 2019, (11)：1-5.
⑤ 王志刚, 于滨铜. 农业产业化联合体概念内涵、组织边界与增效机制：安徽案例举证[J]. 中国农村经济, 2019, (2)：60-80.
⑥ 刘威, 马恒运. 包容性视域下农业产业化联合体共生关系的实证分析[J]. 农村经济, 2020, (11)：95-103.
⑦ 张笑寒, 汤晓倩. 农业产业化联合体参与主体的绿色生产行为研究——基于政府激励视角[J]. 农林经济管理学报, 2021, 20 (2)：187-198.

等视角对农业产业化联合体相关理论进行了研究，提出了一些有价值的理论和方法，取得了一些成果，也不乏真知灼见。这为农业产业化联合体的深入研究奠定了坚实的基础，对深入研究构建现代农业产业化联合体有一定有参考借鉴价值。但就整体而言，国外农业产业化经营组织理论方面的研究成果较成熟、较完善，但受限于研究对象的特定化，对我国农业产业化联合体发展规律及创建路径的解释能力有限，研究成果的应用范围受到较大的限制；同时国内学者对农业产业化联合体的理论研究也刚起步，虽有一定成果，但还没有形成完整研究系统。这些国内外成果为本研究奠定了基础，但总体而言，农业产业化联合体在我国实践领域刚刚兴起，其理论研究更是尚处于起步阶段，仍存在一些局限性：

1. 研究内容上，农业产业化联合体是近几年才出现的一个新概念，其内涵还没有清晰的解释，现有文献往往只从某一角度或某一方面对农业产业化联合体进行阐述，多数研究成果还仅仅停留于描述现状、列举问题，较为片面，缺乏系统性，难以有效把握农业产业化联合体的发展规律和构建路径。

2. 研究领域上，国内外学者对农业合作经济进行了深入的研究，特别是对个体间、企业联盟之间的合作行为、合作机制、影响因素做了较好的分析，但对农业产业化联合体合作机制与形成路径的研究仍比较匮乏。我国农业生产经营主体的构成绝大部分是小农户，而农业发达国家的农业生产者通常是拥有较大生产规模的农场，而且发达国家的农业产业化体系及相应的政策法规都相当成熟，因而，应更多地从我国农村农业实际情况出发，对农业产业化经营组织进行深入研究。农业产业化联合体的培育与成长发展在中国是个新现象，其行为动机、生成机理、利益联合机制等各个领域均需继续展开研究。

3. 研究方法上，目前国内外针对农业产业化联合体的研究主要使用规范分析、比较分析和案例分析，很多文献研究成果仅是表明上的空洞的政策措施讨论，缺乏理论层面的深入剖析与实证分析，研究方法过于陈旧化、简单化。

农业产业化联合体的形成与发展在我国仍是一个新现象，其专门化的理论研究还在摸索阶段，相关理论研究和文献综述尚未形成体系，因此农业产业化联合体还需要深入研究。

第二节　农业产业化联合体的主要特征

根据现阶段我国农业产业化联合体发展的实践活动，可以发现其具有一些共性的特点，如参与主体多元化、民主合作独立经营、联结方式多样化、地域根植性较强等。

一、各类参与主体分工明确

农业产业化联合体是一个由龙头企业、农民专业合作社、家庭农场和种养大户等农业经营主体构建的组织联盟。联合体内各经营主体均有各自的功能作用定位，其中家庭农场主要负责农业生产活动，农民专业合作社将小农户组织起来进行统一管理，并为农业生产环节提供各种社会化服务，龙头企业引领联合体发展方向，负责农产品加工、品牌塑造、销售推广等，以提升农业现代化水平。这些多元化的参与主体以各方的共同利益诉求为基础，以提升农业发展整体效益为目标，形成优势互补、资源融通、利益共享的组织体系。

近年来，我国各类农业经营主体持续快速发展，农业龙头企业实力稳步增强，与农产品生产供应主体利益联结机制日益完善，带农惠农成效不断凸显。龙头企业通常资本较为雄厚、创新能力较强、市场经验丰富，能够更好地整合各种资源、开拓市场领域、抵抗经营风险，但由于农业生产的特性，致使龙头企业对农业生产环节监管乏力，收购的农产品原料质量难以控制、货源不稳定、成本较高等问题也难以有效解决。农民合作社组织联结农户能力强，具有规模化服务优势，可满足入社农户多种农业生产经营服务需求，但面对农产品加工增值能力不足、销售渠道有限等条件约束，服务对象也不稳定。家庭农场及种养大户是农产品生产环节最基本、最主要、最直接的经营者，在精细种养和质量控制方面具有比较优势，但往往对市场把控能力弱，难以突破资金、技术、销售、风险的制约。因此，需要将农业产业链上各经营主体的资源整合起来、优势互补，更好地发挥各自的专长，才能展现出联合体的组织优势。

与家庭农场从事农产品种养殖生产活动相比，龙头企业管理层级多，对农业生产直接监管成本较高，不适宜直接从事农业生产活动，因而即使是农业发达国家的农业生产也主要是由家庭农场经营。但龙头企业在农产品加工、新产品研发、市场开拓、品牌推广等方面优势明显，且资金、人力、技术、信息等生产要素资源占有量也较高，在市场竞争中具有较强的实力。与龙头企业相比，农民专业合作社作为农民中介组织，将小农户组织起来，为社员提供各种互助性服务或社会化服务，在组织与管理农户生产方面拥有组织优势和制度优势，可以将众多小农户组织起来形成农业规模化生产，降低农业生产单位成本。家庭农场或种养大户拥有的农业生产规模较大，以家庭为单位进行规模化、标准化、精细化生产，能够有效保证农产品的质量和数量。联合体的构建实现了各农业经营主体的联合互助及资源共享，可以最大限度地实现共赢发展。

在农业产业化联合体中，龙头企业获得了稳定可靠的原料渠道，促进企业农资薄利多销，提高了盈利能力；农民合作社获得了更稳定的销售渠道，获得了低价保质的农资供应，降低了交易成本，扩大了经营收益；家庭农场可得到龙头企业提供的银行贷款担保和农资赊销等资金便利，化解了部分种养风险，提高了生产率，增加了收入；普通农户可以通过合作社将土地进行流转，获取土地租金收入，还在联合体内从事职业工作以获得工资性收入。各类农业经营主体在联合体内优势互补，以利益联结机制为纽带，确定各自的权责关系，从而将农业产业链上各个环节紧密、高效、完整地联结起来。联合体内部各类参与经营主体独立经营，优势互补，通过合作能发挥出"整体大于部分之和"的集成优势。

二、民主合作且独立经营

农业产业化联合体通常由一家龙头企业牵头、多个农民合作社和家庭农场等农业经营主体共同构成的组织联盟。联合体内各个成员产权明晰，保持着独立自主经营的状态，在各自产权关系不变的基础上，以自愿、平等、互利的原则，通过签订契约合同或制定组织管理规章等方式，进行合作联盟，各成员协同开展农业生产经营，形成利益共同体。虽然农业产业化联合体的组织管理方式和利益联结机制存在不同形式，但是否构建农业产业化联合体、选择哪种合作模式，都要尊重农民的意愿，在吸纳家庭农场和专业大户等参与者加入联合体方面，坚持自愿原则，兼顾各方利益诉求，联合发展。

从现阶段来看，联合体不是独立法人，与独立的企业、合作社、联合社、行业协会等有很大不同。合作社是按照《合作社法》依法登记成立；联合社是合作社之间的联合模式；协会是一种自律性社团类组织。而联合体是一种组织联盟，依照健全农业产业链的要求，将农业产业链上各类经营主体联结起来，联合体内每个经营主体在进行协商和决策时均有一定的话语权，改变了以往单纯订单农业中农户与龙头企业的简单合同关系，使得联合体内每个经营主体都真正成为产业生态圈的主体。在合作内容上，联合体既有家庭农场与龙头企业直接的农产品购销合作，也有家庭农场借助合作社的各项服务，与龙头企业建立合作联系，联合体内各主体的合作形式更加多样化，但仍保持各经营主体独立经营的特性。与原有产业化组织形式相比，联合体更注重建立稳定的利益联结机制，在龙头企业、合作社、家庭农场之间建立起长期、稳定、互利的合作关系，实现优势互补、资源共享、风险共担，真正成为一个经济共同体。

尽管联合体不是独立的经营主体，没有在民政或者工商登记注册，但联合体成员之间建立了共同章程和议事规则，成为具有一定约束力的管理组织，并且成员相对固定，实质上建立了一个长期稳定的联盟。联合体的制度安排增强了成员间的联盟意识，使得各类经营主体在联合体内获得更高的认同感、责任感和归属感，从而实现更广泛经营领域的民主合作。

三、多维度的利益联结形式

农业产业化联合体的利益联结具有多维度特性。而稳定的利益联结方式是农业产业化联合体有效运营并获得竞争优势的核心。当前联合体比较常用的利益联结形式主要包括契约合同制、经济合作制、股份合作制、组织规章制等。其中契约合同制主要通过制定保底价或优惠价以收购农产品；经济合作制通常是实时利润返还形式；股份合作制通常是根据土地、资金、农机等生产资料入股的份额确定共同分红标准；组织规章制则是制定联合体组织章程来规定成员间的权利义务以进行分工合作。在联合体中，龙头企业、农民专业合作社、家庭农场通过多种维度的利益联结方式，确保各方参与主体均能获得农业价值链增值带来的额外收益，并且享有联合体提供的信用担保、技术培训、风险补偿、购销保障等创新服务，提升各经营主体自我发展空间。伴随联合体的形成与发展，联合体内部成员间的利益联结关系越来越复杂化，所呈现的多维度特性也越来越明显，主要体现在合作制度安排、生产要素融通、利益联结网络构建、风险防范和内部约束等这四个层次上加深了组织成员间的合作联结，各方利益得以实现，特别是农民利益得到保障。

1. 独特的合作制度安排

联合体是合作联盟，合作制度的制定与实施至关重要，规范化的合作制度安排，能够增强组织成员间的合作意识和组织观念，让各个成员特别是农户成员得到组织认同感和归属感，农户及家庭农场的积极参与和认同是联合体稳定合作关系的基础。一是章程约束。联合体成员共同制定组织章程和建设方案、明确联合体性质、规范管理制度、健全组织架构、明确权责义务和准入、退出机制等；规范的联合体章程使组织成员的经营活动有了约束，合作关系有章可循，各自的权责义务清晰明确。二是平等对话。联合体定期或不定期召开理事会或成员大会，让成员都能够及时了解联合体经营动态，共同协商制定生产计划、购销价格、生产标准、培训安排及联合体发展规划等，确保家庭农场及合作社具有发言权和决策权；联合体还为成员搭建更广的信息共享渠道，让参与联合体的农户拥有更完整的信息，拥有平等的参与权和对话权。三是凝聚共识。联合体作为组织联盟，将组织成员联结起来共同面对市场的机遇与风险，使成员获得比各自单独经营更高的利益，成为利益共同体，因而需要增强所有成员合作意识和凝聚力，联合体通过各种组织文化建设活动，定期为成员培训组织文化和提供交流沟通场所，形成具有合作精神的组织文化氛围，在联合体经营过程中更容易达成共识、凝聚力量，从而降低组织成本。

2. 有机融合的要素融通机制

龙头企业、合作社、家庭农场各自拥有的生产要素在联合体内有机融通，是联合体的重要特征，也是其与订单农业等传统农业产业化方式的主要区别。联合体内生产资料、技术信息、品牌营销、资金人力等生产要素资源有机融通，增强彼此间的依赖感和约束力。联合体要素融通的具体方式包括：一是资本融通，各主体间相互参股入股，龙头企业、合作社、家庭农场都可以参股联合体，分享联合体价值链增值带来的利润分红，龙头企业、合作社、家庭农场还可以互相入股，加强彼此间的利益联结关系，互相稳固对方的合作行为。同时，龙头企业还可为合作社社员及家庭农场提供资金信贷担保，合作社社员及家庭农场则以预期收益权、土地经营权等权益或资产为企业提供反担保，以解决农业生产环节融资难问题。二是土地融通，联合体内依照自愿有偿原则，鼓励农户流转承包土地经营权给合作社或家庭农场，培育发展适度规模化的农业生产方式，形成以土地为纽带的紧密经济联合体；合作社社员将土地流转给合作社或联合体，可以获得稳固的土地租金收入，还可以受雇于联合体成为职业农民或者企业工人以获得工资性收入。三是信息融通，市场信息经由企业分析研判后转化为生产决策，通过产业链传导至生产环节，农民合作社收集、整理家庭农场和专业大户的生产信息，为联合体组织农业生产活动计划、信用贷款评级、生产能力评估等提供必要信息。四是技术融通。龙头企业根据市场需求研发农业新技术、新产品、新工艺等，制定农产品生产技术标准，并向合作社及家庭农场进行技术推广及技术服务，以保证农产品品质，满足市场消费者需求；合作社按照联合体技术质量要求对社员农业生产活动进行田间管理和指导监督。五是品牌融通。联合体成员虽然仍保持独立的经营状态，但可共用联合体品牌，联合体成员共同塑造、推广并维护品牌形象，实现联合体内品牌价值共享。

3. 较为紧密的利益联结网

联合体成员之间通过各种合作关系建立了更为紧密的利益联结网络，并随之产生了一系列的正式或非正式的契约关系网络，使组织成员紧密地联结起来。例如，联合体各方签订了生产服务合同、协议，确立了农产品生产、生产资料供应、产品收购、技术作业服务等相关内容的合作关系，形成多方共赢的利益关联。联合体内的家庭农场、农户等农业生产主体按照合同契约约定的数量进行生产，龙头企业按合同契约约定的数量进行收购、加工、销售并提供一定的产前、产中信息、技术等服务。联合体内龙头企业对资金有困难的家庭农场或合作社社员提供生产资料资金垫付等服务，收购农产品时进行抵扣，除了垫付资金、金融担保、技术支撑、代收代购等服务外，还与合作社一起为农户提供其他各类社会化服务，与农户建立起稳固的信任关系。

4. 严格的风险防范和内部约束机制

由于联合体是众多农业经营主体构建的合作组织联盟，很容易出现集体行动中的"搭便车"、道德风险、逆向选择等问题，因此需通过建立风险防范和内部约束机制，增强成员间的彼此信任和依赖感，达成集体理性行动。如联合体通常为成员集体购买农业保险产品，以降低自然灾害对合作社社员及家庭农场农业生产活动所造成的生产风险，同时龙头企业还与家庭农场及合作社签订农产品收购契约，规定最低收购价格及二次利润分成比例，以最低收购价格降低农户面临的市场风险，二次利润分成则可减少获利机会的损失。联合体通常制定组织章程或组织规范以约束成员行为，对未按照质量标准生产农产品的农户加以纠正，对不符合质量标准的农产品根据契约可拒绝收购。联合体通过合作社加强对农户及家庭农场的田间监控管理，对不符合统一品种、统一施肥、统一技术等标准操作的农业生产者进行纠偏，以确保农产品质量品质。联合体的风险防范与内部约束机制在成员之间发挥着双向作用，减少了道德风险和"搭便车"行为，为组织成员信用评价体系的建立奠定了基础，使得联合体内各类农业经营主体在多次重复合作博弈中搭建起更新牢固的信任关系，真正成为合作共赢的经济体①。除此之外，联合体通过制定风险防范和内部约束机制，共建风险基金，共同抵御生产风险，提升了成员间的向心力和凝聚力。

四、地域特色明显

农业产业化联合体的发展具有明显的地域特色，而地域特色主要因其地域根植性明显。根植性这一理论源自经济社会学的研究成果，其具体内涵是指各类社会经济行为深深嵌入于复杂的社会关系之中。各地的农业生产经营往往都有其独特的历史文化根源，这就决定了农业产业化联合体同样具有很强的地域根植性。有些学者经研究认为"根植性"是区域经济活动的本质属性，其中区域内各类特征明显的资源禀赋就是"根植性"的"根"。就自然资源禀赋而言，农业产业化联合体的形成与发展与其区域内的自然禀赋紧密相关，而因为农业的生物属性，使得这种自然资源禀赋很难被完全复制或模仿。就社会资源禀赋而言，其一，农业生产具有很强的社会传统特征，是其区域历史文化传承的产物；其二，农业生产经营往往是以血缘姻亲、地缘乡谊或业缘为纽带形成生产经营关系网络。因此，农业产业化联合体发展受到很强的区域社会文化因素所控制，以这种社会文化资源禀赋为核心的联合体发展模式很难被完全模仿和复制。

因为农业产业具有地方根植性这一特殊属性，所以农业产业化联合体在内部更容易建立起稳固的社会关系网络和契约关系网络，而在提升区域社会资本和降低联合体内交易成本的过程中，地方政府和龙头企业在推动联合体发展、凝聚社会关系网络、凸显产业地方根植性优势等方面扮演了十分重要的角色。

---

① 芦千文. 农村一二三产业融合发展的运行机理和理论阐释：例证皖省现代农业产业化联合体[J]. 山西农业大学学报（社会科学版），2017，16（4）：24-29.

第三节　农业产业化联合体的构建路径

各类农业产业化联合体的创建与发展均离不开各相关主体的合作行为，多方合作关系就构成了合作网络。生产经营同类农产品且密切相关的农业产业化龙头企业、农资供应商等涉农企业、合作社、家庭农场、科技金融机构等相关主体，以生产经营同类农产品为纽带，联合在一起，进行共享信息、共享市场以及共享技术等，以往相互独立的经营主体随着联合体的发展变成了共同的利益关系，通过延长农业产业链，从而获取更多价值增值。因此，各类行为主体之间形成了错综复杂的合作关系网络，这种合作关系网络的形成是构建联合体稳固发展的关键。合作关系网络的稳固构建通常受到正式契约关系网络与非正式契约关系网络的共同影响，各种关系相互作用而形成了一种合力，作用于生产力的发展。联合体的创建则是以各类异质性利益相关者合作联盟关系网络的构建完成为基础的。

一、异质性的参与主体

参与联合体构建的主体既有企业单位、又有农民专业合作社这种合作制组织，还有家庭农场为主的个体经济，这些成员属性不同，异质性特征明显。联合体的成功创建通常涉及龙头企业、其他涉农企业、合作社、家庭农场、金融科技机构和政府部门等不同领域的主体，因此联合体合作联盟关系网络的构建需要众多异质性主体的共同参与。参与联合体构建主体的异质性表现为以下几个方面：

1. 资源禀赋的异质性

联合体成员的异质性首先体现在拥有的要素资源禀赋不同，包括土地、技术、资本、生产资料、人力资源以及社会关系网络等方面。这种联合体成员拥有的要素资源禀赋不同具体反映在土地、资本、人力和社会关系这四类要素拥有量的差异。

第一，土地资源。农产品的种养殖等农业经营活动均离不开土地资源，特别是有些特色农产品对土地质量的依赖性仍相当高，而且土地经营面积拥有量的大小，还是区分家庭农场、专业种植大户与普通农户的重要标准之一。与此同时，获取土地规模经营效益是农民专业合作社运营与发展的关键载体，也是农户入股合作社发展的重要资本，部分农户以土地入股合作社以获得分红收益，也有部分农户将土地流转入社而获得租金收入，合作社整合流转入社的土地资源，进行统一管理，提升土地利用效率和实现规模经济效益。在联合体成员中，合作社拥有的农户社员众多，土地资源经营权拥有量最多；家庭农场以家庭成员为主要劳动力，其土地流转转入的规模受限于家庭劳动力规模；而龙头企业主要依靠土地流转获得土地经营权，然后租种给职业农民，其本身不拥有耕地资源。因而，联合体内部成员拥有土地资源的方式与数量都存在很大差异。

第二，资本资源。资本资源主要指联合体成员拥有的资金、生产资料、设施设备等有形资本以及品牌、技术、商誉等无形资本。资本作为经济组织从事市场经营活动所必要的稀缺资源，其拥有量的多寡也成为分配组织剩余利润的基础。联合体成员的经济资本主要是指成员的经济水平、经济能力及出资情况。联合体成员拥有的资本资源量具有明显的差异性，龙头企业拥有大量的经济资本和无形资本，合作社、家庭农场及种养大户拥有的资本量均相对较少，虽然国家鼓励合作社发展，积极出台补贴政策，划拨财政资金进行大力支持，但与龙头企业相比，无论是资金、设备、生产资料，还是技术、品牌等，都存在较大差距。出资较多的成员大都发展成为联合体内部的核心成员。

第三，人力资源。人力资源既包括劳动力的数量，也包括劳动力的质量。联合体内不同成员拥有的人力资源量明显不同：龙头企业拥有的人力资源较多，涵盖经营管理、专业技术、加工工人等各个领域的人才，且企业内员工数量较多、文化程度普遍较高；合作社社员众多，有部分社员是乡村精英，但多数普通社员农户文化程度较低；家庭农场以家庭劳动力为主，拥有的人力资源数量相对最少。总体而言，联合体核心成员相对于普通社员而言，平均文化水平更高、能力更强，尤其是联合体发起人和管理者的生产经营水平与管理理念直接影响联合体的发展与未来。而普通成员相对文化水平较低、经营管理经验不足，参与重大组织经营决策的机会较少。

第四，社会关系资源。又称之为社会资本，是指通过社会网络所获得的资源或能力。社会资源又可分为社会关系和社会信任两个主要方面。联合体在建设过程中需要吸引众多的农业经营者加入，并与政府部门、消费市场及农业上下游相关企业进行关联，因而，社会关系和社会信任成为联合体构建的稀缺资源。龙头企业在市场运营过程通常积累了较多的社会关系资源，可以帮助联合体与政府、市场及其他关联企业建立良好的联系。合作社通常是乡村社会依靠"熟人社会"而组建的合作组织，其往往是建立在相互信任的基础上，因而合作社具有更强的社会信任资源，能够吸引更多农户及家庭农场参与到联合体建设之中。联合体的创建及运营均需要丰富的社会资源予以支撑，核心成员相对于普通成员拥有更广的人脉，这种社会资源可以为联合体争取到更多的优惠政策、财政资金，得到更多质优价廉的生产资料，为农产品争取到更高的销售价格、更宽的销售渠道等。因此，联合体的成功创建与稳健运营离不开必要的社会资源。

2. 利益诉求的异质性

因为各类主体的资源禀赋异质性，其在参加联合体时会形成差异化的参与动机和利益诉求。现代产业化联合体的利益相关者所呈现出来的特点是利益主体多元化和多层次化，且相互关系错综复杂。联合体通过分工协作、优势互补，并经合理分配，每一个成员均可获得价值链提升带来的增值收益。

第一，龙头企业的利益诉求。企业通过联合体发展模式，要求各个成员按标准、规程生产或服务，合作社负责监督，降低企业管理成本，减少不合格农产品的产出概率，获得量足质优的农产品原材料货源；同时企业统一采购联合体内部成员产品，缩减采购成本，以优惠价格大规模采购生产资料，然后向合作社、家庭农场批量供应，赚取差价。

第二，合作社的利益诉求。合作社根据社员需求为其提供更广泛的社会化服务，为全体社员谋求更多的共同利益；通过加入联合体能够尽可能确保入社农户规避市场风险，保证基本收益；同时，在联合体中更好的发挥其中介服务机构的价值，做好农户与企业沟通的桥梁，降低单个农户社员的交易成本，使社员获得更多的留存收益。

第三，家庭农场及专业种养大户的利益诉求。家庭农场通过加入联合体可以确保农产品的销售渠道和销售价格，以解决销售难问题，同时，多数家庭农场还面临着农业抵押物少、融资贷款难、农资价格高等问题，联合体可以为家庭农场提供融资贷款服务及质优价廉的农资和其他生产性服务，并降低生产风险及市场波动风险。家庭农场及专业大户通常通过"保底价格+利润返还"或以入股比例分红等方式以获取加入联合体后更多的收益增值。

3. 参与行为的异质性

不同的资源禀赋和利益诉求，导致参与行为的异质性，主要体现在生产经营活动中角色分工、业务参与方面，而各主体拥有的人力资源的差异也带来了业务参与行为和风险偏好的不同。在联合体创建及经营过程中，各类参与主体会产生业务分工和经营角色等方面的差异化。

第一，业务参与不同。业务参与最主要的体现是各类主体在联合体产业化经营过程中参与环节不同，合作社统一购买农业生产资料、提供形式多样的生产技术支持等各种农业生产相关服务，根据联合体需要，向合作社社员引进新品种、新技术、新设备等资源，以提高社员的农业生产水平；家庭农场主要从事农产品的生产环节，将生产的农产品卖给龙头企业；龙头企业主要负责农产品加工、销售及品牌建设等，提高农产品竞争力，获取农产品价值的增值。

第二，管理参与程度不同。各主体参与联合体的行为不仅仅限于经营业务往来，还包括以金融投资形式获取分红或参与到联合体的资金管理等。成员在进行管理参与时是作为管理者的身份，成员的管理参与的形式多样，一种是通过正式的成员大会、理事会和监事会进行日常管理，另一种是通过非正式的方式在非正式的场合为联合体的发展提供意见。由于龙头企业市场经验丰富、组织管理能力相对较强，因此联合体的主要日常经营管理权归于龙头企业；合作社、家庭农场及其他参与主体主要通过理事会、监事会、股东大会等方式参与联合体的决策管理权，这些主体通过参与管理成为联合体的控制者，获得归属感，可以发挥其主观能动性，将自身利益与联合体利益联结起来，有利于联合体的持续健康发展。

第三，风险承受力不同。农业受到自然灾害风险及市场波动风险明显要高于其他产业，加之现行政策性和商业性农业保险的缺陷，农业生产经营活动存在多种风险。合作社、家庭农场、专业大户等农民主体参加联合体是为了获得服务、规避农业风险，其风险承受能力比较低；龙头企业通常实力雄厚，能够主动参与或购买政策性和商业性农业保险，并设立风险基金，在发生灾害时弥补农业经营损失以抵御风险，同时，龙头企业统一收购农产品并建设现代化的仓储设施，根据市场信息反馈情况，科学合理地利用仓储调节功能，在消费需求旺盛期增加产品市场投放量，在市场萧条期减少投放量，以降低因农产品供需波动给联合体内成员造成的市场风险。

综上，现代农业产业化联合体需要多种类型的利益主体加入，而其建设和运营则可以看作是由不同利益主体共同参与的群体活动。由于联合体参与主体的资源禀赋、利益诉求、参与行为存在异质性，其参与联合体的行为方式和角色扮演也存在明显的差别，而对于这种区别的挖掘和理解有助于推动联合体的构建与发展。虽然龙头企业拥有的自然资源总量少于合作社及家庭农场，但龙头企业比合作社及家庭农场拥有更多的资金、更广的人脉和更强的组织管理能力。联合体的创建需要大量的资金，龙头企业拥有较多的启动资金、较广的社会资本、较强的经营能力，能够整合各类资源为联合体发展创造条件。因此，在组建联合体时，各类参与主体的异质性比较突出，需要在联合体创建及发展过程中求同存异，互用所长。

二、基于行动者网络理论的联合体构建路径

由于对联合体发展的利益诉求不同，各利益相关者所采取的获利方式和途径也是不同的。地方政府、企业、合作社、家庭农场及专业大户等这些不同的利益主体、各主体不同的利益诉求和实现途径交织在一起，形成了一个错综复杂的网络系统，各主体之间相互制衡、相互促进，使得联合体在多元平衡的状态下有序推进。在这个系统中，由于不同主体所掌握的权力和资本的不同，决定其对联合体的重要性和影响力不同。

依照行动者网络理论，促使农业产业化联合体构建的相关主体也是构成行动者网络的行动者，这些利益相关行动者主要包括龙头企业、家庭农场、合作社、农资供应企业、农产品加工企业、商贸流通企业、电子商务企业、科技机构、金融机构及地方政府等。这些主体共同的必须通行点是"相信通过创建农业产业化联合体能够促进农业经济发展，进而促进乡村经济社会发展，使得每个参与主体均能获得各自的利益"。这些主体均是促进联合体构建的异质性利益相关者，也是组成联合体合作联盟的行动者，其产生合作行为的本质及出发点就是获取各自预期的利益，这些利益相关者有些是成为联合体成员直接参与联合体的经营管理，有些虽不是联合体成员但间接支持了联合体的发展。各利益主体可以通过在促进联合体创建与发展过程中发挥自身的能力和优势来满足其利益诉求。其中龙头企业获得了家庭农场及合作社提供的农产品，稳定了自身的原材料来源，能够更好地控制原材料的质量和数量，而且降低了购买农产品原材料的交易成本，增加了企业利润；合作社更好地发挥了龙头企业与农户之间桥梁的作用，为农户成员提供更多的农业生产服务，实现了合作社为社员服务的价值；家庭农场将生产的农产品直接销售给联合体内龙头企业，减少寻找销售渠道的搜索成本及谈判成本等交易成本，解决了产品销售的后顾之忧，降

低了经营风险，提高了收入；地方政府可以发挥其在政治上的优势，借助构建联合体推动农业产业化组织模式不断创新，促进农村经济发展；科技机构在农业非专业化分散经营的情况下科技推广成本也相对较高，通过联合体发展模式降低了农业科技推广扩散的成本和成果转化成本，加速了科技成果转化效率；金融机构借助联合体的发展模式，拓展了信贷资金服务领域，创新了金融产品业务。上述各类利益相关主体要实现共同利益诉求的获取则需要团结协作，而团结协作的途径就是共同促进农业产业化联合体的构建。创建农业产业化联合体的相关主体及其期望借助联合体创建而突破的发展障碍和预期的成果目标（见图10-1）。

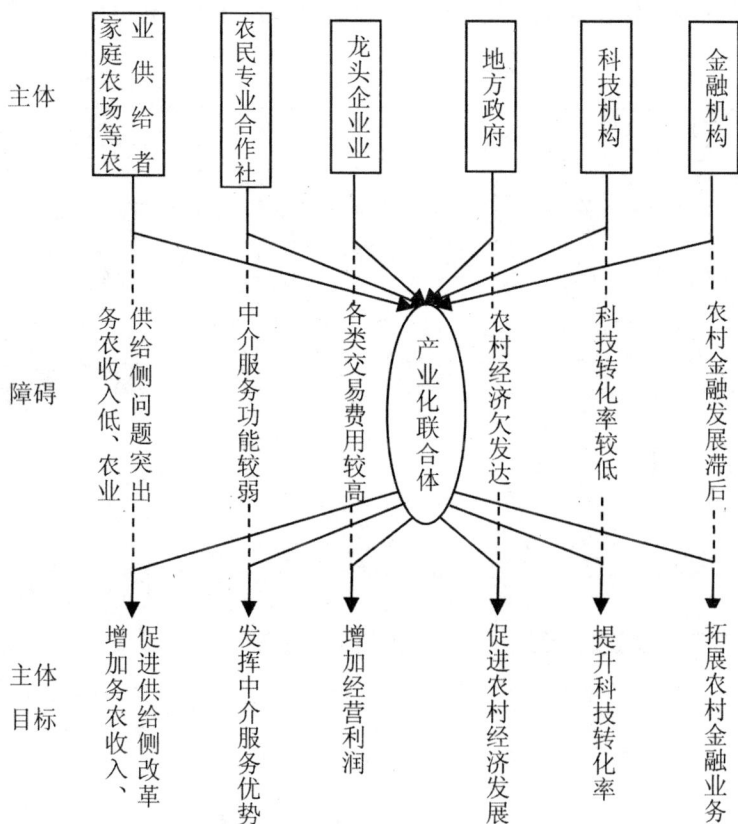

图10-1 创建农业产业联合体的相关主体与必须通行点

各类利益相关行动主体通过构建合作联盟网络，共同创建了农业产业化联合体，进而实现了各自的利益诉求。可基于行动者网络理论，运用利益相关行动者的合作联盟关系网络构建过程加以剖析农业产业化联合体的构建路径（见图10-2）：龙头企业是构建联合体的重要推动者和牵头者，也是联合体的主要经营管理者；家庭农场、合作社农户社员等农业生产供给者是主要参与者，其提供的农产品是联合体发展的原材料供给基础；合作社将小农户联合起来共同参与联合体，提升了社员农户的整体实力，也便于联合体通过合作社为社员农户提供各种农业社会化服务，是联合体合作网络构建的基础节点；地方政府积极推动农业产业发展，也是制度创新的主要推动者，在推动农业产业化组织模式创新发展过程中的权力力量相对较强；科技机构为联合体发展提供了科技支撑，金融机构提供了金融支持，他们共同成为推动联合体顺利发展的必不可少的组成部分。利益增加与共享是推进农业产业化联合体构建与发展的核心，各相关利益主体具有明确的功能定位。

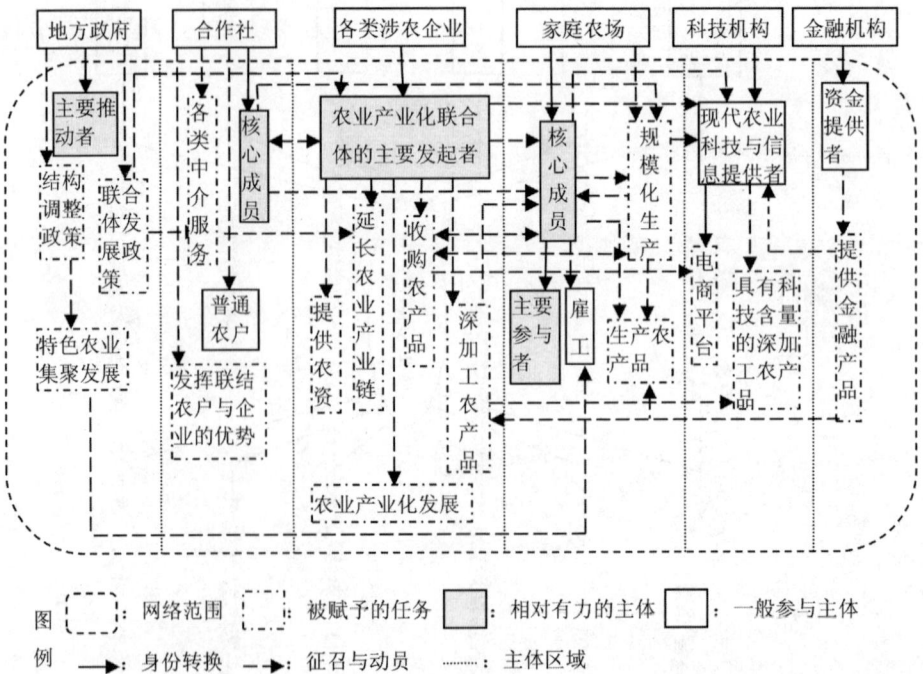

图10-2 基于行动者网络理论的农业产业化联合体构建路径

三、联合体的外延式发展路径

在农业产业化联合体的内外部均存在相关要素资源的流通与互动，进而维持着联合体各类利益相关行动者之间的联结关系。联合体的各类成员在内部承担的职责不同,扮演的角色也不同,对联合体构建与经营管理的贡献也有差异。通常而言,与联合体相关的社会经济网络可以从大的范围分为两个层次:一个是联合体内部的关系网络,即产生于联合体组织内部的所有参与者之间相互关联的网络,该关联网络主要存在于联合体内部,如龙头企业、合作社、家庭农场及其他涉农企业和科研机构等联合体成员。这些利益相关者在联合体内部通过优势互补、分工协作,形成了组织内部的社会经济网络的联结关系,各类信息、技术、资金、人力等要素资源沿着该经济网络不断在联合体成员间进行传递与扩散。另一个是联合体的外部网络空间,是指与联合体发展密切相关,但处于联合体外部的各类利益相关者。主要包括支撑联合体创建与运营的辅助型、支持型、服务型以及其他潜在利益相关者等行为主体,如外部的科研机构、供应商、分销商、金融机构、政府部门、客户及其他相关产业主体等。由于作为经济组织的联合体需要和外界进行信息、技术、产品等各类资源的交流与合作,而联合体内部的关系网络并无法完全满足与外界资源的关联,这就需要联合体外部形成辅助型的网络关系以支撑联合体顺利发展。因而,联合体内部的关系网络与外部的关系网络相互结合,从而实现借助外力加速联合体快速创建与健康发展的目的,这就产生了农业产业化联合体的外延式构建路径(见图10-3)。

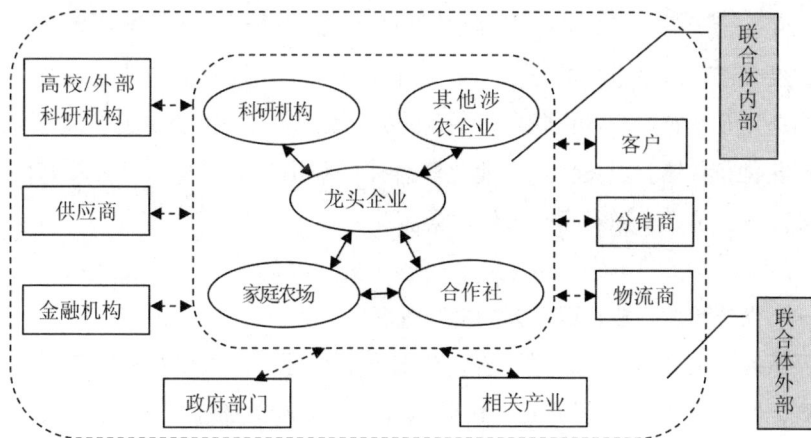

图10-3 农业产业化联合体的外延式构建路径

其中,龙头企业、合作社、家庭农场以及部分农资供应商、物流运输商、农产品经销商是联合体内部成员,这些内部成员之间通过供应链、产业链、价值链以及竞合关系等产生利益相关性，进而相互间进行着产品、技术、信息及其他各类资源的有机融合；而高校科研机构、金融机构、各类客户、各级政府部门以及其他供应商、分销商、物流商和相关产业主体等辅助利益相关者，为联合体成员提供了技术、金融、供应、销售等服务，支撑了联合体的有效运营，与联合体之间形成了相对稳定的正式或非正式关系网络。其中，供应商、分销商、物流商等主体，是与联合体处于同一产业链上的关联经营主体，是基于供应链、价值链、产业链等联结而成的经营合作网络关系，是一种强联系关系；而联合体与科研机构、政府部门、金融机构等主体之间的关联关系相对较弱，是一种弱联系关系。这两类关系的相互结合，促使联合体内部各类成员突破自身原有经营水平、创新能力、要素资源等限制，将联合体外部相关资源纳入自身创建与运营发展之中，有利于联合体提高自身的整体经营能力。随着联合体内部成员主体间合作行为的逐步强化与向外扩展，联合体内部成员的合作关系网络将不断拓展，从而带来联合体规模的扩大。

第四节　农业产业化联合体的实证研究

近年来，安徽、河北、河南等地顺应形势的变化，引导各类新型农业经营主体深度合作，满足市场的需求，率先探索培育了一批农业产业化联合体，成为我国率先开展农业产业化联合体试点的省（区），并相继公布了一批省级示范农业产业化联合体。强英鸭业产业化联合体是我国成立较早、发展较好的示范联合体之一，位于安徽省宿州市砀山县。

一、强英鸭业产业化联合体的发展概况

安徽省砀山县地处皖、豫、鲁、苏四省交界处，交通便利；属于温带季风气候区，四季分明、日照充足、雨量适中，气候条件优越，资源丰富，享有"中国酥梨之乡"的美誉。砀山县是林果产业大县，林下发展养殖业具有一定的优势，成为安徽省重要的养鸭基地之一。砀山县十分重视畜禽产业的发展，坚持产业带动与精准扶贫相结合，在现有养鸭技术水平和养鸭基地建设的基础上，制定出立足本县、带动周边、辐射全省，具有实用性、可操作性的无公害肉鸭养殖、加工及产品企业标准，并建立健全示范区标准体系，实现肉鸭示范区的

产、销、加工一体化。

砀山县大力推进肉鸭产业规模化发展始于2009年，由强英集团在砀山县投资1.5亿元打造的樱桃谷鸭养殖产业化项目正式投产运营，这标志着砀山县开始建造全省最大的养鸭基地。强英集团2009年是安徽省省级农业产业化龙头企业，2019年在全国农业产业化国家重点企业中名列第97位。强英集团2009年在砀山县开展的樱桃谷鸭养殖产业化项目，占地1260亩，建成规模化种鸭场养殖小区，采用当时国内最先进的全封闭旱养饲养技术，以"公司+农户"方式带动周边农户进行肉鸭养殖，向农户提供鸭苗和技术服务，帮助农民增加收入①。

从2012年起，安徽省宿州市开始率先探索农业产业化组织新模式，以谋求突破"公司+农户"模式中的困境，组建了一批现代农业产业化联合体。在地方政府的推动下，2012年，强英集团等农业龙头企业在生产实践中，积极与周边的农民专业合作社、家庭农场开展联合经营，组建了利益紧密联结、合理分工的安徽砀山县强英鸭业产业联合体。

二、强英鸭业产业化联合体的运营内容

强英鸭业产业联合体在经营过程中，采取"五统一"经营服务模式，即为联合体成员统一免费提供鸭苗、统一免费技术服务、统一配送饲料、统一疫病防治、统一保护价收购；实施民主化组织管理方式，定期组织召开理事会、监事会及合作社社员代表大会；联合体内还成立了专业技术服务队、饲料配送队和产品收购服务中心，帮助组织内养鸭农户解决技术、饲料及销售难题。强英鸭业产业联合体实现了农业龙头企业、合作社、家庭农场这三类新型农业经营主体的紧密融合发展。在贷款融资方面，强英鸭业产业联合体创新公司担保、农户使用的农村金融制度试点，建立合同契约保护机制，帮助组织成员向政府部门申请家禽养殖补贴；主动为养殖户提供贷款风险担保，使养殖户能够获得所需的贷款。近些年来为联合体内的5000余养殖大户担保贷款资金超过3亿元，形成了公司和养殖户的发展共同体。联合体积极开展成员培训，分别邀请安徽农业大学、安徽农业科学院的专家，开展专题培训会，提升联合体成员的综合素质。组建养鸭技术服务部，开展技术指导和常规服务，定期到基地和养殖户家中免费提供防疫等技术服务。同养殖户签订风险保障合同，以保护价回

---

① 何家迅，杨雪. 砀山打造安徽最大养鸭基地［N］. 中国畜牧兽医报，2009-11-22（014）.

收种蛋和种鸭，全力维护养殖户利益。经过近几年不断的发展，强英鸭业产业联合体已经带动区域内上万家农户开展养鸭活动，联合体内龙头企业强英集团成为集优良种鸭繁育、专业鸭苗孵化、规模化肉鸭养殖、鸭饲料生产加工、肉鸭屠宰加工、羽绒制品加工等产加销为一体的农业全产业链企业，2020年营业收入达100亿元①。目前，强英集团已成为全国农业产业化国家重点龙头企业，是全球最大的鸭苗单体孵化场。

近年来，强英鸭业产业联合体的龙头企业强英集团为应对频繁出现的禽流感等突发事件，不断投入研发资金，加强疫病防治，同时延伸与拓展农牧产业链，积极开展加工业务，并与周黑鸭、绝味鸭脖、安井、煌上煌、双汇等知名食品企业成为战略合作关系，拓展联合体鸭产品的销售渠道，提高了联合体综合抵抗市场波动风险的能力。强英集团在整个联合体及其产业链中处于核心地位，直接决定着联合体的竞争实力。强英集团在联合体发展中的作用主要体现在以下几方面：一是在生产规划方面，强英集团利用其在种鸭产业领域的绝对市场占有率，依据种鸭苗的市场销售数量及分布情况，得出肉鸭养殖行业情况，及时指导联合体内肉鸭养殖户和家庭农场调整养殖计划，尽量规避市场波动风险；二是在信贷融资方面，强英集团对符合联合体产品标准要求的家庭农场提供融资贷款担保服务，帮助其增加养殖规模及快速成长；三是在信息获取方面，强英集团作为联合体的核心，拥有大量农户生产信息和产业发展信息，能够分析组织内农户及家庭农场的信用状况、生产能力、技术水平、经营潜力等信息，为联合体发展提供信息支撑；四是在风险保障方面，强英集团与家庭农场及合作社农户签订最低收购价格，如果市场价格提高，则与农户按照6：4的比例进行二次分红，帮助家庭农场抵抗市场价格波动风险，而且联合体内由成员共同设立了风险保障金，设置统一账户专门管理，有效解决联合体内成员养殖活动的自然风险②。

强英鸭业产业联合体在组织架构上，联合体的龙头企业强英集团负责制定联合体的生产经营计划和生产标准，统一提供鸭苗、技术服务、饲料配送、疫病防治，提供全程技术服务，并负责终端市场开发及产品销售，实现良种、养

---

① 张琴，郭红东.农业产业化联合体：现代农业经营体系的创新——基于安徽宿州的调查[J].新疆农垦经济，2017，(1)：1-8.

② 禤燕庆，王斯烈，芦千文.农业产业化联合体是农村产业融合有效模式——安徽调查与思考[J].农村经营管理，2016，(7)：15-17.

殖、孵化、饲料、加工为一体的全产业链发展模式。为了明确分工，让养殖户专心饲养，在强英公司的带动下，该联合体形成了专业技术服务、专业饲料配送、专业产品收购等3支专业社会化服务队伍。合作社目前以协助服务为主，但随着联合体规模扩大，由企业承担服务的管理成本和运营成本过高，专业服务正逐步由企业转交合作社负责。在融资担保模式上，强英公司以提供连带责任的方式，与银行等金融机构达成批量授信协议，为联合体的家庭农场和养殖户提供贷款担保。家庭农场再以一定的资产或权益，如土地经营权、农产品预期收益权、农业订单形成的应收账款、保单等为龙头企业提供反担保。这种融资模式不仅解决了联合体内家庭农场的资金需求，也通过资金融合的形式，使企业与家庭农场形成更加紧密的利益联结关系。为了甄别家庭农场信用，在联合体内部还建立了评信机制和奖罚机制。为更好地激励家庭农场，解决养殖设施用地紧缺的问题，以联合体的名义承租土地，强英公司与家庭农场共建养殖小区。其中，强英公司负责土地租金、鸭舍等基本投入，家庭农场负责电路、饲料投喂设备等设施投入。鸭苗、饲料由强英集团统一提供，产品由企业直接回收，家庭农场只负责养殖。通过这种共同投资、共同受益的模式，联合体内经营主体实现了捆绑式发展①。

三、强英鸭业产业化联合体的构建路径

强英鸭业产业联合体在发展过程中形成以安徽强英公司为龙头，以20家养殖专业合作社为联合体纽带，以80余个家庭农场为基础的"龙头企业+合作社+家庭农场"三位一体运作模式，直接带动农户650家进行养鸭生产。该联合体经营范围包括种鸭和肉鸭的良种培育、肉鸭及鸭蛋的生产、饲料生产、屠宰加工、鸭苗销售、肉鸭加工销售、羽绒加工销售等。由联合体内龙头企业进行产品研发、加工销售、市场开拓、风险防控和贷款担保等，合作社提供生产服务，家庭农场按照产品标准进行养殖活动。较好地解决单一经营主体在独立经营中面临的诸多困难。

强英鸭业产业联合体的构建路径可依据相关利益主体的合作联盟网络构建予以分析说明（见图10-4）。

---

① 刘景景. 现代农业产业化组织模式创新——安徽宿州的经验做法［J］. 山西农业大学学报（社会科学版），2017，16（5）：28-32+42.

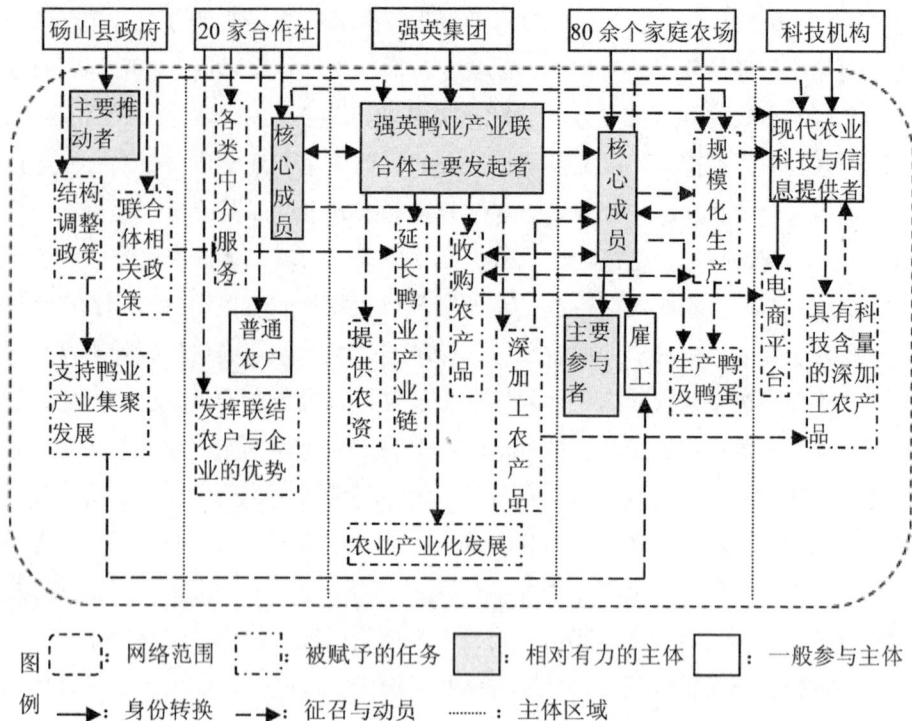

图 10-4 强英鸭业产业联合体的构建路径

强英集团是构建强英鸭业产业联合体的重要推动者和牵头者,是构建联合体的核心成员,也是联合体的主要经营管理者;20 家合作社是联结小农户和龙头企业的中介服务组织,为联合体发展提供多样化的涉农服务,是构建联合体的核心成员;80 余个家庭农场是联合体发展所需原材料的主要供给者,也是构建联合体的核心成员;砀山县政府积极推动农业产业结构调整,促进鸭业相关产业在区域内集聚发展,为联合体发展提供必要的产业基础,在地区发展中扮演着相对有力的角色,也是联合体组织制度创新的主要推动者;科技机构为联合体发展提供了科技支撑,是推动联合体顺利发展必不可少的组成部分。

第十一章

推进农业产业化经营组织高效发展的策略

在乡村振兴战略下，产业兴旺无疑是乡村振兴的重点对象，产业兴旺则需要不断推进农业产业化经营组织的高效发展。

第一节　因地制宜发展各类新型农业产业化经营组织

要充分运用因地制宜理论，提升农业产业化经营深度，延长农业产业链，科学规划定位，差异化发展不同类型的组织模式，以推动农业现代化发展。

一、提升农业产业化经营深度，促进农业转型

实施农业产业化经营是促进乡村产业振兴及构建现代农业经营体系的有效途径。实践证明，农业产业化的快速发展，为农业农村集聚了现代生产要素，实现了农村一、二、三产业融合发展，是乡村振兴发展的现实选择。应因地制宜地发展农业产业集群、农民专业合作社、农业特色小镇、田园综合体、农业产业化联合体等各类农业产业化经营组织模式，带动农业产业化经营深入发展。各类新型农业产业化经营组织发展过程中，农业产品是发展的主体部分，应深入挖掘农产品自身价值及利用加工和服务等环节提升其增值空间。在当今社会发展的需求中，传统农业亟须转型以提高农业的现代化水平，突出发挥农业产业多功能特性及产业化经营的优势。

积极发展农业产业化经营，把农业从单一进行农产品生产环节的局限中脱离出来，综合发展适合自身农产品特色的加工和服务业，形成地方特色农业产业体系，增强农产品商品化率和深加工率，提升农业产业化经营的广度和深度。运用科学合理的农业产业化组织模式和现代农业科技，将种苗培育、农产品生

产、产品加工、仓储销售以及农业社会化服务等农业产业化经营的各个环节无缝结合，形成科学、完善的现代农业产业化经营体系，加强各产业融合发展，促进农业从传统原子化经营方式向现代农业产业化方向转型发展。

二、延长农业产业链，增加经营组织效益

由于我国许多地区农业产业链环节较少且各环节发展不协调、关联不紧密，产业链扩展性不足致使相关辅助性机构严重缺位，产业链上各个环节孤立存在，因此，无法挖掘农产品的潜在价值。通常而言，发展水平较高的农业产业化经营组织的最显著特征是发达的分工合作关系网络，这种以相关产业为基础的合作关系网络结构不仅能够降低组织内各类经营主体的交易成本，而且能够促进相关主体间的协作，进而实现产业组织发展的协同效应。

具体而言，农业产业链的拓展及延伸路径主要涵盖两大方面：一是产业链横向拓宽，即增加农业产业内部的农产品深加工规模，扩大横向产业规模与范围，增加产业链各个环节的主体数量；二是农业产业链纵向延长，通过农业领域高技术、新知识、新设备的研发、实验和推广，延长农业深加工环节以及扩展销售渠道，促进农业产业链向纵深拉长，形成更为完善的农产品产供销全产业链。农业产业链经过扩展宽度及延伸长度之后，其产业范围将突破原来的第一产业范畴，实现第一产业与第二、三产业的融合发展，如发展生态旅游业、提供农产品精深加工产品、健全农业流通销售网络、树立产业化组织品牌等。

农业产业化经营组织是依托农业产业链构建起来的，因此产业链长短及链条关系紧密程度直接影响组织规模和组织质量。农业产业链的延长与拓展主要体现在农产品产加销全过程的延展，即在农产品生产前期原材料供应环节方面，加强与农资供应企业与机构的密切合作；在中期农产品种养殖生产环节方面，增强农产品各类生产主体之间的密切合作并提升农产品精深加工水平，积极研发农产品深加工制成品；在后期农产品及相关加工产品仓储、运输、销售环节方面，加强与物流运输企业、营销媒体和销售企业的深化合作。通过延伸农业产业链的长度和拓展产业链条的宽度，并在农业全产业链上不断投入科技创新要素，实现增加农产品附加值的目的。在延长农业产业链的具体内容方面，应向农业产前拓展或开发涉农科技研发、种苗培育、农机具制造、肥料饲料生产等上游产业领域；农业产中应积极发挥规模经济效应、范围经济效应及应用智能化农业生产技术，开展标准化种植、精准化生产、生态循环农业等现代化农

业生产活动；向农业产后延伸至农产品加工、仓储流通、营销推广、品牌塑造、餐饮服务、农业休闲游、互联网应用及农业多功能性开发等下游产业领域。通过延伸农业产业链，并借助现代科技、大数据、互联网、物联网等技术，开发组织新业态，促进农业产业化组织提升经营效益。

农业产业链的拓展延伸通常受到地方经济整体发展水平、自然资源禀赋、社会文化传统、各类产业进入退出壁垒以及利益关联机制强弱等因素的制约。这些因素影响着农业产业链各类经营主体的生产、运输、销售等各个环节的拓展能力，所以需要制定相应的产业发展政策以保障农业产业链顺利实现升级。为此，各级政府可通过适当降低税收、对部分农产品生产销售补贴、积极招商引资等具体措施合理宏观调控农产品供需结构。同时，政府可协助成立专门的农业公共服务机构，时刻关注农产品市场的需求情况变化，引导各级科技协加强对农产品产供销领域的技术支持与传播，还可由政府部门牵头定期、不定期地举办各类农产品展销、交流、研讨等活动，促进产业化组织与广大消费者之间的沟通交流，扩展农业产业链的提升空间。农业产业链拓展延伸的关键还在于科技创新、服务创新、理念创新，只有不断在农业产业各个环节深化创新，才能产生更多与农业相关的新型产业，才能使得产业链内容得到充分拓展。

三、科学规划定位，差异化发展不同类型的组织模式

农业产业化经营组织的发展以特色农业产业为核心，明确特色农业主导产业是产业化组织高效发展的前提。应充分运用各地自然资源及产业资源的比较优势，合理开发特色农业产业，使之成为具有地方优势的主导产业。依据不同地域特征，确定发展农林牧渔不同类型的特色主导产业，该产业应具备特色鲜明、生态环保、经济效益好、带动能力强、地域根植性明显等特征。利用地域根植性、挖掘民俗文化、增强特色农业产业竞争优势。根植性是资源、文化、制度等要素的本地化，其需要长期的积累与沉淀，形成之后将难以复制，成为地域特色的根源，将成为特色农业发展难以替代的竞争优势。各类农业产业化经营组织应借助地域根植性开发特色产品、挖掘地方民俗文化，彰显农业产业化经营组织的文化底蕴。

在确定农业特色主导产业的基础之上，加强特色农产品基地质量标准化建设是农业产业化经营组织需要关注的重点。由于农产品基地是农业生产的"第一车间"，也是农产品的集中产地，是为食品加工提供稳定原材料供给的物质保

证，因此，农业产业化经营组织发展需要以建设高标准农产品基地为基础。这一方面要求大力发展合作社、家庭农场、专业大户等新型农业经营主体，充分发挥他们的带动示范作用；另一方面要对农业生产基地进行有效的监督，力争从源头为优质生产打下坚实的基础。与此同时，应深化农产品加工程度，运用现代科技或先进工艺提升农产品加工深度，研发特色农产品的创意衍生产品，采取现代化的农产品加工技术，以增强农产品及其加工产品的差异化程度，只有这样才能提高农产品附加值，彰显农业产业化经营组织的产品特色。

差异化是各类农业产业化经营组织发展的最核心竞争力之一，应避免低层次、同质化建设。差异化发展主要就是基于挖掘乡村的资源特色，以突出优势资源为主要方向确定农业产业化经营组织的产业发展主导模式。我国各地在推进农业产业化经营组织建设时，应依据各农业产区的自然条件、生物资源、农户已掌握的生产技术、农产品的历史文化内涵，并结合当地特色农产品的种类和特点，依照产业发展规律进行科学开发，使各地区农业产业化经营组织围绕着具有明确优势或主导特色的农产品而创建与发展。

第二节　完善利益联结机制，增强合作关系网络紧密性

新型农业产业化经营组织的发展涉及众多利益主体，应根据各地的不同情况，建立有效的利益协调机制以处理好地方政府、本地农民、工商企业等主体之间的利益平衡关系，确保各类投资主体形成合力，共建共享农业产业化经营组织。

一、协调农业产业化经营组织的各主体关系

农业产业化经营组织就是各类农业生产经营主体通过经济联系构建关系网络，农业产业化经营组织的合作网络规模越大、联系紧密度越高，则越应建立更为完善、合理、稳定的合作主体利益分配关系。稳定农业产业化经营组织内部各主体间的关系网络，需要协调好两个方面的具体关系：一是协调组织内农户与龙头企业之间的关系，引导龙头企业与农户建立平等的利益分配关系；政府应采取一系列鼓励性的政策措施，引导与农户密切关联的企业能够"让利让惠于农"，使农户真正获得农产品价值增值所带来利润的分享权；完善农业产业

化经营组织内部各经营主体间的利益分配机制，并健全相应的监督约束制度，要通过科学合理的机制和制度的建设，使涉农企业与农户之间的利益关联更加合理、平等与稳定。二是要协调好农户、企业与服务机构之间利益共享关系，调动相关行动主体的创造性，健全农业产业化经营组织内部收益分配的激励与约束机制，实现农户、企业与服务机构间建立起长效稳定的合作共赢关系。

农业产业化经营组织整合农户、企业和其他涉农机构等利益相关主体，把土地、资金、劳动力和科技有机地集合起来。在产业组织的推动下，探索建立一种稳固的、有效的生产要素流动与合作机制，把组织内各个独立经营主体所拥有的资金、技术、劳动力、土地等要素资源进行有效协调与优化重组，产生合作经济效应，才能有效控制各类经营主体的成本和产业发展的成本，有效提升产业内部运营效率，并最终提高农业产业核心竞争力。

二、稳固组织内外部相关主体间的合作关系网络

现代新型农业产业化经营组织作为一种合作联盟组织，其创建与发展需要众多利益相关主体通过各种合作关系组成联盟组织，这些合作关系错综复杂，从而形成一种合作关系网络结构，这个合作关系网络的稳定与否直接影响整个组织的发展。随着合作关系网络规模的扩大，农业产业化组织内部各个成员无须单独扩大自身的经营规模，也能因为整个组织规模的扩张而间接获得规模经济效应带来的成本降低，组织内各个成员可以依靠组织的力量而共同抵抗经营风险、共享要素资源、拓展销售市场。农业产业化组织在其经营过程涉及的主体不仅包括生产农产品的农户、农场主，还包括各种农资供应、农产品加工、运输、销售等各类企业，还包括农业合作经济组织等各类中介服务机构，也包括金融机构、农业科研机构、农产品行业协会等辅助机构。这些利益相关主体共同促进农业产业化经营组织的成功创建与有效运营。

增强农业产业化经营组织内外部利益相关主体间合作关系网络的紧密性，需要发挥各级政府部门的推动作用。产业化组织内外部合作关系网络可以在市场经济条件下自发演化形成，但是往往需要较为漫长的成长时间，如果政府部门在宏观政策上加以适当调控，则能加速合作关系网络的构建，特别是在产业化组织内外部合作关系网络构建的初期，各类新型农业产业化组织作为新生事物，政府的认可及推动能够调动各类经营主体参与积极性，促进各个利益相关经营主体之间合作关系网络的形成。在合作关系网络成长期，政府部门可制定

优惠政策及规范市场秩序，为农业产业化经营组织内外部利益相关主体的合作关系网络稳固化提供良好社会环境氛围。

与此同时，农业产业化经营组织内部需要积极培育良好、融洽的组织文化氛围，如建立共同信念，具体包括科学价值观、高尚道德行为准则、合作经营理念、科学管理制度和优良社会责任等内容的不断树立与完善，由此潜移默化地影响农业产业化经营组织内各类行动主体，展现出良好的整体精神风貌，增强相互信任感，进而促使农业产业化经营组织内部合作关系网络的稳固化。

三、构建合理的组织内部利益联结机制

农业产业化经营组织发展的本质特征就是相关涉农企业、农户、中介服务机构、科研机构等经营主体在自愿联合的基础上进行产业分工与协作，因此，科学、合理、公平的利益分配体系是组织持续发展的关键。无论是个体还是组织，其产生行为的核心驱动力就是对自身利益的追求，合理的有效利益分配制度能够调动农业产业化经营组织内各参与主体的积极性和主动性。因此，为了确保组织中各主体间合作关系能够稳定、持续的发展，需要从产业化组织长期的发展目标出发，设计符合组织内部各个成员利益诉求的利益分配机制，建立和完善组织内部成员能够协同演进发展的制度和体制。同时，政府应发挥宏观调控、协调引导与行政监督职能，保护农户在产业化组织内的利益不受到侵犯，营造公平合理的利益分配环境。

农业产业化经营组织内部利益联结机制的确立，可以使组织内各个利益关联主体联结起来，整合各类要素资源，强化农产品生产领域、加工领域、流通领域的合作紧密度，推动其高质量发展。各类现代新型农业产业化经营组织在确立利益联结机制时，应以市场经济为导向，在家庭联产承包责任制基础上，调动农民参与组织的积极性，解决小农户与大市场的衔接问题，不断提高农民抵抗市场风险的能力和经营收入水平。产业化组织内部相关主体的利益联结机制必须符合农业产业发展的客观需要，建立多种形式的符合各类主体需求的利益联结机制。组织内部利益分配机制应制度化、规范化，还需要完善且准确，不同类别的利益主体的权益、义务和责任要具体、明确；为了稳固集群主体利益分配机制，还应在自愿、平等、互利的前提下，签订各种合作合同，形成法律文本，使之具备法律保护；各利益主体都要增强契约精神，严格遵守合同约定；各级政府要加强行政监督管理，维护契约合同的合法性和严肃性。

农业产业化经营组织利益联结机制的不断健全，需要从以下几方面展开。第一，应建立顺畅的利益表达机制，为组织相关参与者，特别是弱势群体，搭建起能够畅所欲言的沟通平台。第二，健全利益分配机制，通过健全农业产业化经营组织利润分红的控股比例，形成股份合作制企业利润分配机制。第三，设立利益保障机制，以共同制定组织规章制度、建立保证金制度等形式，保障各个利益主体的权益，尤其是要保证弱势群体的权益。第四，完善利益补偿机制，需要政府提供适当财政补贴及税收优惠，除了补偿处于弱势地位的农户等，还要补偿工商企业对部分公共设施的投资建设，以确保农业产业化经营组织的初始建设得以完成。第五，建立利益协调机制，以解决各利益主体之间的矛盾冲突，可设立由各利益主体代表、专家学者、媒体机构等构成的利益协调监督委员会，从而保证利益相关者的合法权益。

第三节　改进融资方式，拓展融资渠道

农业在当今众多产业中属于弱质产业，与农业相关的项目通常投资规模大、回收成本周期长、见效慢、利润低。社会工商资本都是逐利而动的，主要流向利润高的领域，而农业产业化经营组织是以农业为主导产业，产业发展综合性强，需要投入的资金巨大且回收期较长，因而建设资金短缺现象更为显著。

一、创新融资机制，搭建高质量金融服务体系

各类农业项目因投资大、资金回收周期长、资本收益率低，造成农业领域融资难问题突出，特别是农业产业化经营组织往往涵盖农业经营各个环节，与传统农户及其他各类单一农业经营主体需求不同，其资金需求量更为庞大。因此，在原有农业金融信贷业务基础上，需要综合利用各种商业信贷融资与政府财政政策，并且鼓励各类金融机构创新信贷业务领域与金融产品，多方式、多渠道增加对新型农业产业化经营组织创建与运营的金融服务支持。

农业产业化经营组织在流转土地、提高农业装备水平、购买各类农资、建设农业生产设施等方面都需要大量的资金投入，但由于自身资金积累有限，再加上符合条件的银行有效抵押物不足，很多农业产业化经营组织很难从金融机构及时足额获得贷款融资，这在很大程度上限制了产业化组织整体的发展壮大。

多数农业产业化经营组织不是公司型组织，无法从资本市场融资，发行债券，向银行借贷也由于法律地位不明确得不到足够的贷款。社会中的投资人在评估各类农业产业化经营组织时，认为一些产业化组织在法律上代表资格不够、利益联结机制有问题、财务状况不明等原因而放弃投资。一些农业产业化经营组织在日常经营过程中，没能像公司法人主体一样设有独立的专门财务账户，合理进行资金流管控，因而，导致信贷资金在信用资质确认方面的困难。由于目前我国涉农金融机构思想观念存在诸多偏差，无论是政府项目还是银行贷款，都难以足量投放到各类农业产业化经营组织之中，融资难已成为当下制约农业产业化经营组织发展的最重要因素。

农业产业化经营组织的规模化发展进一步加剧了其对资金的需求，因为大部分组织内部的家庭农场或者农户缺少抵押物、农村的金融环境还没有规范起来、农业产业化经营组织内部缺乏有效的信用评估体系、信用合作服务等内容，导致农村金融资源供应不足、金融服务缺位，产业化组织融资难题日益凸显，阻碍了农业产业化经营组织向更深层次发展，迫切需要优化资本结构和产品结构，增强发展后劲，加强抗风险能力。

农业产业化经营组织建设是一个系统工程，需要大量初始资金的投入，需要不断创新融资机制，吸引集聚更多社会各类资源，尤其是从多渠道获取各类农业产业化组织建设资金，确保创建组织的初始资金充足，才能为其将来可持续、高质量发展奠定基础。农业产业化经营组织主要从事农业产业化经营业务，离不开地区金融服务，如何发展农村金融，完成信贷制度改革，解决产业资金链问题是至关重要的一个环节。在农业产业化经营组织信贷融资方面，应倡导各类金融机构，创新信贷管理机制，扩展金融服务领域。不同的地方政府应依据区域产业发展情况，优化地方财政资金配置方式、提升财政资金使用效率，对于农业产业化经营组织急需项目的资金需求应给予快速、充足额度的贷款，要缩减手续，形成一批有信用的农业产业化经营组织的资金高速周转，创造更多的价值。

金融机构可开发一些金融产品，特别是对于一些处于初创期或者快速发展期的农业产业化经营组织，因其能够符合现行金融机构抵押贷款的物品有限，各类金融机构可逐步创新融资贷款方式，例如，通过开设网上电子信贷产品，降低涉农项目贷款门槛，扩大无抵押融资的可操作比例。各金融机构积极探索以林果木、牲畜活体、生产设施、大型农机具为抵押品提供信贷服务。结合农业产业生产经营周期和特点，合理设置贷款期限、利率和还款方式，有效提升信贷资金使用效率，减轻借款人的利息偿还压力。围绕产地初加工项目、果蔬储藏工程以及果蔬产加销冷链物流建设等核心项目以及市级以上龙头企业，开展供应链金融服务，发掘和满足上下游融资需求，切实提高金融服务质量和效率。不断拓宽农业生产领域银行信贷中的抵质押物范围，鼓励金融机构在风险可控的前提下，稳妥开展农村圈舍和活体畜禽抵押、农业保单融资、大型农机具抵押、应收账款质押等新型信贷业务，以农村产权制度改革为契机，盘活农村沉睡的资产，在法律准许的范围内推动形成多元化、多样性的融资模式。积极稳妥开展农民住房财产权、农村承包土地经营权、林权等抵押贷款，不断拓宽抵押贷款的路径，有效解决新型农业经营主体在购置更新生产加工设备、农业大型机械时遇到的资金不足等问题。通过完善农村信用体系建设，对农村经营主体信用评价模式进行优化，不断提高信用贷款的发放比例，摆脱对抵质押物的过度依赖①。与此同时，健全农村金融服务系统与提升农村金融知识的普及率，让金融深入村民心中，提高农业产业化经营组织内部众多小农户等主体的农业生产经营融资能力，让众多参与农业产业化经营的普通农户也能体验多种金融新事物，能够享受到更加可靠、成本更低、更为快捷便利的金融产品服务。

政府部门可探索对涉农信贷机构实施较低的营业税率，降低他们的税收负担。同时为鼓励涉农信贷机构扩大农业保险保单抵押贷款规模，可以根据信贷机构保单抵押贷款余额和年度增长情况给予补贴，如按照保单抵押贷款余额的一定比例给予财政补贴。加大对农业产业化经营组织信贷支持的同时，出台各种金融奖励政策措施，对农业产业化经营组织内各类农业经营主体在农资购买、技术改造、扩大产能等方面进行贴息贷款，降低农业经营主体的经营成本，促进农业产业化经营组织的成长。

二、吸引多元化融资主体，拓展融资渠道

由于农业产业资本积累普遍不足，在发展农业产业化经营组织过程中不可避免存在资金短缺问题。当前农业产业化经营组织建设资金来源主要依赖社会资本、银行贷款、政策资金等，但是农业产业化经营组织建设普遍资金需求量

---

① 钱晓东.乡村振兴背景下金融支持新型农业经营主体发展研究——以陕西省商洛市为例［J］.经济研究导刊，2021，（1）：44-47.

大、投资回收期长，仅仅利用传统投资方式及单一投资主体供给资金，则无法满足其高质量建设的资金需求。应创新使用多种融资渠道，具体可从以下几方面展开：

一是引入工商企业投资农业产业化经营组织的建设。产业链完整的农业产业化经营组织涵盖众多项目类别，需要投入的资金量巨大，只有积极引入社会工商资本才能为其提供庞大的资金供给。外部工商企业资本主要用于产业化组织内各类经营性建设项目，以获取更高资金回报率为目的。近些年来，全国各地积极探索创新工商资本融资模式等。

二是开展农业产业化经营组织内部融资。农业产业化经营组织内各主体间的资金拆借行为有助于拓展各经营主体的融资渠道，不仅可使各经营主体的还款机制融入内嵌到农业产业化组织内部融资行为之中，亦能够强化各经营主体间的贸易信用资质，进而降低其融资过程中的交易成本。各经营主体在农业产业化组织内部融资的主要载体为贸易信用，即农户、合作组织、龙头企业及其他服务机构等通过生产资料赊销、现金拆借或款项预支等方式获取组织内部融资①。

三是鼓励各类金融机构探索开发适合各类农业产业化经营组织的新型金融产品。例如，探索新的贷款抵押方式以降低农业项目信贷资金风险，进而增加农业产业化经营组织项目的贷款额度，同时可利用订单贷款、供应链金融等模式以扩大贷款抵押范围，积极为组织内农业项目开辟贷款绿色通道②。

四是积极争取国家财政及各级市、县级财政资金支持并加大对各类农业产业化经营组织建设的投入力度。地方政府的融资主要来源于财政资金投入和优惠性借贷资金，其优先用于基础设施的建设和以财政资金聚拢人财物等要素资源，实现财政资金撬动的作用，引入更多的金融资金和社会资本。充分发挥政府投融资平台的作用，通过拓宽融资渠道引入社会资本合作，拓展农业产业化经营组织融资渠道。

三、完善农业金融保险体系，降低组织经营风险

由于农业保险赔付率高、回报率低，商业性保险公司原本经营的农业保险

---

① 任玉霜，吕康银．农业经营户产业链结构、市场比较优势与产业链融资[J]．统计与决策，2020，36（22）：81-85.
② 兰州田园综合体建设发展研究课题组．田园综合体建设发展路径探析——以兰州为例[J]．社科纵横，2019，（5）：58-62.

业务，因亏损不能得到政策补偿支持，已被迫收缩承保范围。为了降低农业产业化经营组织内各类主体的经营风险，应健全政策性农业保险制度和法律法规，增强政策性农业保险的被认知程度和保险覆盖面，加大对各类新型农业经营主体的农业保险保费补贴力度，扩大政策性农业保险的承保范围，采取有效措施以降低保费率，为农业产业化经营组织内农户和相关企业的经营提供更多的保障。

各级政府应通过出台一系列优惠措施和支持政策，积极引导商业保险公司参与农业产业化经营组织的农业生产保险项目经营，并利用各种媒体平台推广宣传商业性农业保险，鼓励和引导各类农业产业化经营组织成员参加农业生产性保险和农产品期货保险等商业性保险。同时，鼓励保险机构开发符合农业产业化组织内不同主体成员需求的保险产品和服务，扩大商业性农业保险覆盖面，探索开展特色农产品价格保险、融资贷款保证保险等商业性保险，形成多主体、多渠道和多险种的多元参保模式，增强农业产业化经营组织抵御风险的能力。

进一步完善涉农保险体系、扩大保险支持范围。将农业产业化组织生产经营活动所涉及的各个领域和环节全面列入保险补助范畴，参加保险的涉农项目进入政府补助范围。

第四节 树立品牌意识，加强宣传力度

随着我国居民收入的普遍增加和消费者农产品消费理念及需求的变化，以及农业生产力水平的不断提升，消费者对农产品的需求已从简单的数量要求转变为品质和种类的要求，因而，农产品之间的市场竞争也从单一的价格竞争演变成以质量和特色为基础的品牌竞争。当前农业生产技术不断改进，使得农产品数量和种类不断增加，许多农产品的市场供需关系发生了转变，在区域性、结构性方面呈现出产品品种或数量上的供给过剩。再加之消费者对食品安全的重视程度越来越高，农产品消费理念也随之而改变。当今许多消费者在选购农产品及其加工食品，更偏好于选择知名度、美誉度、忠诚度均较高的品牌农产品，而品牌农产品往往具备标准化、生态化、产业化等生产特点。利用品牌的知名度和美誉度，可与消费者建立起更为稳定的供求关系。品牌作为各类经济组织所拥有的重要无形资产之一，其价值是可以衡量的，也是增加农产品附加

值的重要依托。现阶段，我国农业产业化经营组织通常产品附加值较低，若要提升农产品经济效益，则需加大农产品深加工程度以提升附加值，但受到诸多因素制约以及消费市场对深加工农产品的需求有限，因而，通过培育知名品牌来提升农产品附加值则显得更为可行。在农业产业化经营组织发展过程中，要实现价值链的升级，实施品牌战略是必不可少的。

现代市场经济中，品牌是经营者谋求差异化、提升竞争力的关键方式。品牌能够向市场消费者提供产品或服务品质、特色、信誉等信息，便于消费者快速对同类产品及服务予以区分，并形成忠诚客户群体。以优质品牌为基础集聚而产生大量的忠实顾客群，这就意味着品牌竞争优势的形成，同时也为借助品牌优势获取超额经营利润奠定基础。因此，在当今商品市场中买方具有主导作用的情况下，拥有优质品牌就是拥有了市场竞争优势。品牌竞争已经成为现代市场竞争的普遍方式。

一、树立品牌意识，提升品牌效应

作为生产经营农产品的农业产业化经营组织，其发展的动力源于使成员实现更多利益的获取，而利益的实现源于在竞争市场中获得优势。面对激烈的市场竞争，农业产业化组织必须与其他现代企业一样，需运用品牌的力量，推动自身高效发展。农业产业化经营组织的品牌建设与维护需要组织内所有相关主体的共同支持，如果有任何组织成员的行为失当，将会损害整体品牌的形象。由此可知，让组织成员树立起正确的品牌意识，是塑造农业产业化经营组织品牌的前提。只有通过品牌文化建设，使组织内成员都具备了品牌意识，才能防止"搭便车"行为的产生，真正塑造出优良的品牌形象。

由于我国农业生产经营活动是以小农户为基础，小农户生产规模有限，无法与大规模工业产品生产相比，小规模生产条件下，无法支撑现代化品牌的塑造，且农产品同质化严重，因而，小农户品牌意识普遍十分薄弱，需要转变其品牌观念，才能共同参与品牌建设并自觉维护品牌形象。

为了增强农业产业化经营组织及其成员的品牌意识，仅仅依靠农业经营主体的自主培养相对较为缓慢，需要政府的力量予以推动。首先，相关政府部门可充分运用各种媒体平台，宣传品牌建设的意义和价值，特别是向农户推广农产品"三品一标"品牌认证标准，引导各类农业经营主体形成品牌认知和树立品牌意识；其次，加强对参与农业产业化组织发展的相关农户等进行信息、科技、先进经营管理经验的专业指导，使之增强品牌意识和自觉维护品牌管理；再次，健全农产品市场化经营体系，推动地方农业经营主体积极参与市场竞争，以开放的市场环境激励与强化农业经营主体的品牌意识。

二、加强质量监管，保障品牌产品质量

在农产品品牌塑造与推广过程中，需要庞大而持续的资金投入，以及消费者对品牌农产品严苛的质量标准要求，这些促使各类农业经营主体更加意识到合作共建品牌的重要性。农业产业化经营组织在组织众多小农户及各类农业生产经营者共同合作的过程中，需要真正做到农业技术、供销信息等共享，更加重视对农产品标准化生产的监督与管理。在农业产业化经营组织运营过程中，应对成员及其产品进行统一生产标准、统一质量监管、统一品牌管理，从而确保品牌农产品的质量，实现产品销售收入提高。在获取更高收益的驱动下，吸引区域内其他农产品生产者改变农产品生产类型，加入农业产业化组织，生产组织要求的农产品。同时，随着组织规模的增大，规模经济效应和范围经济效应共同作用下，也将吸引更多的农资供应商、食品加工商、餐饮旅游服务商以及科研服务机构等相关经营主体在该区域内聚集，进而产生集聚效应。

针对农业产业化经营组织而言，品牌就是在农产品生产经营过程中的规范与准则，以此监控社员农户的生产行为，向外界传递农产品的特性与品质。同时，品牌也是一种文化，通过品牌文化的力量直接影响着组织内农户的生产经营行为，进而生产出具有品质保障的农产品。口碑好、声誉佳的品牌能够吸引更多的消费者，提升消费者的消费偏好，促使消费者重复购买，强化对特定品牌的忠诚度。如果消费者对农业产业化经营组织的农产品形成忠诚度，则能确保农产品的销量稳定，从而实现组织成员的收入稳定。而且，较高的客户忠诚度，能够提升农业产业化经营组织与渠道销售商们的议价能力，更大限度地保护组织成员的利益。

高品质的产品是品牌得以树立并持久发展的前提，因此，农业产业化经营组织应不断完善自身的农业生产标准化质量控制体系，同时，各级政府也应积极完善农产品质量监管体系，确保品牌产品的高质量。

第一，推进农产品质检体系的建立。品牌是以产品或服务质量为基础的，是对产品或服务品质的承诺。需要制定并执行更为严格的质量评定标准，并健全农产品质量监管体系，才能保障产品质量。各类农业产业化经营组织应根据

国际国内关于农产品质量的相关标准要求，建立符合自身生产条件的农产品质量标准，并健全质量监控体系，将执行严格的质量监控标准作为农业产业化经营组织日常运营管理及农产品品牌维护工作的重要一部分。与此同时，各级政府部门也应不断完善农产品质量监测系统，将农产品质量监测范围扩展到农业全过程监控，包括生产、加工、储运、销售等全产业链的各个环节，确保农产品质量安全。

第二，建立全方位的农产品质量安全信息监控平台。农业产业化经营组织应积极与政府相关部门共同建立农产品质量安全信息监控平台，将组织内农户、农场主、涉农企业等各类农业生产经营主体纳入质量安全信息监控平台中，对农产品质量进行全过程实时监控与智能信息化管理，做到全程可追溯，以实现农产品质量信息透明化。

第三，健全农产品市场准入制度。应将农产品市场准入制度作为监管农产品质量安全的方式之一，严禁不符合质量标准的农产品进入市场。农业产业化经营组织应对组织成员生产及加工的农产品进行严格把关，确保农产品检测合格，才可使用农业产业化组织品牌标识进行销售。通过层层质量监管，促使组织内各类生产经营主体遵守实施，实现严格把关农产品质量标准和严格执行检测操作，以此为基础，树立起农业产业化经营组织的农产品品牌质量安全形象。

第四，完善农产品认证管理。由于多数农业产业化经营组织发展时间较短，对农产品的质量认证管理还不健全。政府部门应引导农业产业化组织尽快完善相应的无公害农产品、绿色食品、有机食品及原产地产品等认证，建立全方位的农产品质量认证体系。由于农产品对自然环境依赖度较高，现有"三品一标"品牌农产品的认证对产地自然环境要求有十分严格的标准，因而，地方相关政府部门应帮助农业产业化经营组织做好环境监测与环境修复，并在完成品牌认证后协助环境维护与管理。

三、开展品牌宣传，加大推广力度

在市场经济时代，好产品如果不宣传推广，就很难被市场认知，无法形成知名度，更无法吸引消费者的关注。农业产业化经营组织的品牌是组织内所有经营主体凭借其产品及服务确立的代表其产品及服务形象的名称、标记或符号或它们的结合，体现了消费者对农业产业化经营组织的高度认可。因此，农业产业化经营组织的高质量发展要更加重视品牌的打造，尤其是在当前国内农业产业化经营组织知名品牌并不多的情况下，通过品牌打造宣传，提升农业产业化组织的口碑，对迅速抢占国内外市场。因而，市场宣传推广的成效直接影响着农业产业化经营组织的建设与经营，甚至可以称之为第一关键因素。

通过有针对性的利用各类新闻媒体、报刊影视、节庆会展等方式进行宣传推广，能够不断扩大农业产业化经营组织产品的市场占有量，增强市场竞争力。在产业化组织宣传途径上，可分为线上、线下两种模式。

线上推广。目前我国农业产业化经营组织大多都宣传不足，且宣传手段太单一，没能充分发挥新型网络传媒的宣传优势作用。可依托现有的微博、微信、各类 App 软件等第三方运营平台，省去自建式的费用和时间，加大推广力度。也可通过各类直播节目等，吸引线上消费者的关注；借助微信、微博等互动平台，增进顾客对产品的了解并及时获取顾客反馈意见，提高服务质量①。目前网上购物已成为我国消费领域的一个新趋势，借助互联网进行农产品网络直销宣传，可提升消费者对产品的认知度。各级政府也应加强公共信息网络的建设，使之成为当地农产品品牌网络营销推广的平台。各类农业产业化经营组织应充分利用互联网的信息传播优势，拓宽产品宣传推广渠道，积极推动农业产业化组织品牌的传播与品牌形象的塑造，实现组织知名度的提升及农产品销售范围的扩大。

线下推广。可依托我国各地乡村的特色风俗习惯，打造各种乡土气息鲜明的节庆、会展活动，以吸引更多的外地顾客认知农业产业化经营组织及其产品。各地政府及农业产业化经营组织可定期或不定期举办各类农产品展销博览会，为农产品宣传推广提供直接交流合作的平台。各类农产品会展活动已经逐渐成为品牌推广与传播的有效方式之一，农产品会展活动形式多样，通常是集农产品展示、农产品销售、农业体验、农业休闲观光旅游等为一体的综合性农业推介活动，进而增加本地农业产业化经营组织及农产品品牌的知名度和美誉度。

除此之外，农业产业化经营组织的宣传推广，离不开品牌经济效应的发挥。因此，在组织运营过程中，应重视品牌价值的增值，建立品牌化的制作、品牌化的包装、品牌化的销售等一套系统的品牌管理体系，依靠品牌价值增值，提升农业产业化经营组织的总体经济效益。

---

① 贾伟豪. 田园综合体 O2O 精准营销模式研究［J］. 电子商务，2019，（10）：1-2.

第五节　创新政策措施，健全社会化服务体系

各类农业产业化经营组织发展过程中，市场机制是资源配置的主要机制，但由于许多新型农业产业化经营组织仍处于探索初创期，存在很多不确定性以及其他引致市场失灵的情况，因此，需要各级政府部门积极发挥推动作用，通过完善政策措施、创新制度安排、健全公共服务体系等，以弥补市场机制的不足和缺陷。

一、创新政策措施，优化农业产业化组织发展环境

各类新型农业产业化经营组织的产生与发展，各级政府部门的政策扶持与宣传推广往往发挥着非常重要的推动作用，完善的政策、法规、制度、设施等提供了产业化组织创新发展的外部环境基础。如政府部门能够改善区域内水、电、交通运输等基础设施条件，解决农业产业化组织及其成员融资贷款的困难等，帮助组织缓解的用地紧张问题，以及改善组织经营环境，创造良好的产业发展氛围等。政府部门的各种政策支持措施，能够吸引更多的农业经营主体参与到农业产业化组织创建与发展之中，这样势必为组织创新发展带来新思想、新技术、新知识与新的管理方式等，为组织进一步创新发展增添新力量。良好的政策环境培育了产业创新发展的氛围，能够加速新型农业产业化经营组织的创建与发展。具体包括以下几个方面：为交通、水利、通信等基础设施建设提供更多的财政补贴支持，这是地方农业产业化组织运营的必要硬件支撑；创造合理的制度环境，提供必要的政策扶持和资金支持，如优惠的土地、信贷、税费等政策；健全法律法规以保障良好信任机制的确立，从而稳固产业化组织内成员之间的经济契约关系；扶持高端农业项目的开发与运营，提升产业化组织经营产品的层次，增强农业经营主体的创新意识；减少政府和农业经营主体的寻租活动。

二、支持农业科技创新，构建创新网络

农业产业化经营组织的核心在于创新，而创新的核心内容在于科技，是推进农业从传统向现代化跨越、实现农业产业升级的关键。一方面，农业生产技

术的运用和不断提升，带动了农业良种培育和农业加工技术创新，促进了农业新产品的产生；另一方面，将互联网、大数据、应用物联网、现代信息管理、现代物流配送、线上线下购销系统等先进技术，应用到农业生产体验、农业文化展示、农业生态保护、农产品销售等方面，用智慧系统对农产品生产、供应和流通体系的重新设计和再造，实现对农业生产全程跟踪 ①。然而，科技创新资金投入是一项高风险投资，从产业化组织的产品研发投资回报期来看，很难在短期内获得明显的投资回报，这会让很多营利性经济组织在农产品研发投资方面望而却步。因此，政府部门应采取有效措施支持农业科技创新。

一是建立健全农业产业化经营组织科技创新激励机制。鼓励各类产业化组织积极开展多种创新活动。支持农业产业化组织与科研院所、科技协会的交流与合作，使农业产业化组织能够获得最新的科技创新成果，使之转换为现实的经济效益。

二是积极培养农业科技人才，为农业产业化经营组织发展提供人才基础。积极吸引国内外优秀农业人才进入组织工作，并为高层次人才提供优质的生活环境，进而使组织内更多主体的科技素质都不断提升，尽力缩短与先进学科之间的差距。

三是搭建农业技术创新网络的公共平台。由政府主导，农业产业化经营组织各主体参与，引入科研院所共同合作建立，并通过完善平台运行机制，发挥科技创新平台在产品开发、共享及关键科技攻关、科技培训等方面的功效，进而有效提升农业产业化经营组织科技竞争力。同时，加快农业科技研发成果的转化与产业化的应用。

四是加强合作创新服务体系的建设。农业产业化经营组织成员合作创新服务体系的完善，是实现农业产业化经营组织创新升级发展的基础保障。农业产业化经营组织内部各类成员在推动组织创新发展过程中扮演的角色是不同的，组织创新发展的实现需要组织内各类经营主体的有效合作，从而提升组织运营效率。而组织内各主体的有效合作，需要创新合作服务体系的支撑，建立健全组织内合作创新服务体系主要包括以下内容：增强政府主管部门的服务职能，成立专门负责各类农业产业化经营组织发展的政府管理部门，通过制定优惠政策、健全保障机制、推进公共创新服务信息平台建设；积极推动农业种植养殖

---

① 孙波，李晓东，杨奎臣．乡村振兴进程中青岛市田园综合体发展现状与路径优化[J]．青岛农业大学学报（社会科学版），2019，（4）：17-21.

农户、深加工企业、科研机构、科技协会等组织机构共同建设合作创新体系，其中企业是创新活动中最具有活力的主体，掌握资源也最为丰富，资源利用率也较高，企业的积极参与能够提升农业产业化经营组织创新发展的水准。

三、健全农业社会化服务体系，提高综合服务能力

完善的农业社会化服务体系是农业产业化经营组织健康发展的重要支撑。随着农业科技发展及农业分工程度的加深，各类新型农业经营主体对农业社会化服务的需求越来越高，因而，健全农业社会化服务体系迫在眉睫。农业社会化服务体系包括由机构或个人为农业生产、加工、运销提供所必需的产前、产中、产后各项服务，如收购、储存、加工和销售等涉农社会化服务，而由这些提供农业社会化服务的机构或个人彼此联合形成的经营关系网络就是农业社会化服务体系。目前，我国总体上这种农业社会化服务体系的发展并不完善，由于被认可度较低，导致的这种社会化服务的推广遇到了很大的困难，同时这些社会化的服务组织缺少全面的技术，不能将有效的技术成果直接转化为产出水平。其中存在一些专门为农业生产提供社会化服务的组织，由于缺乏系统的管理能力和专业化的组织形式，在服务质量与水平方面存在着很大的差异，需要完善体系和规范服务标准。

农业社会化服务体系完善与否，直接影响着农业产业化经营组织的运营效率。农业产业化经营组织的创建与运营增加了对农业社会化服务的需求领域，既包括对现代化基础设施的更高要求，还包括对农产品检测、土地规划、市场准入、海关检疫等服务的需求。为了建立更为完善的农业社会化服务体系，各级政府部门应提供完善的产业配套环境，制定并实施支持各类新型农业产业化经营组织创建与发展的法律法规、信贷融资、产权保护等公共政策，引导农业产业化龙头企业、农民合作社、家庭农场、种养大户、普通小农户以及各类服务机构等相关农业经营主体参与创建各类新型农业产业化组织。另外，应积极有效利用现有互联网资源、农村信息站资源、媒体宣传资源，将其积极运用到农业产业化经营组织建设之中，以高效信息化利用推进组织信息化建设质量。加快传递农业产业链上各种信息资源，搭建及不断健全农业产业化经营组织成员共用的信息资源平台，真正实现组织内所有成员的信息共享。

参考文献

阿尔弗雷德·马歇尔.经济学原理 [M].朱志泰,陈良璧,译.北京:商务印书馆,2019.

布鲁诺·拉图尔.科学在行动 [M].刘文旋,郑开,译.北京:东方出版社,2005.

韩俊.中国农民专业合作社调查 [M].上海:上海远东出版社,2007.

刘斌,张兆刚,霍功.中国三农问题报告:问题·现状·挑战·对策 [M].北京:中国发展出版社,2004.

宋洪远.中国农村改革三十年 [M].北京:中国农业出版社,2008.

约瑟夫·熊彼特.经济发展理论 [M].贾拥民,译.北京:中国人民大学出版社,2019.

董建蓉.乡村振兴战略背景下西峡县太平镇乡村旅游发展策略 [J].乡村科技,2020,(5).

高峰,杨国强,王学真.农业产业集群对农业结构调整的作用及启示——基于寿光蔬菜产业集群的分析 [J].经济问题,2007,(8).

郭晓鸣,廖祖君,付娆.龙头企业带动型、中介组织联动型和合作社一体化三种农业产业化模式的比较:基于制度经济学视角的分析 [J].中国农村经济,2007,(4).

黄艳莉,宋宏.区域差异下基于土地股份制的农业特色小镇运营模式研究 [J].东北农业科学,2021,46 (1).

姜长云.农业产业化组织创新的路径与逻辑 [J].改革,2013,(8).

李承嘉.行动者网络理论应用于乡村发展之研究:以九份聚落 1895-1945

年发展为例 [J]. 台湾地理学报, 2005, (39).

李冬梅, 郑林凤, 林赛男, 余茜, 张社梅, 王芳. 农业特色小镇形成机理与路径优化——基于成都模式的案例分析 [J]. 中国软科学, 2018, (5).

李二玲. 中国农业产业集群演化过程及创新发展机制——以"寿光模式"蔬菜产业集群为例 [J]. 地理科学, 2020, (4).

刘景景. 现代农业产业化组织模式创新——安徽宿州的经验做法 [J]. 山西农业大学学报 (社会科学版), 2017, (5).

刘威, 马恒运. 包容性视域下农业产业化联合体共生关系的实证分析 [J]. 农村经济, 2020, (11).

刘学侠, 温啸宇. 企业领办型农民合作社新发展模式若干重要问题的讨论 [J]. 农业经济问题, 2021, (6).

卢贵敏. 田园综合体试点: 理念、模式与推进思路 [J]. 地方财政研究, 2017, (7).

芦千文. 现代农业产业化联合体: 组织创新逻辑与融合机制设计 [J]. 当代经济管理, 2017, (7).

鲁振宇, 易法海. 贸工农一体化产生的诱因及规模界定 [J]. 中国农村经济, 1996, (6).

牛若峰. 中国农业产业化经营的发展特点与方向 [J]. 中国农村经济, 2002, (5).

庞庆华, 杨晓卉, 姜明栋. 田园综合体的 PPP 融资模式 [J]. 江苏农业科学, 2019, 47 (15).

钱晓东. 乡村振兴背景下金融支持新型农业经营主体发展研究——以陕西省商洛市为例 [J]. 经济研究导刊, 2021, (1).

宋宏, 顾海蔚. 乡村振兴背景下农业特色小镇可持续发展影响因素研究 [J]. 东北农业科学, 2019, 44 (2).

宋玉兰, 陈彤. 农业产业集群的形成机制探析 [J]. 新疆农业科学, 2005, (S1).

孙正东. 论现代农业产业化的联合机制 [J]. 学术界, 2015, (7).

万俊毅, 曾丽军. 合作社类型、治理机制与经营绩效 [J]. 中国农村经济, 2020, (2).

王志刚, 于滨铜. 农业产业化联合体概念内涵、组织边界与增效机制: 安

徽案例举证 [J]. 中国农村经济, 2019, (2).

　　夏君, 邰鹏飞. 田园综合体旅游功能的表达路径研究——以东营市田园综合体规划为例 [J]. 山东农业科学, 2021, 53 (1).

　　向梦杰, 方斌, 胡晓亮. 县域田园综合体选址评价与建设路径分析 [J]. 中国农业资源与区划, 2019, (12).

　　杨爱君, 杨昇. 田园综合体: 新型城镇化与扶贫减贫联动发展新路径 [J]. 甘肃社会科学, 2020, (2).

　　尹成杰. 关于农业产业化经营的思考 [J]. 管理世界, 2002, (4).

　　郑风田, 程郁. 从农业产业化到农业产业区——竞争型农业产业化发展的可行性分析 [J]. 管理世界, 2005, (7).

　　郑健壮. 田园综合体: 基本内涵、主要类型及建设内容 [J]. 中国农业资源与区划, 2020, (8).